# Pour comprendre les MATHS

PROGRAMMES 2018

CE2
CYCLE 2

## Photofiches de différenciation

N. Bramand
*Professeur des écoles*

P. Bramand
*Professeur agrégé*

S. Delsalle
*Professeur des écoles*

É. Lafont
*Professeur des écoles*

C. Maurin
*Formateur en mathématiques*

D. Peynichou
*Maître formateur*

A. Vargas
*Directeur d'école*



hachette
ÉDUCATION

**Création de la maquette de couverture :** Florence Le Maux
**Illustration de la couverture :** Sylvain Frécon, Florence Le Maux
**Exécution de la maquette de couverture :** Médiamax
**Création et exécution de la maquette intérieure :** Médiamax
**Illustrations :** Florence Langlois, Sylvain Frécon (Mathix)
**Dessins techniques :** Jacky Choi, Anaïs Thibaud
**Fabrication :** Marc Chalmin
**Édition :** Thierry Amouzou

PAPIER À BASE DE FIBRES CERTIFIÉES

hachette s'engage pour l'environnement en réduisant l'empreinte carbone de ses livres. Celle de cet exemplaire est de :
**0,973 kg éq. $CO_2$**
Rendez-vous sur www.hachette-durable.fr

ISBN : 978-2-01-627249-7

# Avant-propos

Ce recueil de photofiches est un outil de **différenciation**. Il permet de trouver des supports de travail adaptés aussi bien aux élèves qui rencontrent des difficultés qu'aux élèves qui sont en situation de réussite.

Cet ensemble est composé de :

- **65 photofiches de remédiation.**
Elles sont conçues pour venir en aide aux élèves ayant rencontré des difficultés au cours de la leçon ou sur un exercice particulier de l'évaluation.

- **46 photofiches de consolidation et problèmes.**
Les photofiches de consolidation proposent aux élèves plus rapides des activités motivantes leur permettant de renforcer leurs apprentissages.
Les photofiches problèmes permettent, quant à elles, de réinvestir les notions étudiées en classe pour résoudre différentes situations-problèmes.

- **30 photofiches d'évaluation et d'autoévaluation.**
Ces photofiches correspondent à 10 évaluations soit une évaluation par demi-période du fichier.

- **10 photofiches de jeux individuels et collectifs.**
Elles présentent des situations mathématiques sous forme ludique.

- **8 photofiches de matériel**
Cinq sont conçues pour l'affichage collectif (gros cadran d'horloge, tables de multiplication), trois comme **matériel individuel** (petits cadrans d'horloges, sous-main).

Chacun de ces modules est introduit par une page de présentation de nos choix pédagogiques.

Dans ce recueil de photofiches *Pour comprendre les maths CE2* nous avons tenu compte du **Programme du Cycle 2** mis en ligne par le ministère en novembre 2018 ainsi que des **Attendus de fin d'année** et **Repères annuels de progression** parus en mai 2019. Nous proposons, par exemple, l'automatisation de quelques procédures de calcul réfléchi en les fondant sur la décomposition canonique additive des nombres de deux chiffres, ainsi que des situations de multiplication et de division au travers de problèmes de groupements ou de partages.

Cet outil offre une grande souplesse dans la gestion de la classe. En fonction des besoins, les élèves peuvent travailler en petits groupes sur des difficultés rencontrées au cours de la leçon de mathématiques à l'aide d'une photofiche de remédiation, pendant que d'autres élèves se penchent sur une photofiche de consolidation ou se livrent à l'un des jeux individuels ou collectifs proposés.
Il est aussi possible que certains élèves travaillent sur une photofiche de mathématiques, pendant que d'autres se livrent à un exercice d'écriture ou de lecture.
De plus, le travail réalisé sur les photofiches peut être totalement décroché de la leçon de mathématiques. En effet même si les compétences travaillées sont les mêmes, leur contenu reste indépendant de la leçon.
La souplesse est donc la première qualité de cet outil. Il vient compléter le fichier, chemin commun à tous les élèves, en offrant à certains, d'autres parcours complémentaires.

**Nouvelle orthographe**

Afin d'harmoniser l'écriture des nombres, les rectifications de l'orthographe de 1990 préconisent l'emploi du trait d'union entre chacun des termes, même s'il ne s'agit pas de dizaines et d'unités, ou même lorsqu'il y a « et », par exemple : six-cent-quatre ; trois-mille-neuf-cent-douze ; trente-et-un ; un-million. Cependant, à la demande d'une majorité d'utilisateurs, nous avons utilisé les règles traditionnelles de l'écriture des nombres.
Nous laissons aux enseignants le choix d'adopter ou non ces rectifications dans leur classe.

*Les auteurs*

# Sommaire

# Présentation des photofiches de différenciation

Le recueil des photofiches est un complément au fichier. Les photofiches proposées permettent de remédier ou de consolider les notions ou les techniques traitées dans le fichier.
Le travail sur photofiche revêt un caractère moins solennel que celui du fichier. Il peut donc **dédramatiser** le rapport que de nombreux élèves entretiennent avec l'évaluation ou la résolution de problèmes. En se **familiarisant** avec ces situations, ils prennent **confiance** en eux et dans leurs connaissances.

## 65 photofiches de remédiation

- Conçues pour venir en aide aux élèves ayant rencontré des difficultés au cours de la leçon ou sur une compétence particulière de l'évaluation, elles sont adaptées aux **séances de différenciation**.
- Généralement, **une seule compétence** est travaillée dans une photofiche de remédiation, ceci afin de ne pas alourdir la tâche des élèves et de favoriser l'entraînement et la répétition. Il s'agit d'une compétence du **socle commun**.
- **Les consignes sont concises**, pour éviter les incompréhensions dues aux difficultés de lecture.
- De fréquents **exemples** et **schémas** aident les élèves à comprendre les exercices proposés.
- La simplicité des exercices leur permet de réussir et de **reprendre confiance** en eux, ce qui est la première des conditions pour progresser.

## 46 photofiches de consolidation et problèmes

- Les photofiches de consolidation ambitionnent d'apporter un travail adapté aux élèves qui réussissent plus rapidement les exercices que leurs camarades. Elles permettent ainsi d'organiser des séances de différenciation mariant remédiation et consolidation.
- Les photofiches de consolidation élargissent l'apprentissage des notions étudiées dans la leçon en l'étendant à des situations plus complexes.
- Les photofiches de consolidation incluent des **photofiches problèmes** qui comportent :
  – des problèmes reprenant la progression du fichier et respectant la **classification des problèmes du champ additif de Gérard Vergnaud** ;
  – des **problèmes de recherche personnelle**.
- Les énoncés proposés s'efforcent de ne pas alourdir la tâche de lecture des élèves. Ils sont souvent illustrés de schémas afin de faciliter leur compréhension.

# 1c Dénombrer en utilisant des groupements de 10

Manuel ou Fichier CE2
Leçon 1

***Compétence :*** *Dénombrer une collection inférieure à 100 en utilisant des groupements de 10.*

**Prénom** ...................................................... **Date** ......................................................

**1** **Quel est le nombre de points de Mélissa ?**

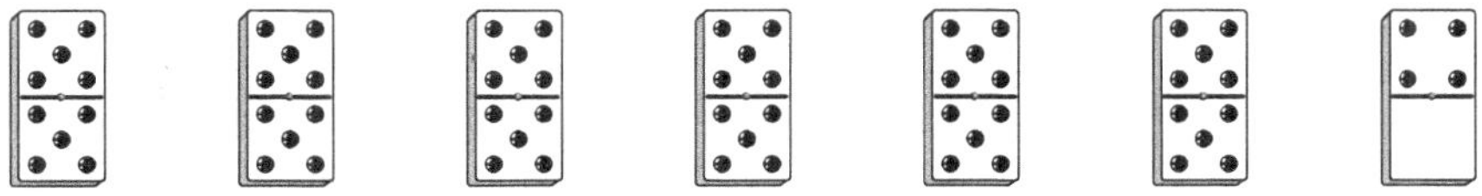

*Mélissa a ........ points.*

**2** **Combien de bulbes le jardinier va-t-il planter ?**

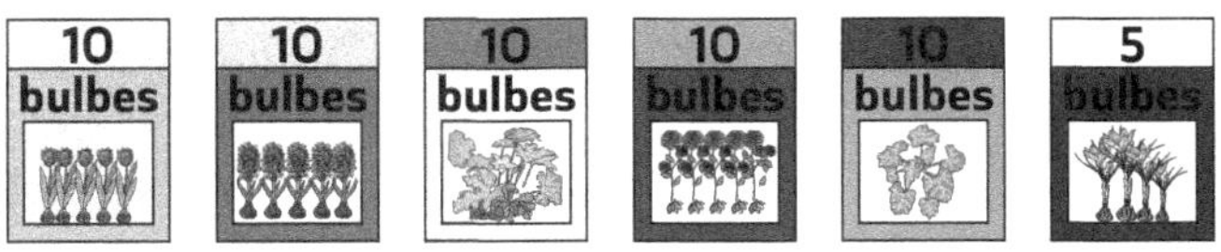

| dizaine | unité |
|---|---|
| ........ | ........ |

*Le jardinier va planter ........ bulbes.*

**3** Pour la fête de l'école, la directrice a acheté 7 paquets de 10 ballons et un lot de 6 ballons.
**Combien de ballons a-t-elle achetés ?**

| dizaine | unité |
|---|---|
| ........ | ........ |

*La directrice a acheté ........ ballons.*

**4** Aujourd'hui le pâtissier a préparé 8 lots de 10 macarons aux fruits et 4 macarons au chocolat.
**Combien de macarons a-t-il préparés ?**

| dizaine | unité |
|---|---|
| ........ | ........ |

*Le pâtissier a préparé ........ macarons.*

**5** Voici les points que Boris a gagné à la fête de l'école. **Trace** une croix sur le lot qu'il a gagné.

85 points

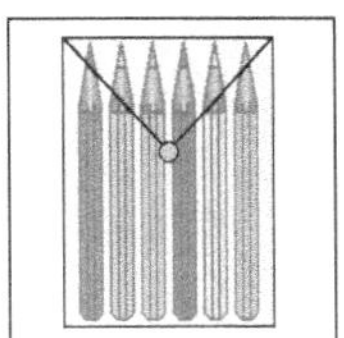
55 points

60 points

8 points

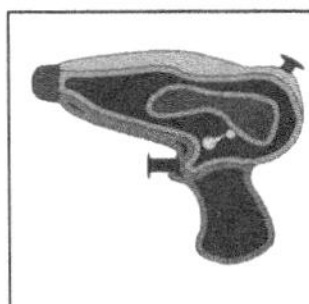
58 points

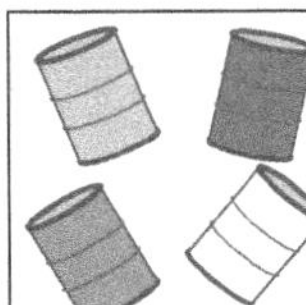
28 points

# 2R Lire l'heure (1)

Manuel ou Fichier CE2
Leçon 2

***Compétences :*** *Lire l'heure (entière et demie). Connaître les heures du matin et du soir.*

**Prénom** .................................................. **Date** ..................................................

**1** **Complète** le texte en lisant l'heure indiquée par les horloges.

**Pense à ajouter 12 h pour les heures de l'après-midi.**

Théo se lève à ........ h ........ .

L'école commence à ........ h ........ .

Théo mange à la cantine
à ........ h ........ .

Théo quitte l'école
à ........ h ........ .

Théo a entraînement de basket
à ........ h ........ .

Théo se couche
à ........ h ........ .

**2** **Dessine** les aiguilles.

7 h 

9 h 30 

15 h 

# 3R Lire, écrire, décomposer les nombres inférieurs à 100

Manuel ou Fichier CE2
Leçon 3

***Compétences :*** *Lire, écrire, décomposer les nombres inférieurs à 1 00.*

**Prénom** ..................................................... **Date** ..................................................

**1** **Relie.**

| | |
|---|---|
| quarante-neuf | 79 |
| soixante-dix-neuf | 49 |
| quatre-vingt-trois | 83 |
| quatre-vingt-treize | 93 |

**2** **Écris** ces nombres en chiffres.

| | |
|---|---|
| quatre-vingts | ........... |
| cinquante-sept | ........... |
| quatre-vingt-douze | ........... |
| soixante-neuf | ........... |
| soixante-treize | ........... |

**3** **Complète.**

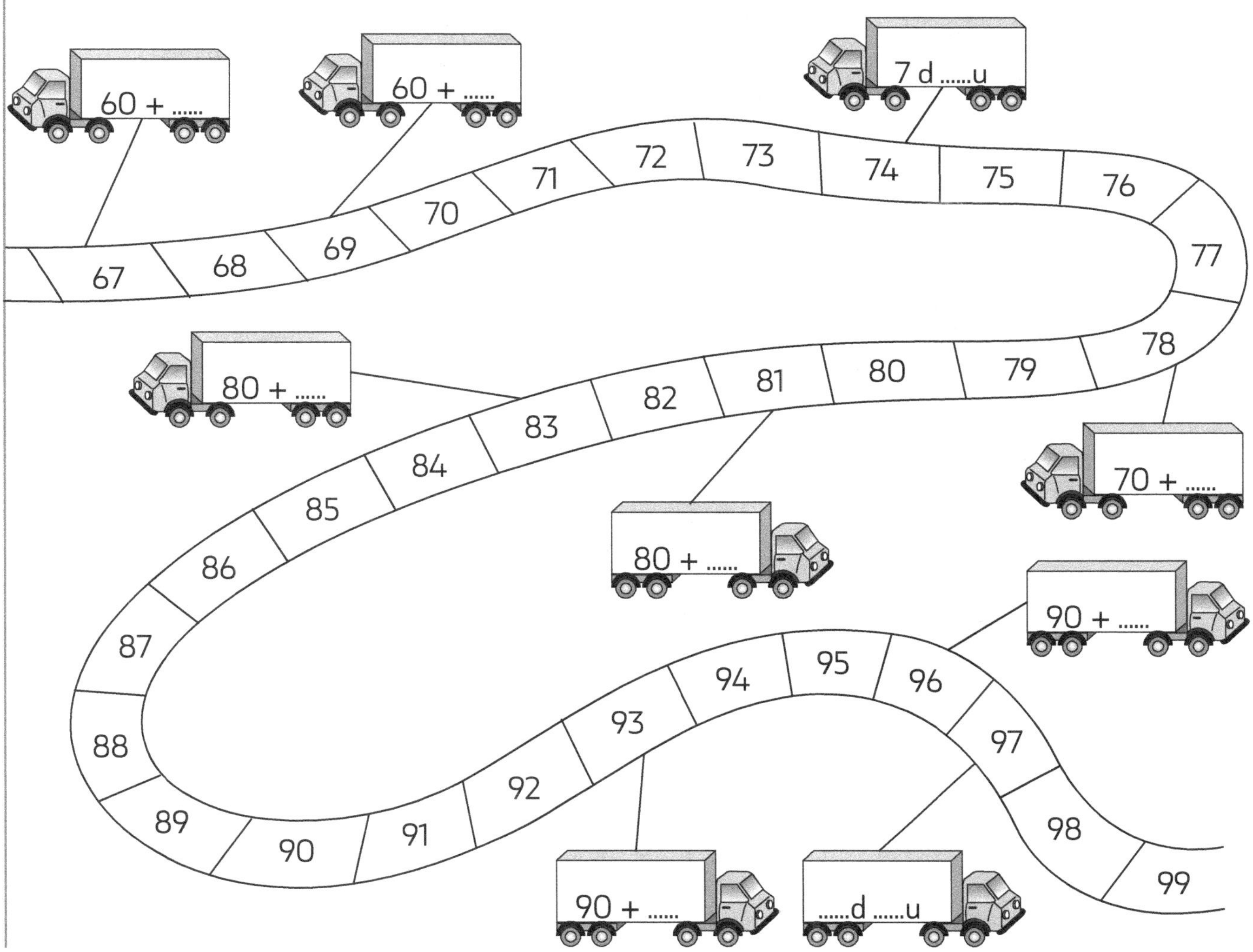

# 4c Comparer, ordonner, intercaler les nombres inférieurs à 100

Manuel ou Fichier CE2
Leçon 4

***Compétences :*** *Comparer, ordonner, intercaler, encadrer les nombres inférieurs à 100.*

**Prénom** .................................................... **Date** ....................................................

**1** **Relie** chaque écureuil à son arbre.

**2** **Relie** chaque livre à sa place.

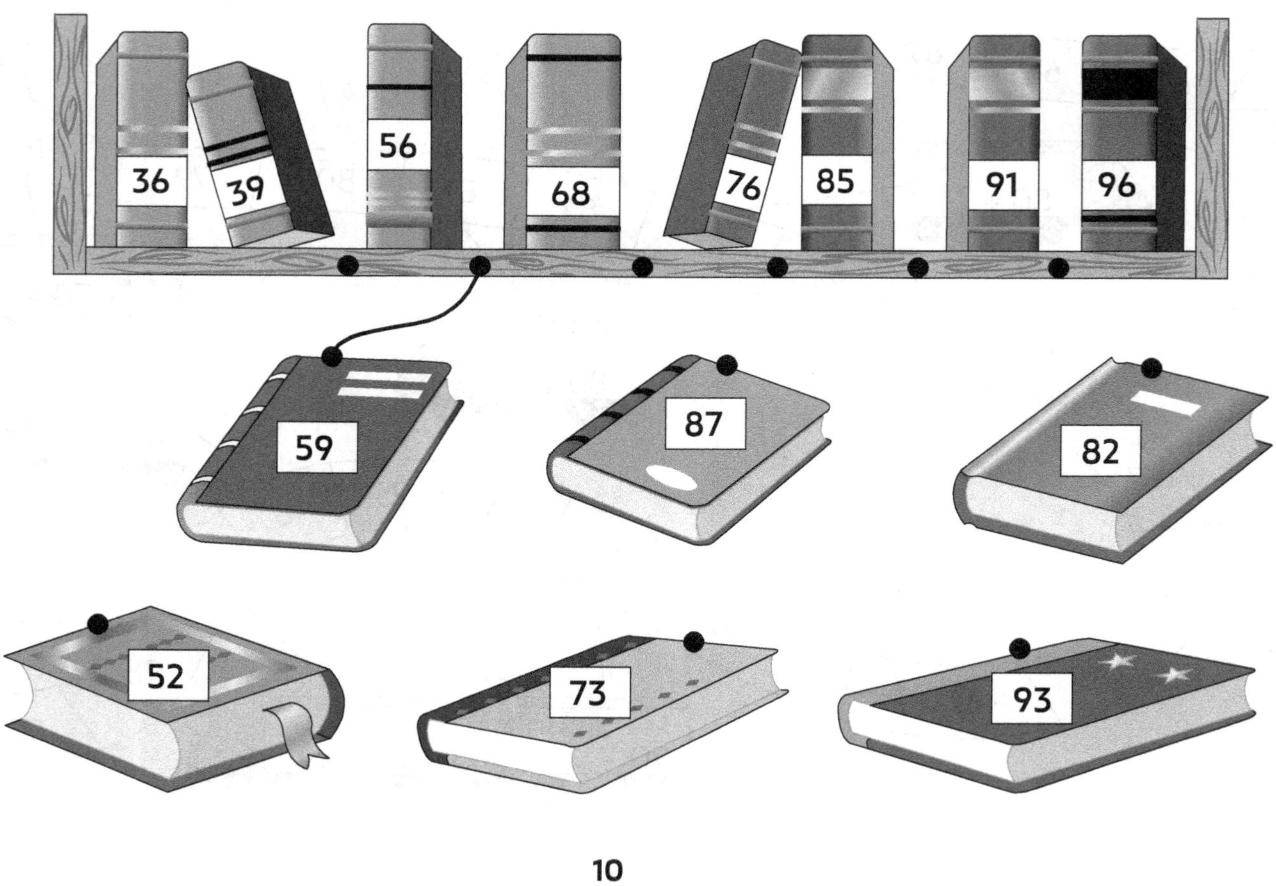

# 5R Trouver les compléments à la dizaine supérieure

Manuel ou Fichier CE2
Leçon 5

***Compétence :** Trouver les compléments à la dizaine supérieure.*

**Prénom** ................................................ **Date** ................................................

**1** **Observe**, puis **complète**.

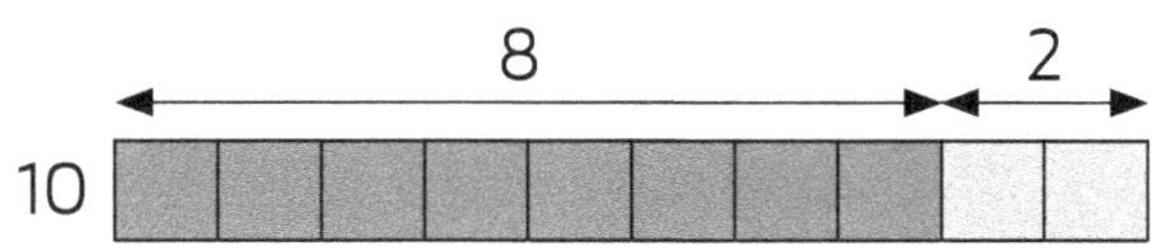


8 + ........ = 10

18 + ........ = 20

58 + ........ = 60

**2** **Procède** comme à l'exercice 1 en coloriant le quadrillage pour compléter.

**a**

| | | | | | | | | | | |
|---|---|---|---|---|---|---|---|---|---|---|
| 10 | | | | | | | | | | |

7 + ........ = 10

37 + ........ = 40

67 + ........ = 70

**b**

| | | | | | | | | | | |
|---|---|---|---|---|---|---|---|---|---|---|
| 10 | | | | | | | | | | |

6 + ........ = 10

26 + ........ = 30

76 + ........ = 80

**c**

| | | | | | | | | | | |
|---|---|---|---|---|---|---|---|---|---|---|
| 10 | | | | | | | | | | |

5 + ........ = 10

45 + ........ = 50

85 + ........ = 90

**3** **Complète** les égalités à l'aide des nombres proposés.

| 15 + ........ = 20 | | |
|---|---|---|
| 3 | 5 | 8 |

| 27 + ........ = 20 | | |
|---|---|---|
| 3 | 5 | 8 |

| 55 + ........ = 60 | | |
|---|---|---|
| 3 | 5 | 8 |

| 72 + ........ = 80 | | |
|---|---|---|
| 3 | 5 | 8 |

| 88 + ........ = 90 | | |
|---|---|---|
| 2 | 6 | 7 |

| 44 + ........ = 50 | | |
|---|---|---|
| 2 | 6 | 7 |

| 38 + ........ = 40 | | |
|---|---|---|
| 2 | 6 | 7 |

| 83 + ........ = 90 | | |
|---|---|---|
| 2 | 6 | 7 |

| 61 + ........ = 70 | | |
|---|---|---|
| 1 | 4 | 9 |

| 56 + ........ = 60 | | |
|---|---|---|
| 1 | 4 | 9 |

| 89 + ........ = 0 | | |
|---|---|---|
| 1 | 4 | 9 |

| 36 + ........ = 40 | | |
|---|---|---|
| 1 | 4 | 9 |

**4** **Complète**.

34 + ........ = 40

53 + ........= 60

71 + ........ = 80

# 6R Tracer et prolonger un segment

Manuel ou Fichier CE2
Leçon 6

***Compétence :*** *Utiliser la règle pour tracer et prolonger un segment.*

**Prénom** .................................................. **Date** ..................................................

**1** **Joins** les points à la règle, dans l'ordre des nombres.

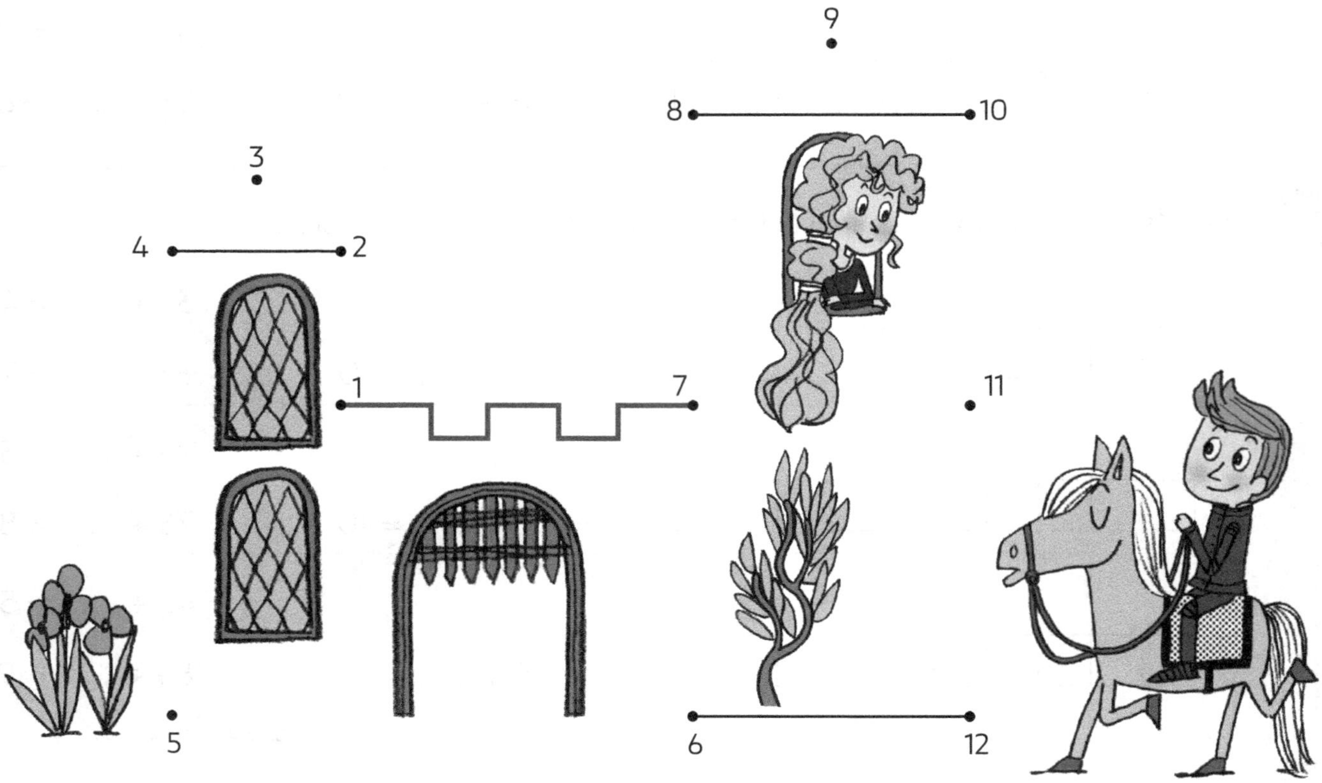


**2** **Prolonge** les rayons laser jusqu'aux étoiles. **Colorie** les étoiles visées.

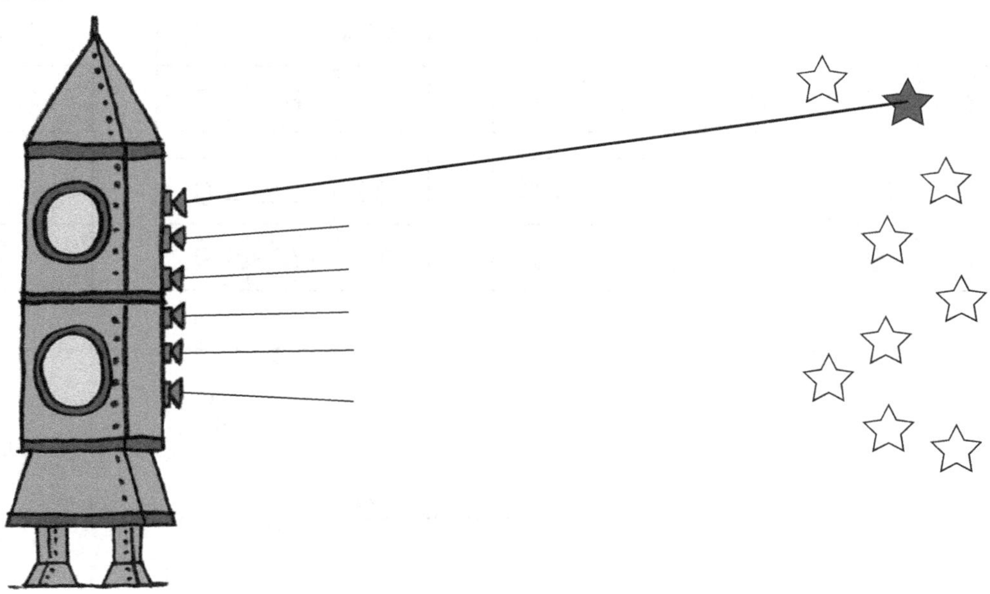

# 7R Ajouter un petit nombre

Manuel ou Fichier CE2
Leçon 7

***Compétence :*** *Calcul en ligne : Ajouter un nombre inférieur à 10 à un nombre de 2 chiffres (sans et avec franchissement de la dizaine).*

**Prénom** .................................................. **Date** ....................................................

## 1 Calcule.

3 + 5 = ..........  6 + 2 = ..........  4 + 5 = ..........  6 + 3 = ..........

23 + 5 = ..........  46 + 2 = ..........  84 + 5 = ..........  76 + 3 = ..........

## 2 **Entoure** les calculs qui nécessitent de passer à la dizaine supérieure.

65 + 3  21 + 6  53 + 9  32 + 9  91 + 5  65 + 6

## 3 Calcule.

| | | |
|---|---|---|
| 36 + ....... = 40 | 27 + ....... = 30 | 45 + ....... = 50 |
| 36 + 5 = .......... | 27 + 4 = .......... | 45 + 6 = .......... |
| 36 + 6 = .......... | 27 + 6 = .......... | 45 + 8 = .......... |
| 36 + 7 = .......... | 27 + 9 = .......... | 45 + 9 = .......... |

## 4 Calcule.

48 + 6

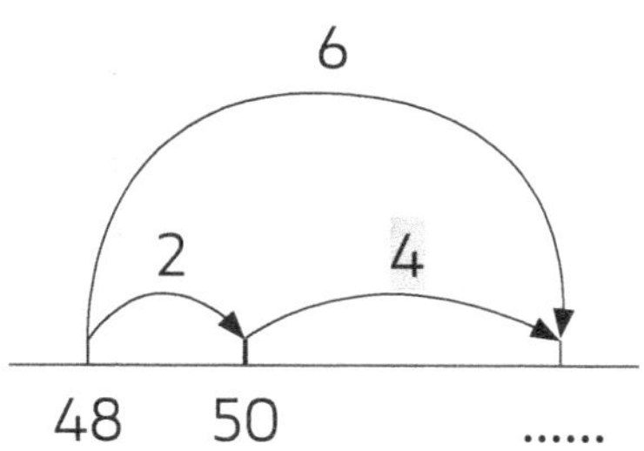


48 + 6 = 48 + ...... + ......

48 + 6 = 50 + ......

48 + 6 = .......

65 + 7

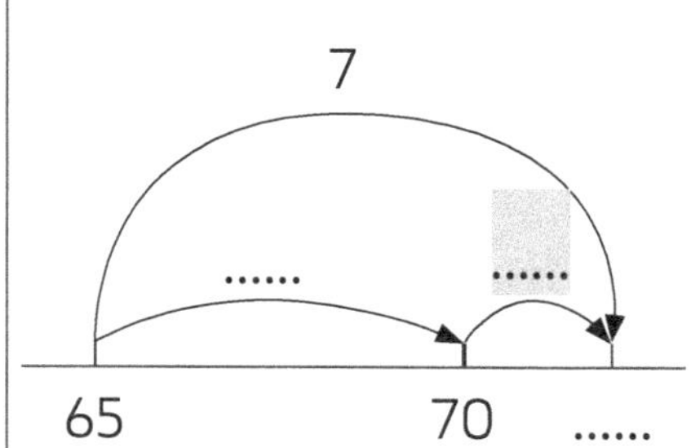


65 + 7 = 65 + ...... + ......

65 + 7 = 70 + ......

65 + 7 = .......

74 + 8

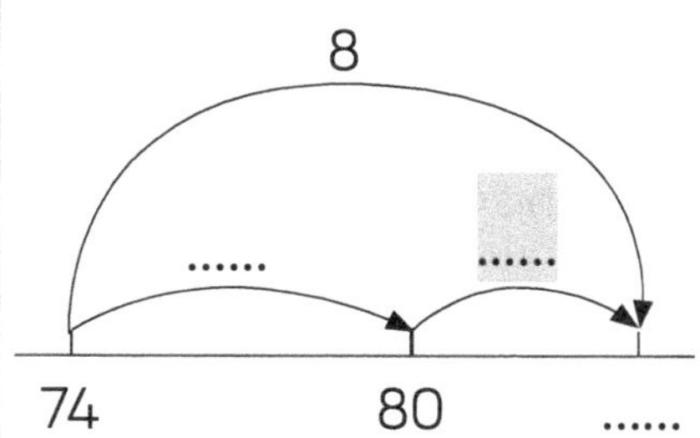


74 + 8 = 74 + ...... + ......

74 + 8 = 80 + ......

74 + 8 = .......

# 8R Retrancher un petit nombre

Manuel ou Fichier CE2
Leçon 8

***Compétence :*** *Calcul en ligne : Retrancher un nombre inférieur à 10 à un nombre de 2 chiffres (sans et avec franchissement de la dizaine).*

**Prénom** .................................................. **Date** ..................................................

## 1 Calcule.

| | | |
|---|---|---|
| 7 – 3 = ...... | 6 – 4 = ...... | 8 – 5 = ...... |
| 27 – 3 = ........ | 16 – 4 = ........ | 38 – 5 = ........ |
| 47 – 3 = ........ | 36 – 4 = ........ | 58 – 5 = ........ |

## 2 Complète.

| | | |
|---|---|---|
| 12 – ...... = 10 | 14 – ...... = 10 | 17 – ...... = 10 |
| 34 – ...... = 30 | 27 – ...... = 20 | 52 – ...... = 50 |
| 57 – ...... = 50 | 42 – ...... = 40 | 74 – ...... = 70 |

## 3 Complète.

| | | |
|---|---|---|
| 35 – ...... = 30 | 44 – ...... = 40 | 56 – ...... = 50 |
| 35 – 6 = ........ | 44 – 5 = ........ | 56 – 7 = ........ |
| 35 – 7 = ........ | 44 – 6 = ........ | 56 – 8 = ........ |

## 4 Calcule 42 – 6.

42 – 2 = ........

........ – 4 = ........

donc 42 – 6 = ........

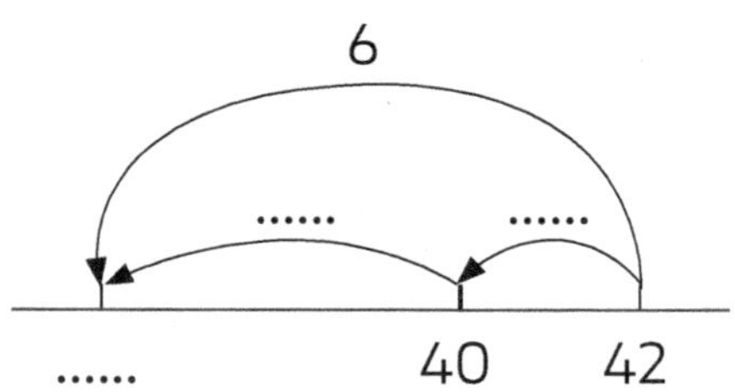

## 5 Calcule.

| | |
|---|---|
| 53 – 5 | 65 – 8 |
| 53 – ........ = 50 | 65 – ........ = 60 |
| 50 – ........ = ........ | 60 – ........ = ........ |
| donc 53 – 5 = ........ | donc 65 – 8 = ........ |

# 9c Reproduire une figure sur quadrillage (1)

Manuel ou Fichier CE2
Leçon 9

***Compétence :*** *Reproduire une figure sur quadrillage.*

**Prénom** ..................................................... **Date** .....................................................

**Reproduis** les figures.

**1**

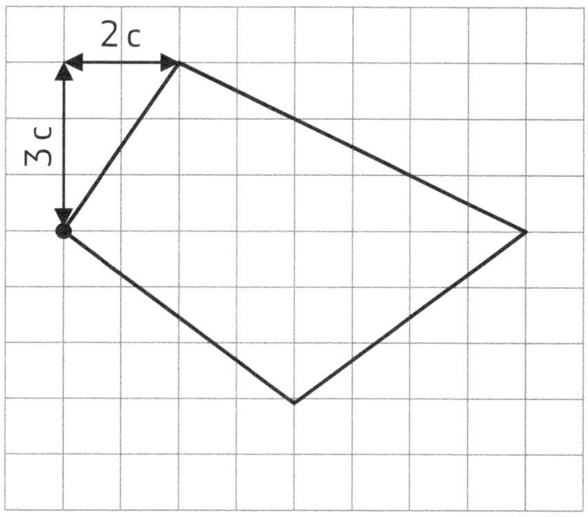


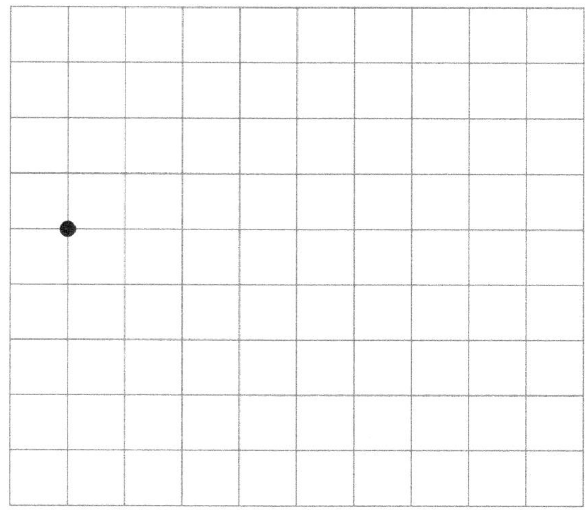

**2**

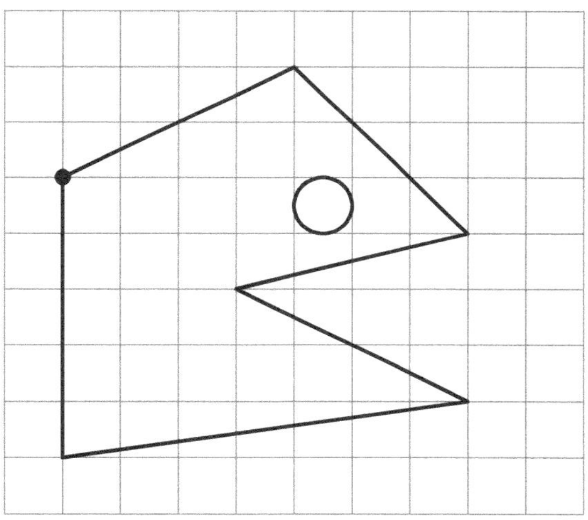

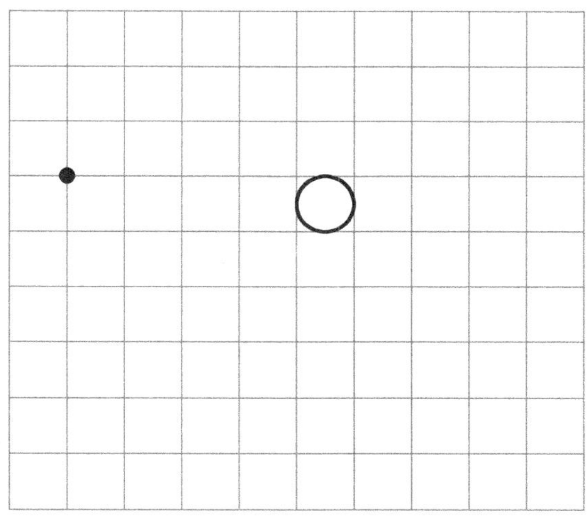

**3**

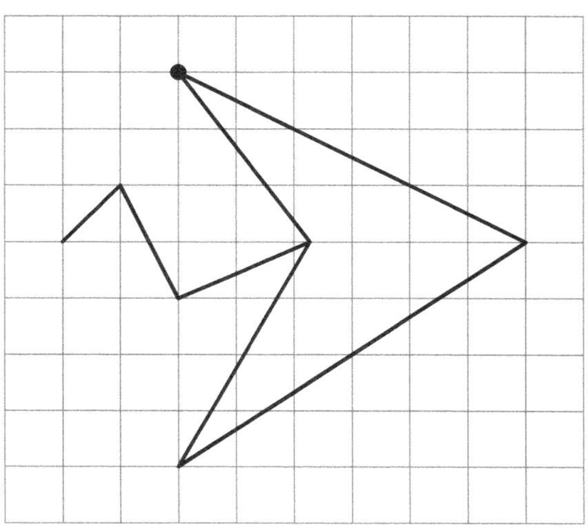

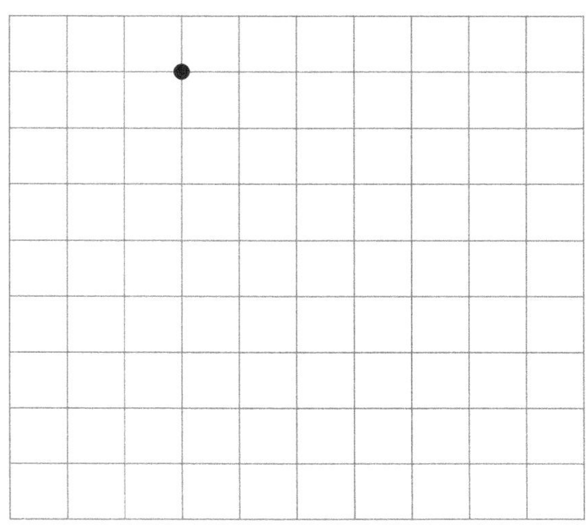

# 10 c Repérer et tracer un angle droit

Manuel ou Fichier CE2
Leçon 10

***Compétences :*** *Vérifier qu'un angle est droit en utilisant l'équerre. Tracer un angle droit.*

**Prénom** ................................................... **Date** ...................................................

**1** **Utilise** ton équerre pour trouver les angles droits.
**Marque** chaque angle droit par un petit carré rouge.

**2** **Trace** un angle droit à partir de chaque sommet noir.
**Marque**-le par un petit carré rouge.

# 11c Méthodologie : Analyser l'énoncé et la question



***Compétences :*** *Analyser un problème. Associer une question à un énoncé.*

**Prénom** .................................................. **Date** ..................................................

## Identifier un problème

**1** **Lis** le texte.

Un bus transporte 32 personnes. Au premier arrêt, personne ne descend, mais 10 personnes montent dans le bus.
**Combien de personnes le bus transporte-t-il quand il repart ?**

**Souligne** la question.
**Que cherche-t-on** :
– le nombre de personnes qui montent dans le bus ? ▢ oui ▢ non
– le nombre de personnes qui sont maintenant dans le bus ? ▢ oui ▢ non

Est-il possible de répondre à cette question ? ▢ oui ▢ non

**2** **Lis** le texte.

Un bus transporte 45 personnes. Au premier arrêt, plusieurs personnes descendent du bus.
**Combien de personnes sont restées dans le bus ?**

**Souligne** la question.
**Que cherche-t-on** :
– le nombre de personnes qui sont montées dans le bus ? ▢ oui ▢ non
– le nombre de personnes qui sont restées dans le bus ? ▢ oui ▢ non

Est-il possible de répondre à cette question ? ▢ oui ▢ non

## Associer énoncé-question

**3** **Lis** chaque énoncé et **relie**-le à la question qui convient.

**1.** Fatima a parcouru 24 km. Elle est à 8 km de l'arrivée.

**a.** Quelle est la longueur de la course ?

**b.** Combien de coureurs ont-ils pris le départ ?

**2.** Léa a 50 €. Elle achète une boîte de jeux et une bande dessinée. Elle dépense 35 €.

**a.** Quel est le prix de la bande dessinée ?

**b.** Combien d'euros lui reste-t-il ?

# 12 R Échanger dix dizaines contre une centaine

Manuel ou Fichier CE2
Leçon 14

***Compétence :*** *Échanger dix dizaines contre une centaine.*

**Prénom** ................................................ **Date** ................................................

**Règle d'échange**

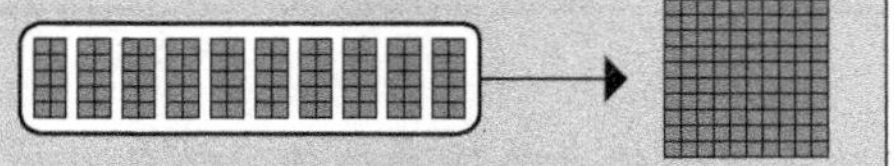

10 dizaines = 1 centaine = 100

**1** **Quel est le nombre de points de chaque enfant ?**

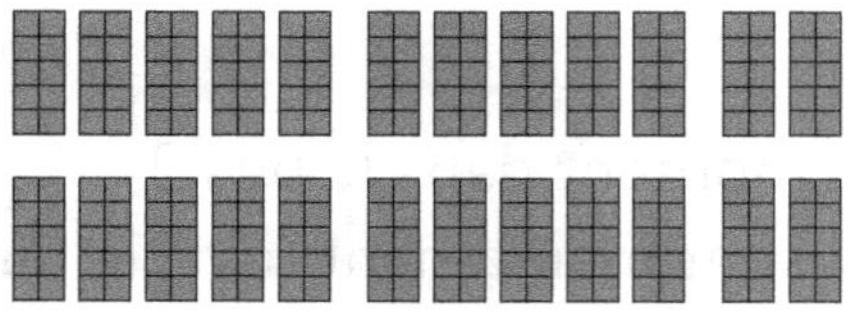

| centaine | dizaine | unité |
|---|---|---|
| c | d | u |
| ........ | ........ | ........ |

*Julia a .............. points.*

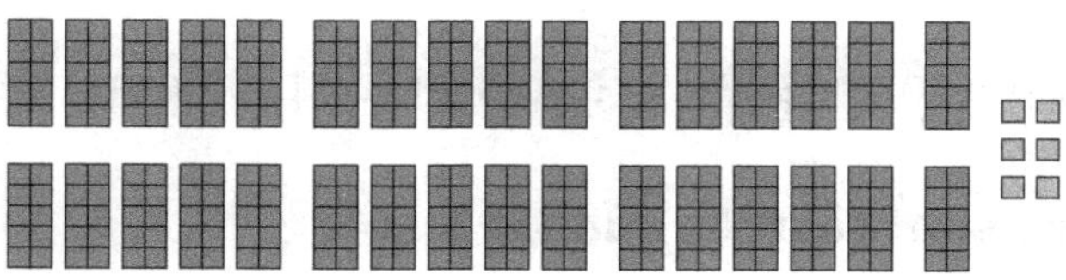

| centaine | dizaine | unité |
|---|---|---|
| c | d | u |
| ........ | ........ | ........ |

*Nils a .............. points.*

**2** **Combien de billes possède Mathis ?**

| centaine | dizaine | unité |
|---|---|---|
| c | d | u |
| ........ | ........ | ........ |

*Mathis possède .............. billes.*

**3** Sophie joue à un jeu de société. Voilà l'argent qu'elle possède.
**Quelle carte planète pourra-t-elle acheter ?**

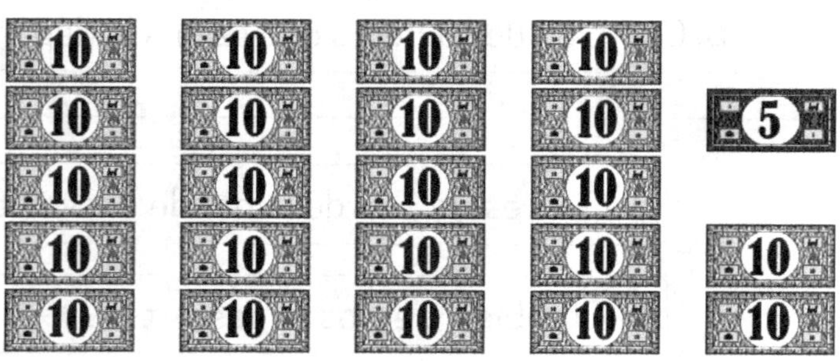


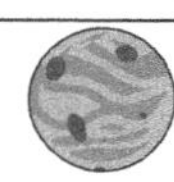

Mars 120

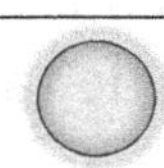

Soleil 520

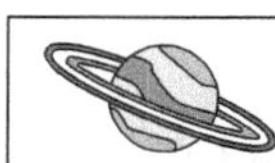

Saturne 225

*Sophie pourra acheter la carte ............................ .*

# 13R Dénombrer en utilisant des groupements de 100

Manuel ou Fichier CE2
Leçon 15

***Compétence :*** *Dénombrer une collection inférieure à 1 000 en utilisant des groupements de 100.*

**Prénom** ................................................ **Date** ................................................

## 1 Combien de chocolats le chocolatier a-t-il préparés ?

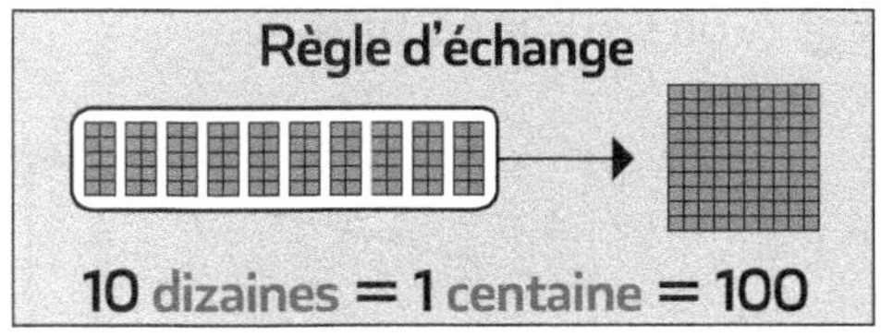


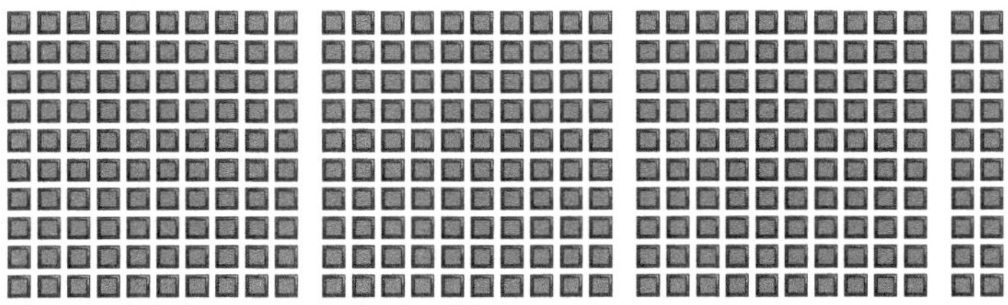

| centaine | dizaine | unité |
|---|---|---|
| c | d | u |
| ........ | ........ | ........ |

*Le chocolatier a préparé ........ chocolats.*

## 2 Combien de macarons la pâtissière a-t-elle préparés ?

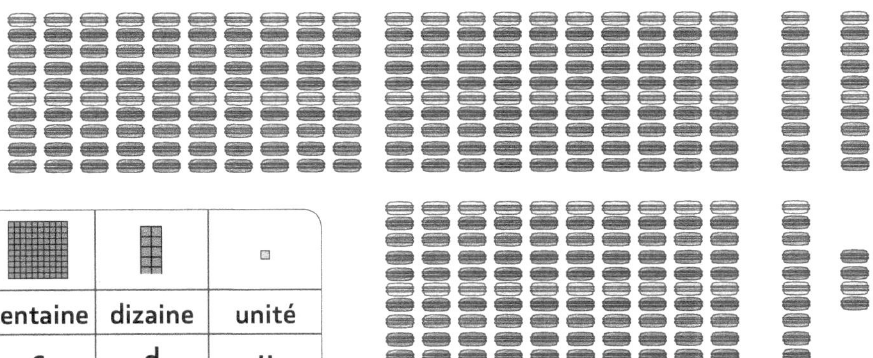

| centaine | dizaine | unité |
|---|---|---|
| c | d | u |
| ........ | ........ | ........ |

*La pâtissière a préparé ........ macarons.*

## 3 Combien de feutres la maîtresse a t-elle commandés ?

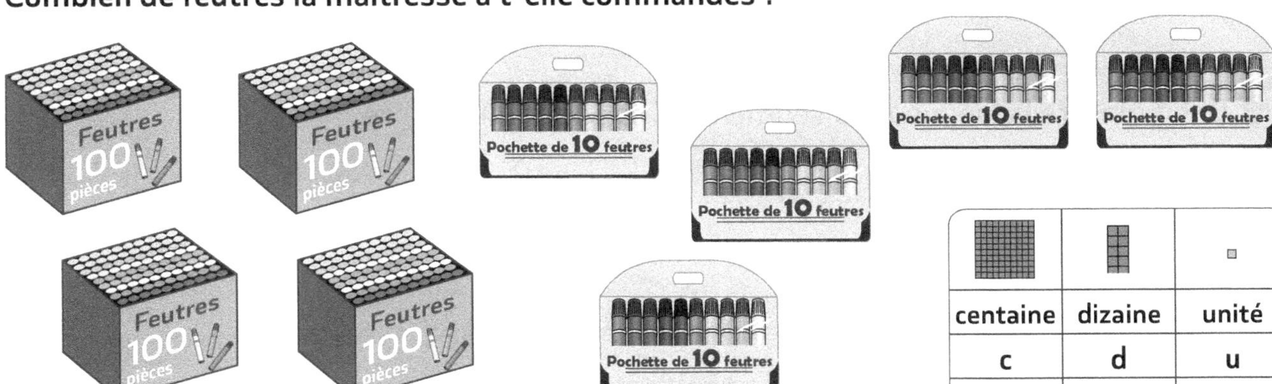


| centaine | dizaine | unité |
|---|---|---|
| c | d | u |
| ........ | ........ | ........ |

*La maîtresse a commandé ........ feutres.*

# 14c Mesurer une longueur avec la règle graduée

Manuel ou Fichier CE2
Leçon 16

***Compétence :*** *Utiliser la règle graduée de la trousse pour mesurer et tracer des segments de longueurs données en cm et mm.*

**Prénom** ................................................ **Date** ................................................

**1** Voici 3 lignes brisées.

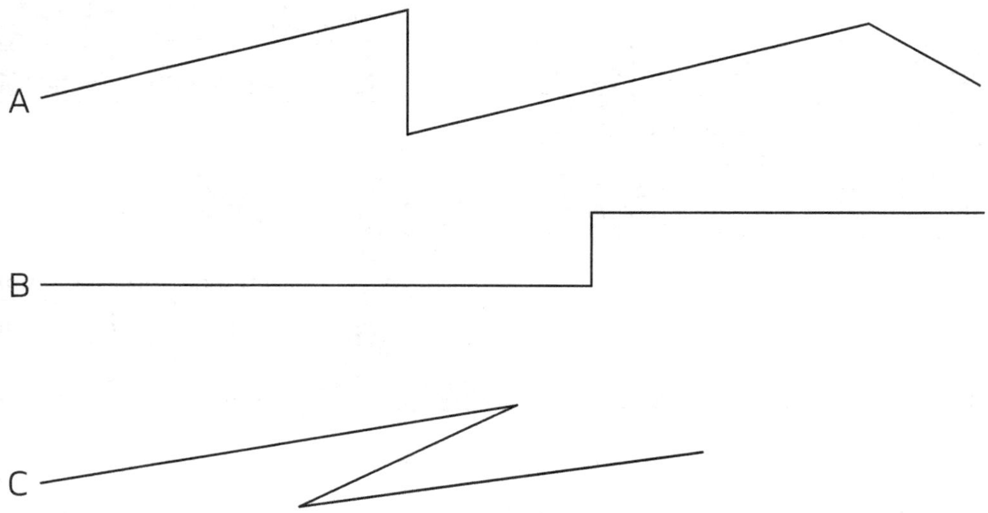


Pour chaque ligne brisée, **construis** ci-dessous un segment de la même longueur.

A ⊢- - - - - - - - - - - - - - - - - - - - - - - - - - - - - - - - - - - - - -

B ⊢- - - - - - - - - - - - - - - - - - - - - - - - - - - - - - - - - - - - - -

C ⊢- - - - - - - - - - - - - - - - - - - - - - - - - - - - - - - - - - - - - -

Quelle est la ligne la plus longue ? ..........

Quelle est la ligne la plus courte ? ..........

**Mesure** la longueur de chaque ligne.

A → ................................ B → ................................ C → ................................

**2** Chen mesure la longueur du segment FG avec sa règle cassée.

Le segment FG mesure .......... cm .......... mm.

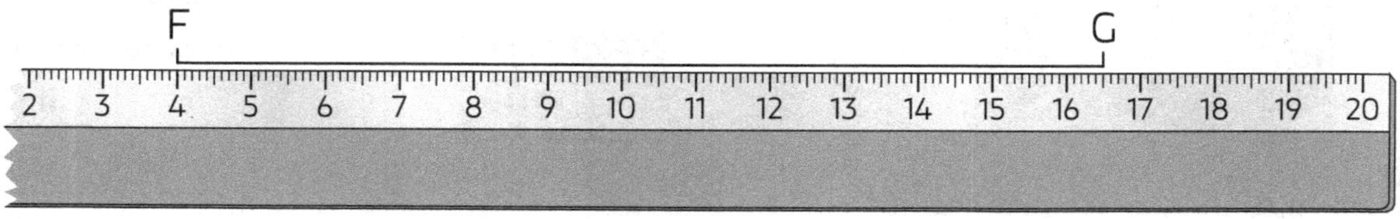

# 15 R Identifier des formes géométriques

Manuel ou Fichier CE2
Leçon 17

***Compétence :*** *Reconnaître les figures usuelles : carré, rectangle, triangle dans un assemblage.*

**Prénom** ..................................................... **Date** .....................................................

**1** **Colorie** en vert les carrés, en jaune les disques, en bleu les rectangles et en orange les triangles.

**2** Tom a représenté un cheval avec des figures géométriques. **Nomme** ces figures.

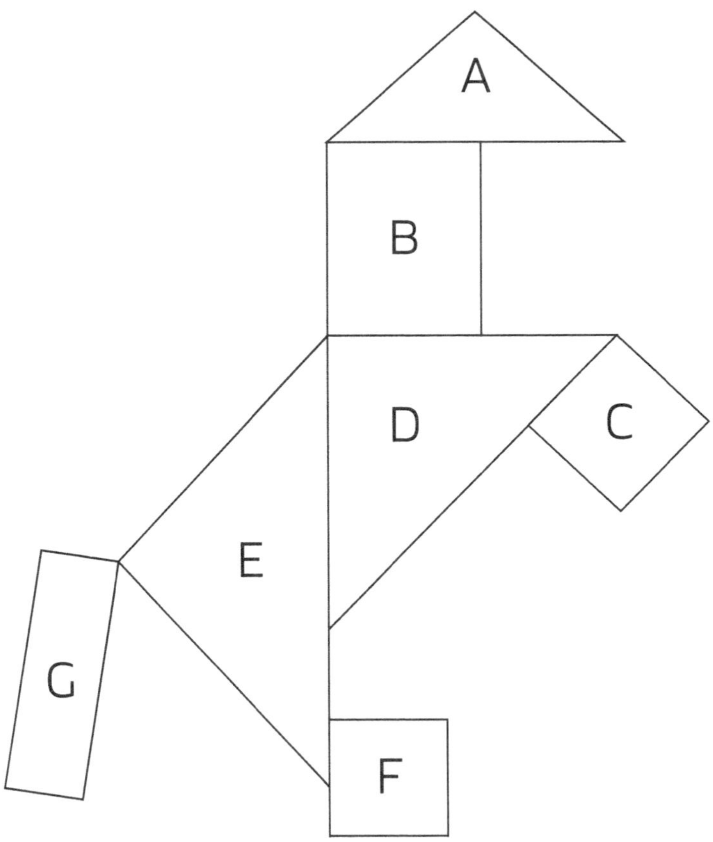


A : .....................................................

B : .....................................................

C : .....................................................

D : .....................................................

E : .....................................................

F : .....................................................

G : .....................................................

# 16c Apprendre à résoudre
# Situations additives ou soustractives (1)

Manuel ou Fichier CE2
Leçon 18

***Compétence :*** *Résoudre un problème additif ou soustractif associé à la réunion de deux parties disjointes.*

**Prénom** ...................................................... **Date** ......................................................

**1** Tony doit parcourir 49 km à vélo. Il lui reste encore 27 km pour terminer sa randonnée.
**Quelle distance a-t-il déjà parcourue ?**

**Observe** le schéma qui correspond à ce problème, puis **coche** la bonne case.

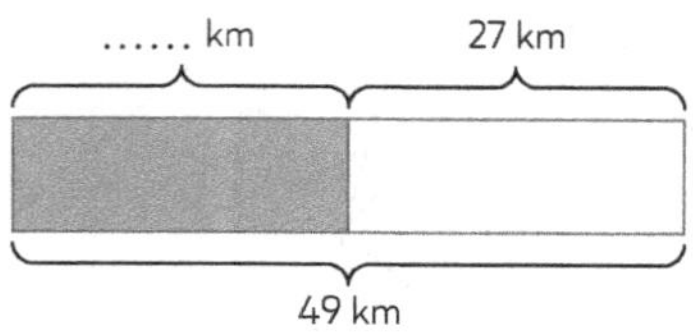


- ☐ La bande grise représente la distance totale de la randonnée.
- ☐ La bande grise représente la distance que Tony a déjà parcourue.
- ☐ La bande grise représente la distance que Tony doit encore parcourir.

**Entoure** l'opération qui permet de répondre à la question.

49 – 27        27 + 49

**Écris**, puis **effectue** l'opération : ........................................................................ = ...........

**Complète** la phrase réponse : *Tony a déjà parcouru ........... kilomètres.*

---

**2** Karim participe à un cross de 2 800 m de longueur. Il a déjà parcouru 1 500 m.
**Quelle distance doit-il encore parcourir ?**

**Observe** le schéma qui correspond à ce problème, puis **coche** la bonne case.

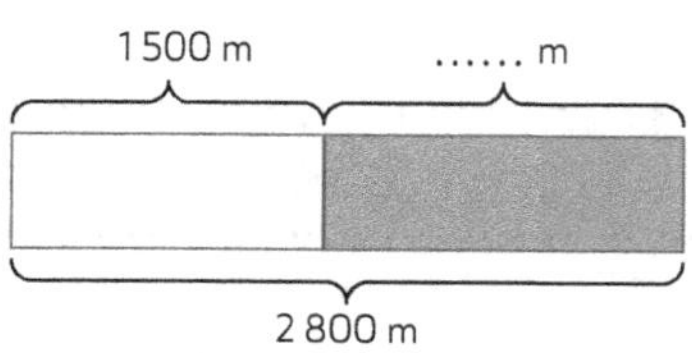


- ☐ La bande grise représente la distance totale du cross.
- ☐ La bande grise représente la distance que Karim a déjà parcourue.
- ☐ La bande grise représente la distance que Karim doit encore parcourir.

**Entoure** l'opération qui permet de répondre à la question.

1 500 + 2 800        2 800 – 1 500

**Écris**, puis **effectue** l'opération : ........................................................................ = ...........

**Complète** la phrase réponse : *Karim doit encore parcourir ........... mètres.*

# 17 R Lire, écrire, décomposer les nombres inférieurs à 1 000

Manuel ou Fichier CE2
Leçon 19

***Compétences :*** *Lire, écrire, décomposer les nombres inférieurs à 1 000.*

**Prénom** ........................................................ **Date** ........................................................

**1** **Écris** le nombre de points marqués.

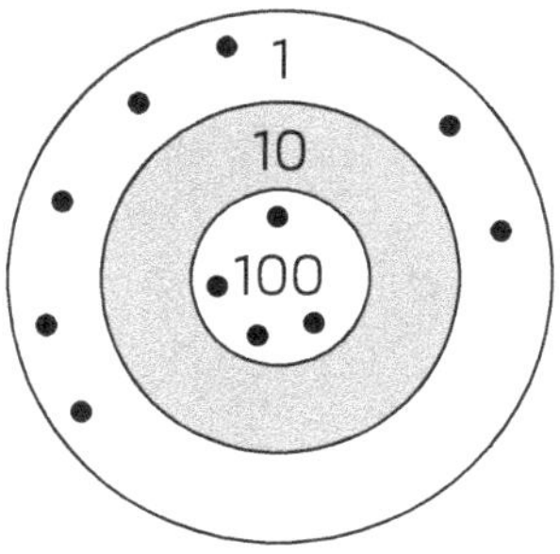


...... c ...... d ...... u

...............................

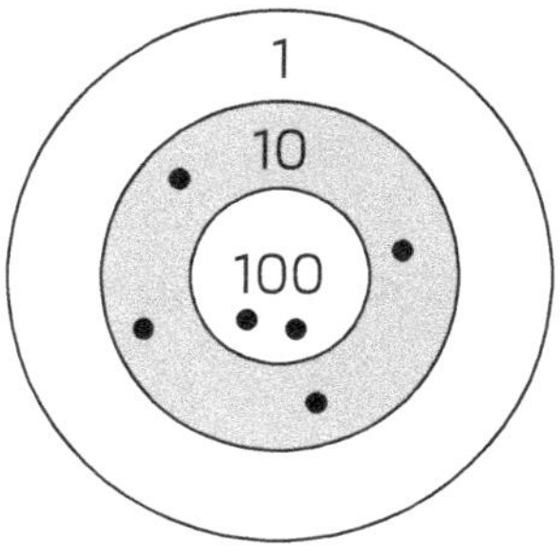


...... c ...... d ...... u

...............................

**2** **Indique** l'emplacement des fléchettes par un ●.

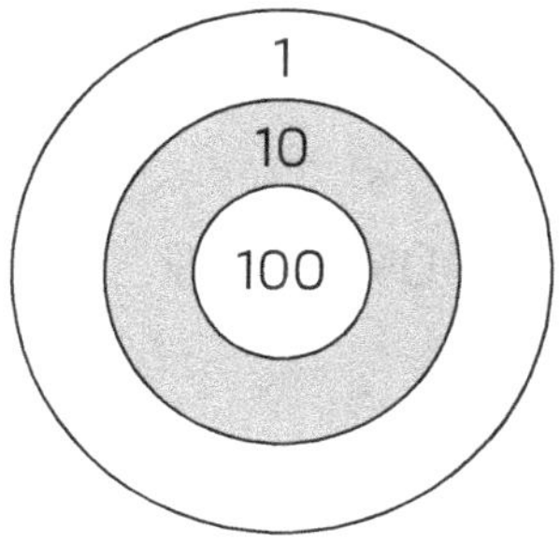


305

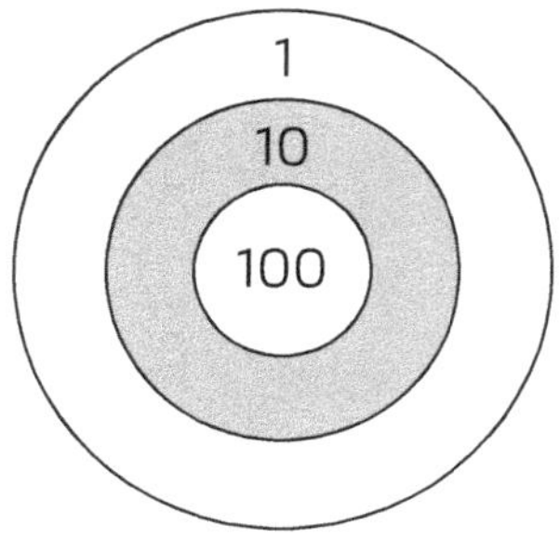


240

**3** **Écris** ces nombres en chiffres.

| | | | |
|---|---|---|---|
| Quatre cent quatre-vingts | .............. | Deux cent deux | .............. |
| Neuf cent soixante-trois | .............. | Quatre cent quarante-quatre | .............. |
| Trois cent trois | .............. | Cinq cent cinquante | .............. |
| Huit cent quatre-vingt-dix | .............. | Six cent soixante-dix | .............. |

**4** **Colorie** de la même couleur les étiquettes du même nombre.

450 | 504 | 540 | 405

4 d 5 c | 5 c 4 u | 5 d 4 c | 4 c 5 u

400 + 5 | 500 + 40 | 400 + 50 | 500 + 4

# 18 R Comparer, ordonner, intercaler les nombres inférieurs à 1 000

Manuel ou Fichier CE2
Leçon 20

***Compétences :*** *Comparer, ordonner, intercaler les nombres inférieurs à 1 000.*

**Prénom** ................................................... **Date** ...................................................

**1** Pour chaque ligne, **colorie** en vert le nombre le plus petit, en jaune le nombre le plus grand.
**Range** ensuite les nombres du plus petit au plus grand.

587 601 99 .............. < .............. < ..............

589 507 509 579 .............. < .............. < .............. < ..............

297 587 986 899 976 .............. < .............. < .............. < .............. < ..............

**2** **Relie** chaque livre à sa place.

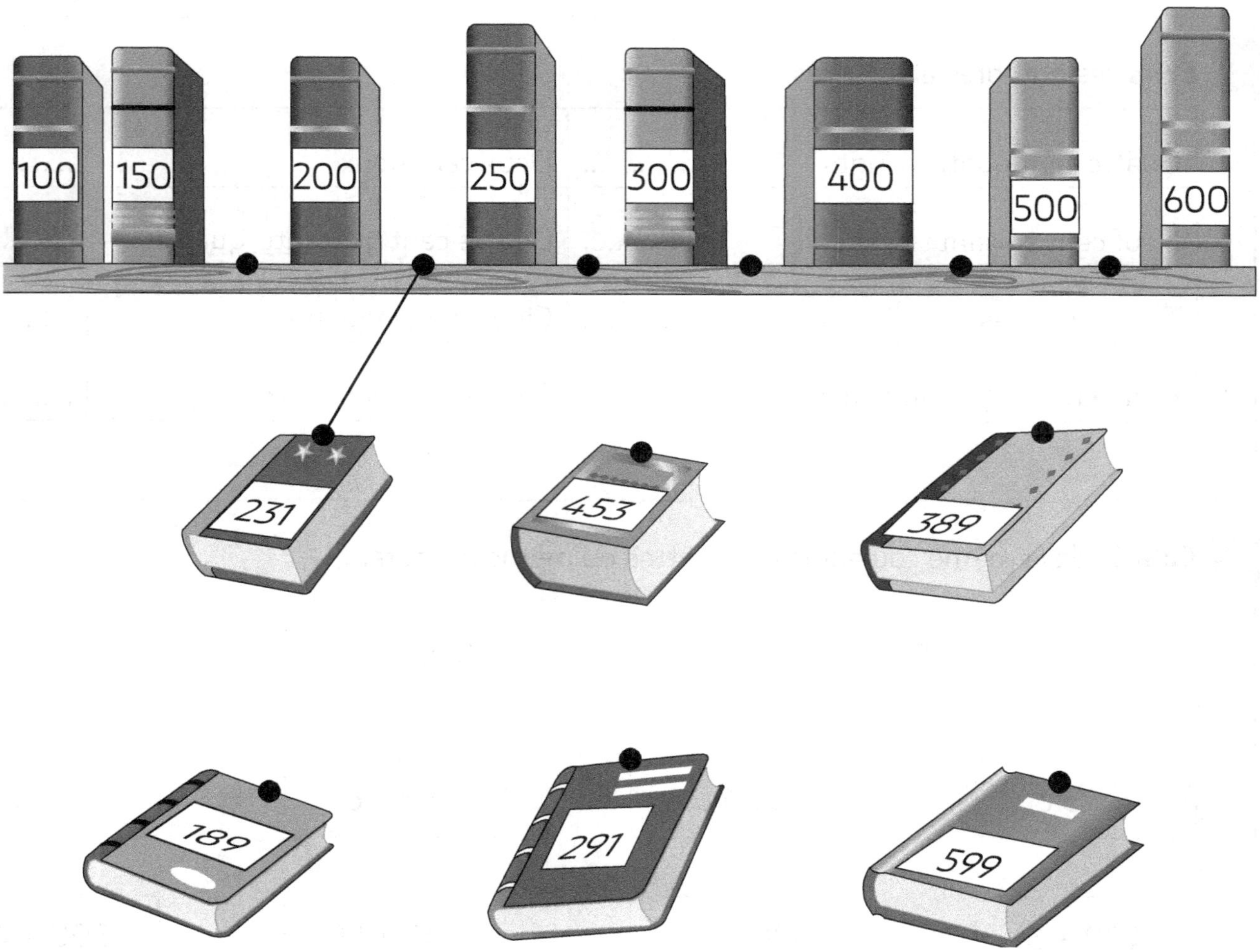

# 19 R Ajouter un nombre de deux chiffres

Manuel ou Fichier CE2
Leçon 21

***Compétence :*** *Calcul en ligne : Additionner deux nombres de deux chiffres par un calcul en ligne.*

**Prénom** .................................................. **Date** ..................................................

## 1 Complète.

40 + 10 = ..........
50 + 10 = ..........

50 + 20 = ..........
40 + 50 = ..........

30 + 30 = ..........
40 + 30 = ..........

## 2 Complète.

40 + 25 → 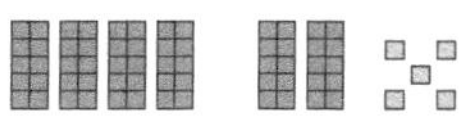

40 + 25 = 40 + 20 + ........
40 + 25 = .......... + ........
40 + 25 = ..........

30 + 14 = 30 + 10 + ........
30 + 14 = .......... + ........
30 + 14 = ..........

60 + 23 = 60 + 20 + ........
60 + 23 = .......... + ........
60 + 23 = ..........

50 + 28 = 50 + 20 + ........
50 + 28 = .......... + ........
50 + 28 = ..........

## 3 Complète.

67 + 25 → 

67 + 25 = 60 + 7 + 20 + 5
67 + 25 = .......... + ..........
67 + 25 = ..........

43 + 45 = 40 + 3 + .......... + ........
43 + 45 = .......... + ........
43 + 45 = ..........

26 + 54 = 20 + .......... + 50 + ........
26 + 54 = .......... + ........
26 + 54 = ..........

73 + 25 = 70 + 3 + .......... + ........
73 + 25 = .......... + ........
73 + 25 = ..........

# 20c Poser et effectuer une addition avec retenue

Manuel ou Fichier CE2
Leçon 22

***Compétence :*** *Maîtriser la technique de l'addition posée avec retenue.*

**Prénom** ..................................................... **Date** .....................................................

**1** **Effectue.**

| | | | |
|---|---|---|---|
| | 2 | 9 | 1 |
| + | | 5 | 9 |
| + | 1 | 5 | 0 |
| | ...... | ...... | ...... |

| | | | |
|---|---|---|---|
| | 4 | 7 | 1 |
| + | 1 | 0 | 9 |
| + | | 2 | 8 |
| | ...... | ...... | ...... |

| | | | |
|---|---|---|---|
| | | 9 | 1 |
| + | 5 | 5 | 6 |
| + | 2 | 0 | 8 |
| | ...... | ...... | ...... |

**Les résultats se trouvent parmi les nombres suivants : 758 ; 608 ; 855 ; 935 ; 500.**

**2** **Pose** et **effectue**.

476 + 209 + 47

78 + 679 + 206

97 + 598 + 39

**Les résultats se trouvent parmi les nombres suivants : 734 ; 822 ; 963 ; 732 ; 634.**

**3** **Complète** ces additions.

| | | | |
|---|---|---|---|
| | 5 | 4 | 3 |
| + | ...... | ...... | ...... |
| | 8 | 1 | 8 |

| | | | |
|---|---|---|---|
| | 2 | 1 | 5 |
| + | ...... | ...... | ...... |
| | 6 | 3 | 8 |

| | | | |
|---|---|---|---|
| | 7 | 5 | 7 |
| + | ...... | ...... | ...... |
| | 9 | 0 | 0 |

**4** **Complète** ces additions.

| | | | |
|---|---|---|---|
| | 7 | 5 | 4 |
| + | ...... | ...... | ...... |
| | 8 | 3 | 8 |

| | | | |
|---|---|---|---|
| | 3 | 1 | 5 |
| + | ...... | ...... | ...... |
| | 8 | 0 | 4 |

| | | | |
|---|---|---|---|
| | 3 | ...... | 8 |
| + | | 4 | ...... |
| + | ...... | 7 | 6 |
| | 8 | 0 | 0 |

# 21R Reporter et comparer des longueurs avec un compas

Manuel ou Fichier CE2
Leçon 23

***Compétences :*** *Utiliser le compas pour comparer et reporter des longueurs.*

**Prénom** ................................................ **Date** ................................................

**1** **Utilise** le compas pour comparer la longueur des segments noir et gris.
**Coche** la case où le segment noir a la même longueur que le segment gris.

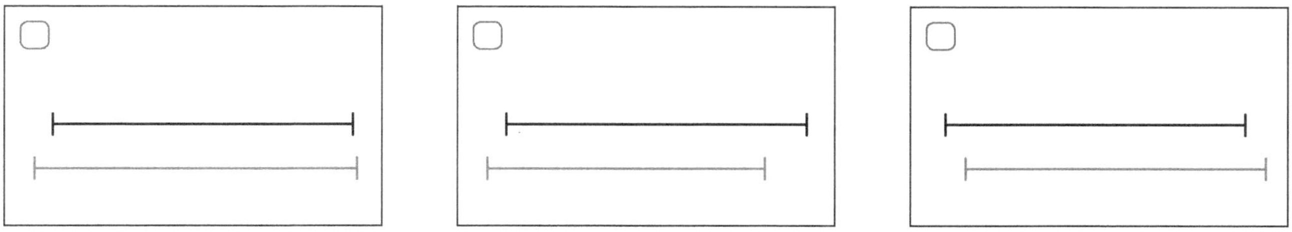

**2** **Utilise** le compas pour comparer la longueur des segments noir et gris.
**Entoure** le segment le plus court.

**3** **Entoure** les segments gris qui ont la même longueur que le segment noir.

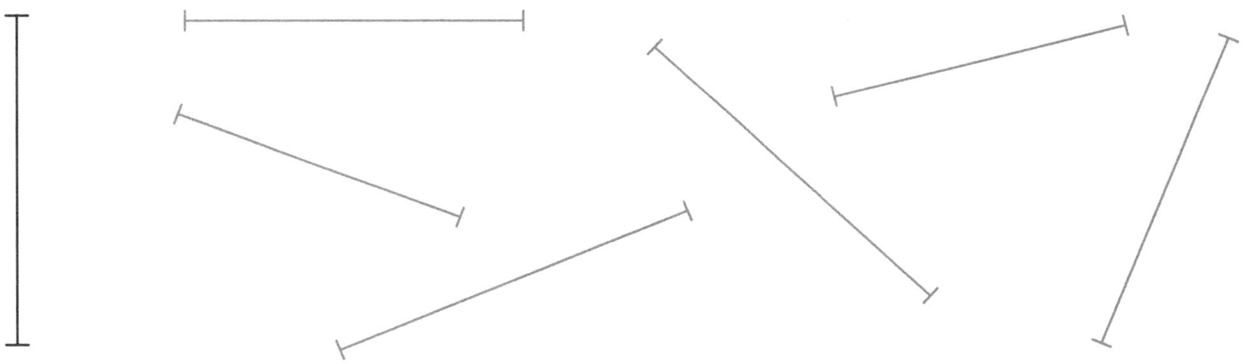

**4** **Utilise** le compas pour reporter la longueur du segment noir sur les pointillés.
**Respecte** chaque consigne.

**Reporte** 1 fois le segment noir. → ⊢- - - - - - - - - - - - - - - - - - - - - - - - - - - - - -

**Reporte** 2 fois le segment noir. → ⊢- - - - - - - - - - - - - - - - - - - - - - - - - - - - - -

**Reporte** 3 fois le segment noir. → ⊢- - - - - - - - - - - - - - - - - - - - - - - - - - - - - -

# 22R Décrire un carré et un rectangle

Manuel ou Fichier CE2
Leçon 24

***Compétences :*** *Décrire et identifier le carré et le rectangle en utilisant un vocabulaire approprié.*
*Connaître les propriétés des carrés et des rectangles.*

**Prénom** .................................................... **Date** ....................................................

**1** **Utilise** l'équerre pour **trouver** les rectangles. **Entoure**-les.

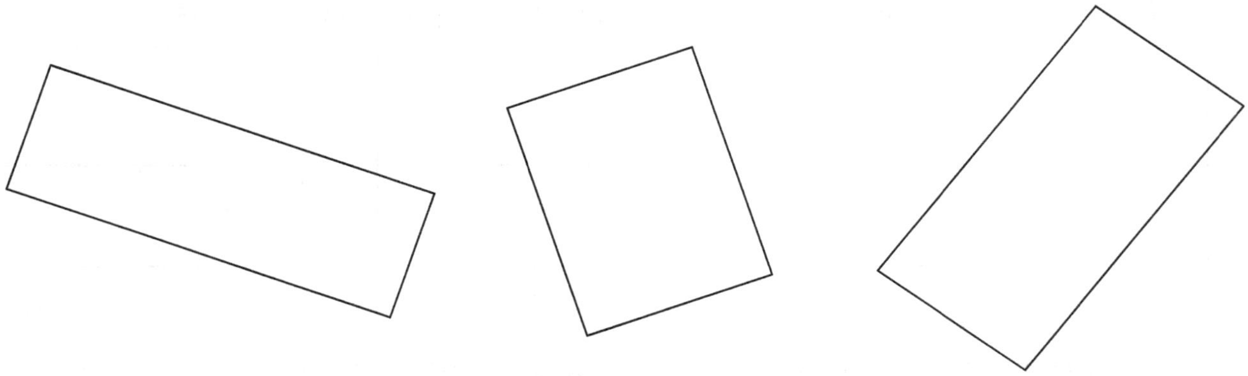

**2** **Utilise** l'équerre, la bande de papier ou la règle graduée pour **trouver** les carrés. **Entoure**-les.

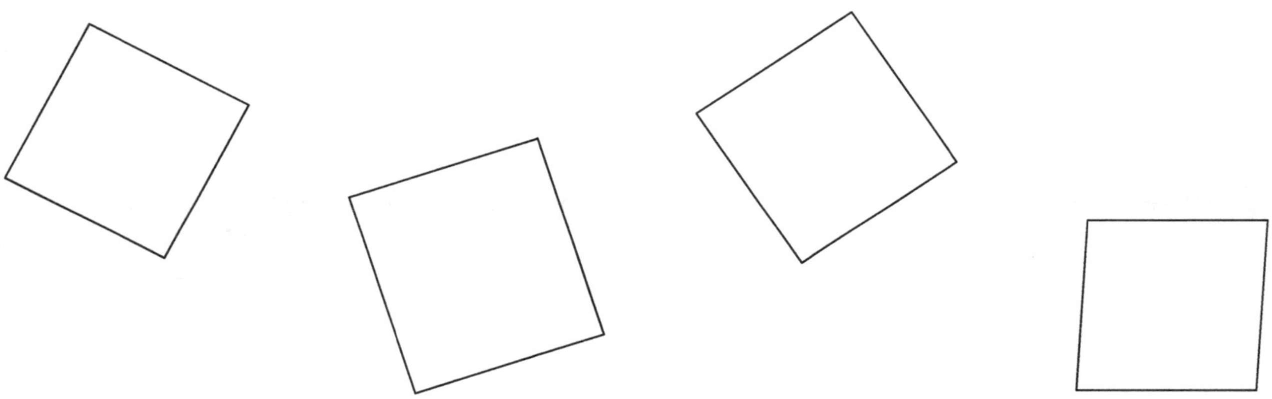

**3** **Colorie** les carrés en vert et les rectangles en jaune.

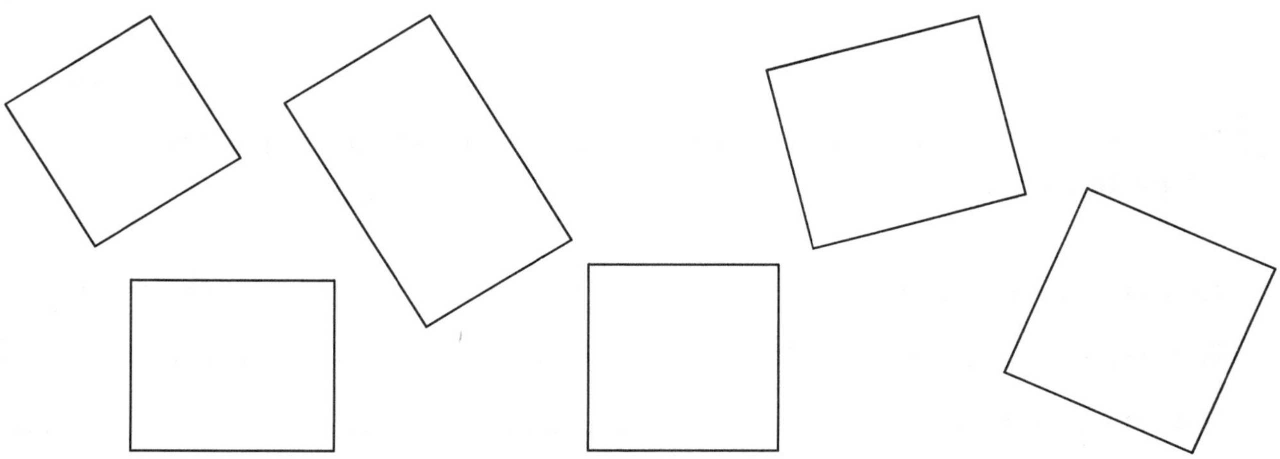

# 23 R Retrancher un nombre de deux chiffres

Manuel ou Fichier CE2
Leçon 25

***Compétence :*** *Calcul en ligne : Retrancher un nombre de deux chiffres avec franchissement de la dizaine.*

**Prénom** .................................................... **Date** ..................................................

**1** **Calcule** 36 – 13.

36 – 10 = 26

26 – 3 = ...........

donc 36 – 13 = ...........

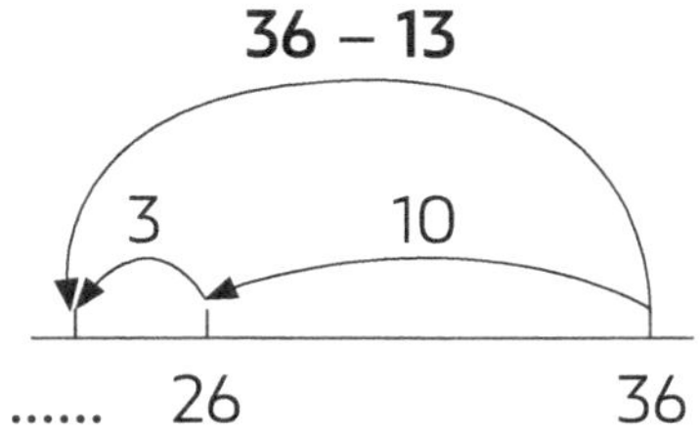

**2** **Calcule** 48 – 15.

48 – 10 = 38

38 – ...... = ...........

donc 48 – 15 = ...........

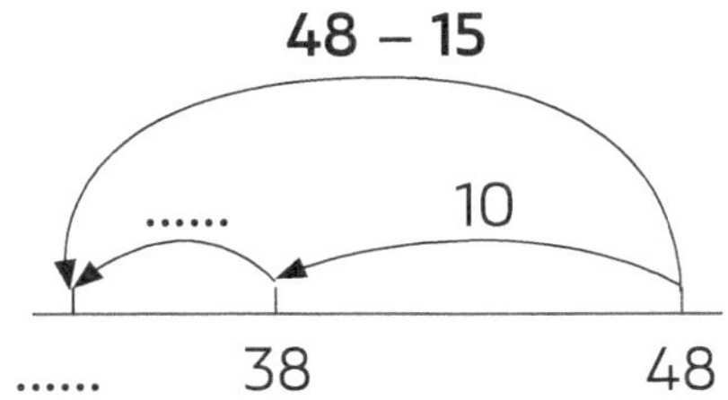


**3** **Calcule** 42 – 16.

42 – 10 = ...........

........... – 2 = ...........

........... – 4 = ...........

donc 42 – 16 = ...........

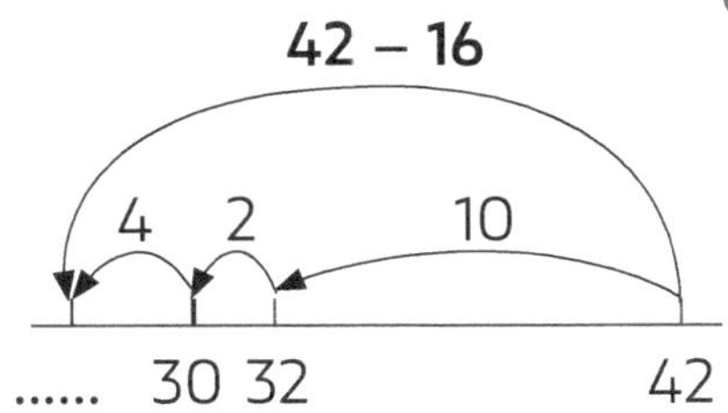

**4** **Calcule** 63 – 25.

63 – 20 = ...........

........... – 3 = ...........

........... – 2 = ...........

donc 63 – 25 = ...........

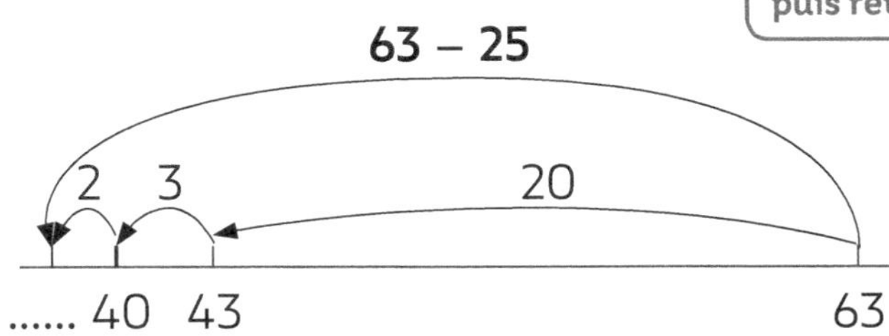


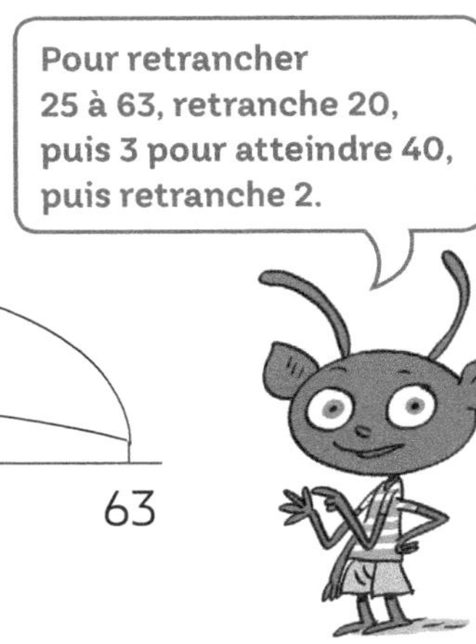

# 24c Encadrer les nombres inférieurs à 1 000

Manuel ou Fichier CE2
Leçon 26

***Compétences :*** *Encadrer un nombre entre deux dizaines ou deux centaines les plus proches.*

**Prénom** ..................................................... **Date** .....................................................

**1** **Relie** ces quatre nombres à leur place sur les wagons.

887 • 861 • 879 • 858 •

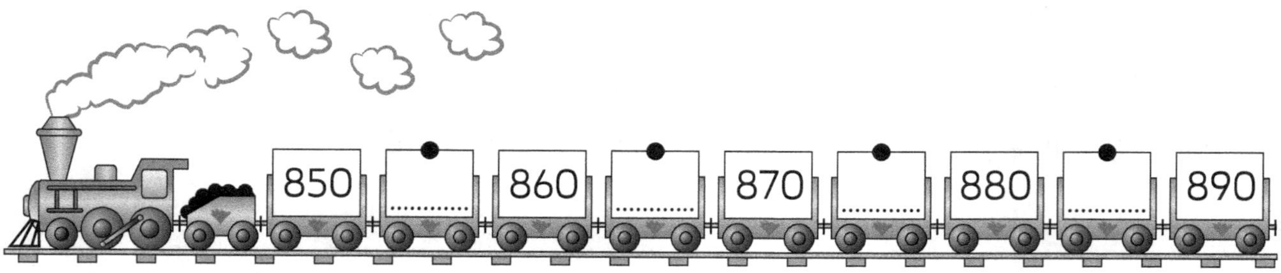


**2** **Encadre** chaque nombre entre les deux dizaines les plus proches.

| ............... | 827 | ............... | | ............... | 715 | ............... |
|---|---|---|---|---|---|---|
| ............... | 689 | ............... | | ............... | 701 | ............... |

**3** **Encadre** chaque nombre entre les deux centaines les plus proches.

| ............... | 103 | ............... | | ............... | 189 | ............... |
|---|---|---|---|---|---|---|
| ............... | 697 | ............... | | ............... | 428 | ............... |

# 25c Méthodologie : Compléter ou rédiger une phrase réponse

Manuel ou Fichier CE2
Leçon 27

***Compétences :*** *Compléter ou rédiger une phrase réponse.*

**Prénom** .................................................... **Date** ....................................................

**1** Arnaud doit parcourir 24 km. Quand il passe devant la mairie il lui reste encore 6 km à parcourir.
**Quelle distance a-t-il parcourue ?**

**Complète** la phrase réponse.

*Arnaud a parcouru* .................................................... .

**2** Hector pèse 38 kg. Son frère Louis pèse 10 kg de plus que lui.
**Combien pèse Louis ?**

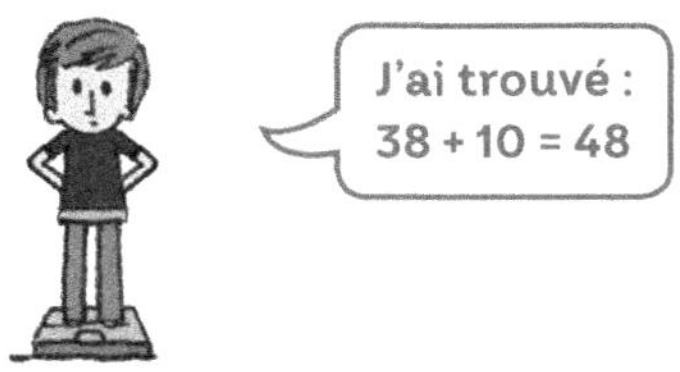


**Complète** la phrase réponse.

*Louis pèse* .................................................... .

**3** Zoé a 50 €. Elle achète une boîte de jeux 35 €.
**Quelle somme lui reste-t-il ?**

**Rédige** une phrase réponse.

....................................................................................................

**4** Karima est partie en classe de neige. Elle a pris 26 photos le premier jour et 37 photos le deuxième jour.
**Combien de photos Karima a-t-elle prises en deux jours ?**

**Rédige** une phrase réponse.

....................................................................................................

**5** La maman de Léa achète 3 kg de pommes à 2 € le kilogramme.
**Combien paiera-t-elle ?**

**Rédige** une phrase réponse.

....................................................................................................

# 26 R Trouver le milieu d'un segment

Manuel ou Fichier CE2
Leçon 28

***Compétences :*** *Construire le milieu d'un segment. Vérifier qu'un point est le milieu d'un segment.*

**Prénom** ............................................ **Date** ............................................

**1** **Entoure** le milieu de chaque segment.

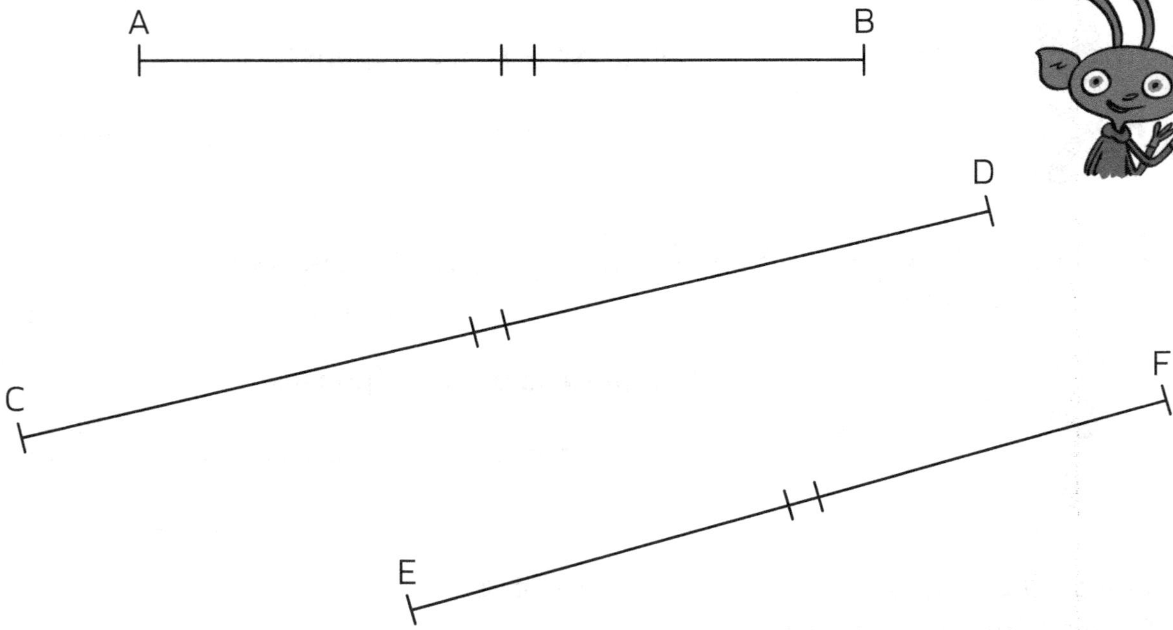


**2** **Trouve** le milieu de chaque segment. **Utilise** une bande de papier pour trouver et marquer le milieu de chaque segment.

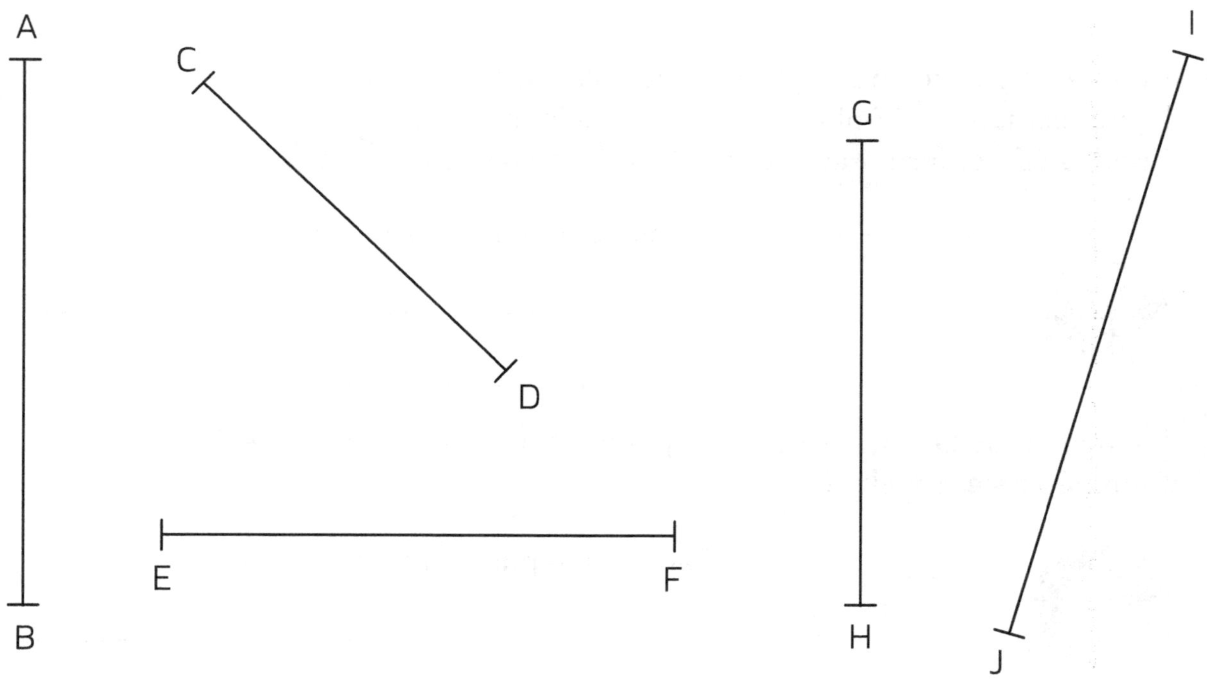

# 27 R Ajouter, retrancher 1, 10, 100

Manuel ou Fichier CE2
Leçon 32

***Compétences :*** *Calcul en ligne : Ajouter ou retrancher 1, 10, 100 à un nombre de trois chiffres.*

**Prénom** .................................................. **Date** ..................................................

## 1 Complète.

Quand on ajoute 1 à un nombre, on obtient le nombre suivant.

Quand on retranche 1 à un nombre, on obtient le nombre précédent.

| | | |
|---|---|---|
| 254 + 1 = ........... | 465 – 1 = ........... | 299 + 1 = ........... |
| 359 + 1 = ........... | 540 – 1 = ........... | 600 – 1 = ........... |
| 599 + 1 = ........... | 500 – 1 = ........... | 670 – 1 = ........... |

## 2 Complète.

Quand on ajoute 10, on ajoute une dizaine.

Quand on retranche 10, on retranche une dizaine.

| | | |
|---|---|---|
| 657 + 10 = ........... | 235 – 10 = ........... | 405 – 10 = ........... |
| 409 + 10 = ........... | 188 – 10 = ........... | 497 + 10 = ........... |
| 190 + 10 = ........... | 605 – 10 = ........... | 105 – 10 = ........... |

## 3 Complète.

Quand on ajoute 100, on ajoute une centaine.

Quand on retranche 100, on retranche une centaine.

| | | |
|---|---|---|
| 65 + 100 = ........... | 235 – 100 = ........... | 348 + 100 = ........... |
| 346 + 100 = ........... | 306 – 100 = ........... | 789 + 100 = ........... |
| 402 + 100 = ........... | 170 – 100 = ........... | 706 – 100 = ........... |

## 4 **Continue** les suites de nombres.

- 295 ; 296 ; 297 ; ........... ; ........... ; ........... ; ........... ; ........... ; ........... .
- 352 ; 362 ; 372 ; ........... ; ........... ; ........... ; ........... ; ........... ; ........... .
- 850 ; 750 ; 650 ; ........... ; ........... ; ........... ; ........... ; ........... ; ........... .

# 28 R Trouver les compléments à la centaine supérieure

Manuel ou Fichier CE2
Leçon 33

***Compétence :*** *Calculer un complément à la centaine supérieure.*

**Prénom** .................................................. **Date** ..................................................

**1** **Dessine** les barres dizaines qui manquent pour obtenir 100.
**Complète** les égalités.

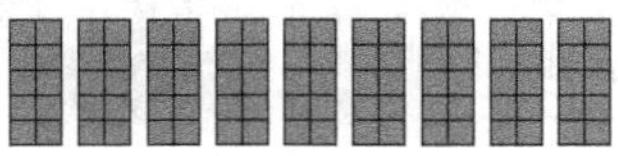

90 + .................... = 100

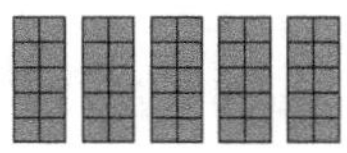

50 + .................... = 100

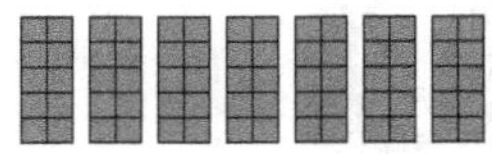

70 + .................... = 100

**2** **Dessine** les barres dizaines et les jetons unités qui manquent pour obtenir 100.
**Complète** les égalités.

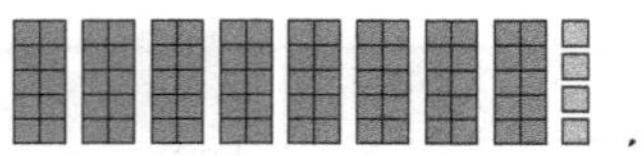

84 + .................... = 100

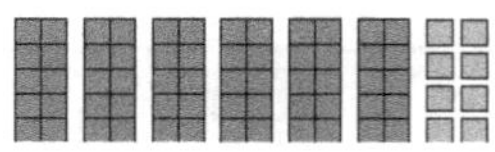

68 + .................... = 100

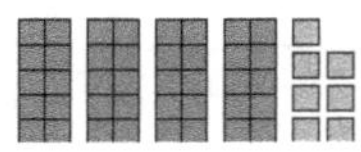

47 + .................... = 100

**3** **Dessine** les barres dizaines qui manquent pour obtenir la centaine supérieure.
**Complète** les égalités.

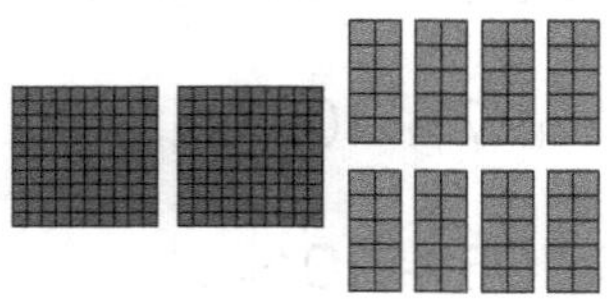

280 + .................... = 300

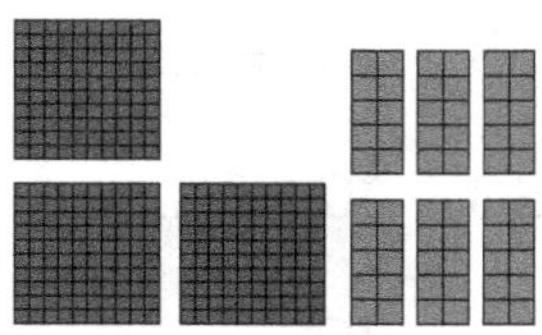

360 + .................... = 600

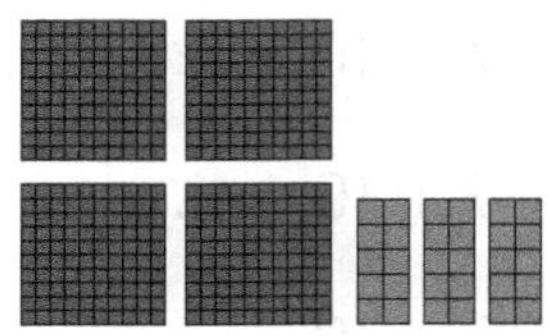

430 + .................... = 500

**4** **Dessine** les barres dizaines et les jetons unités qui manquent pour obtenir la centaine supérieure.
**Complète** les égalités.

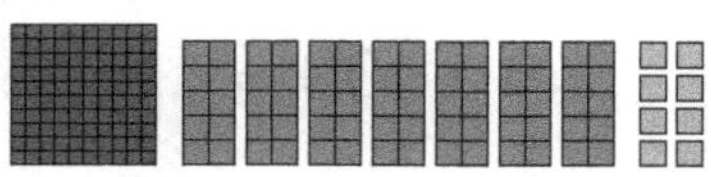

178 + .................... = 200

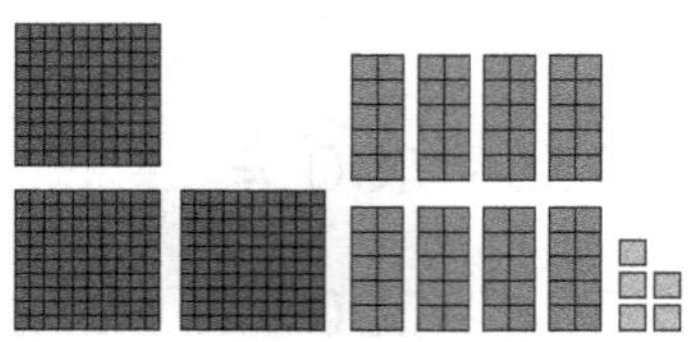

385 + .................... = 400

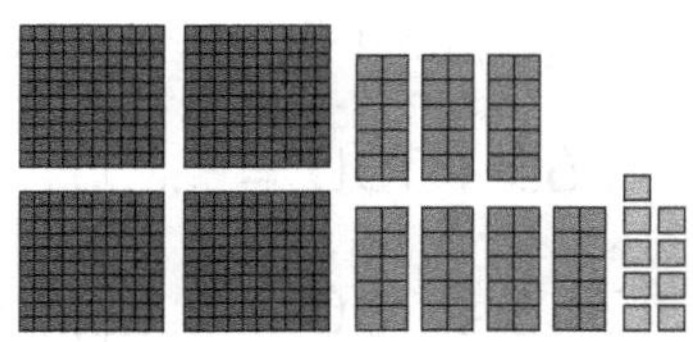

479 + .................... = 500

**5** **Utilise** les schémas pour trouver les compléments à la centaine supérieure.

176 + ........ = 200

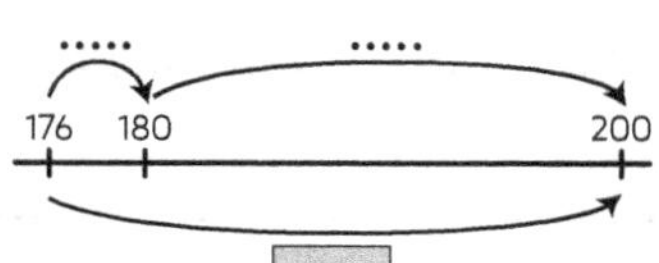


367 + ........ = 400

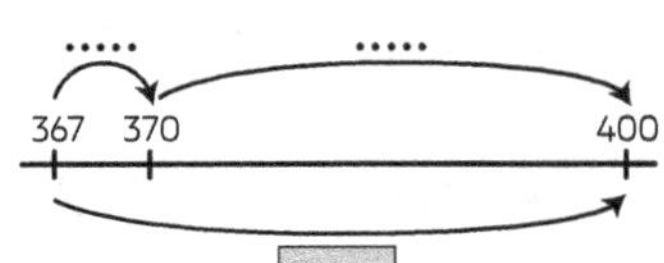

# 29c Reconnaître des situations multiplicatives

Manuel ou Fichier CE2
Leçon 34

***Compétences :*** *Reconnaître une situation multiplicative. Utiliser la commutativité de la multiplication pour faire apparaître un produit connu.*

**Prénom** ................................................ **Date** ................................................

**1** Des archéologues ont retrouvé les restes du sol de trois pièces rectangulaires d'une villa romaine.
**Exprime** le nombre de dalles qui recouvraient le sol de chaque pièce sous forme de deux produits.
**Calcule** ce nombre, puis **complète** la phrase réponse.

**Première pièce**

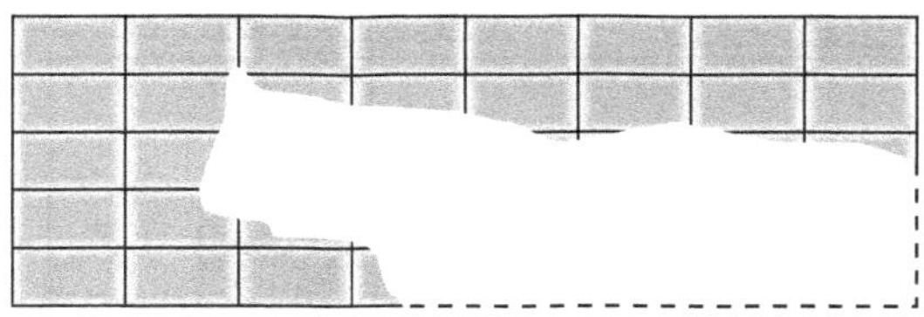

...... × ...... = ...... × ......

...... × ...... = ...... + ................................................................................

*Cette pièce était recouverte de ...... dalles.*

**Deuxième pièce**

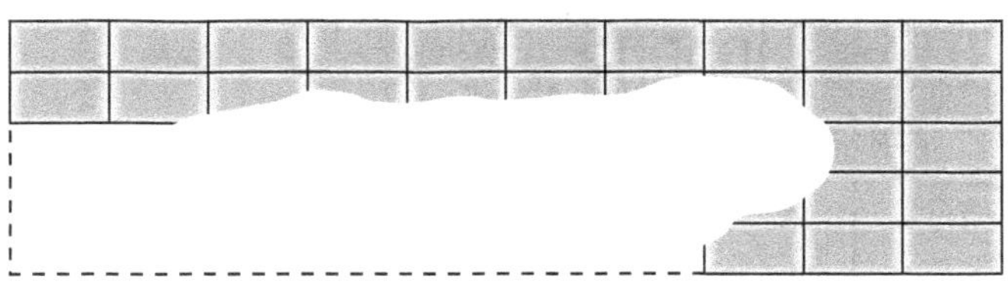

...... × ...... = ...... × ......

...... × ...... = ...... + ................................................................................

*Cette pièce était recouverte de ...... dalles.*

**Troisième pièce**

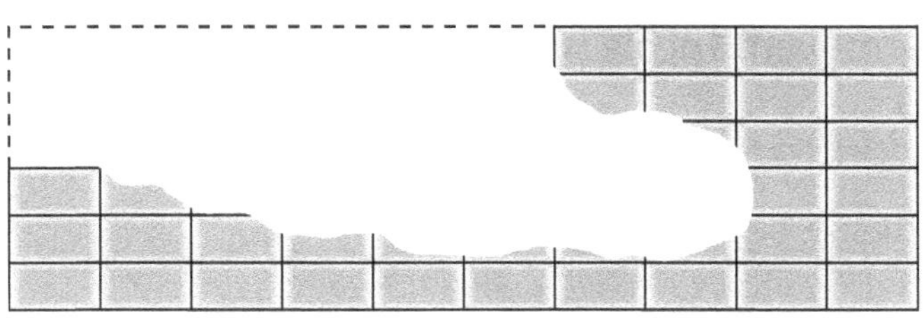

...... × ...... = ...... × ......

...... × ...... = ...... + ................................................................................

*Cette pièce était recouverte de ...... dalles.*

# 30c Se repérer sur un plan

Manuel ou Fichier CE2
Leçon 35

***Compétences :** S'orienter et se déplacer sur un plan en utilisant des repères. Coder des déplacements sur un quadrillage.*

**Prénom** ........................................................ **Date** ........................................................

**Observe** le plan de cette ville.

**1** **Complète**.

Quel bâtiment est situé dans la case (A, 5) ........................................... ?

**Indique** les cases du plan où se trouvent l'école : (...... , ......) et le supermarché : (...... , ......).

**2** Théo est dans la case (B, 4) et désire se rendre au stade.

**Indique** la case du plan où se trouve l'entrée du stade : (...... , ......).

**Dessine** sur le plan le chemin que Théo peut suivre pour aller au stade, puis **indique** les cases que traverse ce chemin :

(B, 4) (...... , ......) (...... , ......) (...... , ......) (...... , ......) (...... , ......) (...... , ......)

# 31R Lire l'heure (2)

Manuel ou Fichier CE2
Leçon 36

***Compétences :*** *Lire l'heure en heures et minutes. Établir le lien entre une horloge à aiguilles et une horloge digitale.*

**Prénom** ........................................................ **Date** ........................................................

**1** **Écris** les heures du matin.

...... h ......

...... h ......

...... h ......

**2** **Écris** cles heures du matin et celles du soir.

| | | | | |
|---|---|---|---|---|
| Matin : | ...... h ...... | ...... h ...... | ...... h ...... | ...... h ...... |
| Soir : | ...... h ...... | ...... h ...... | ...... h ...... | ...... h ...... |

**3** Quelle émission Mélissa peut-elle regarder ?

**PROGRAMME**

18 h 00 Le monde de Riley
18 h 45 Salim détective privé
19 h 15 Chercheurs de trésors
19 h 55 Sabrina l'apprentie sorcière
20 h 30 Le bal des vampires
21 h 55 La fée coquillette

# 32R Connaître le nombre 1 000 et les milliers

Manuel ou Fichier CE2
Leçon 37

***Compétences :*** *Connaître le nombre 1 000 et les milliers. Trouver les compléments à 1 000.*

**Prénom** .................................................. **Date** ..................................................

**1** **Colorie** les étiquettes égales à 1 000.

100 × 10 | 200 × 5 | 250 × 4

500 + 2 | 300 × 3 | 999 + 1

**2** Chaque étiquette est égale à 1 000. **Complète** selon l'exemple.

| | | | | | |
|---|---|---|---|---|---|
| 950 | 50 | 980 | ........... | 750 | ........... |
| 975 | ........... | 10 | ........... | 100 | ........... |

**3** **Complète** chaque groupe d'étiquettes avec des centaines entières différentes pour que leur somme soit égale à 1 000.

........... | ........... | ........... → 1 000

........... | ........... | ........... | ........... → 1 000

**4** **Utilise** les nombres suivants pour obtenir 1 000.

2 4 5 500 150 200 250 750 800

........... + ........... = 1 000 ........... × ........... = 1 000

........... + ........... = 1 000 ........... × ........... = 1 000

# 33 R Lire, écrire, décomposer les nombres jusqu'à 9 999 (1)

Manuel ou Fichier CE2
Leçon 38

***Compétences :*** *Lire, écrire, décomposer les nombres inférieurs à 10 000.*

**Prénom** ............................................. **Date** .............................................

**1** **Écris** ces nombres en chiffres. Pour t'aider, **utilise** le tableau de numération.

8 m | 6 c | 7 d | 2 u

............................

5 m | 1 c | 4 d | 3 u

............................

| m | c | d | u |
|---|---|---|---|
| ........ | ........ | ........ | ........ |
| ........ | ........ | ........ | ........ |
| ........ | ........ | ........ | ........ |
| ........ | ........ | ........ | ........ |

2 d | 5 u | 9 m | 4 c

............................

7 u | 6 d | 5 c | 1 m

............................

**2** **Écris**, le nombre de points marqués par chaque joueur.

**Boris**

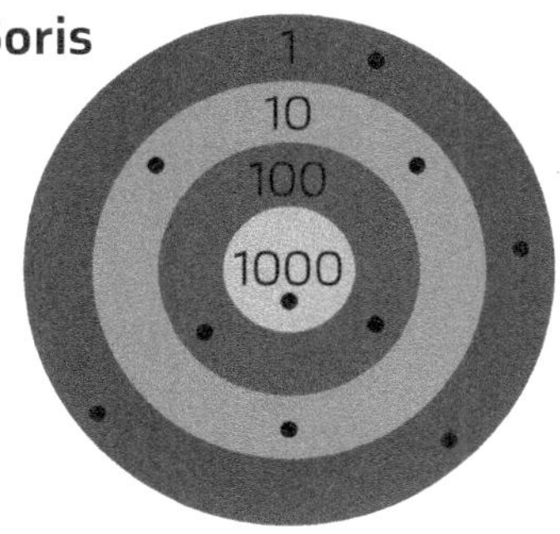


..............

**Léa**

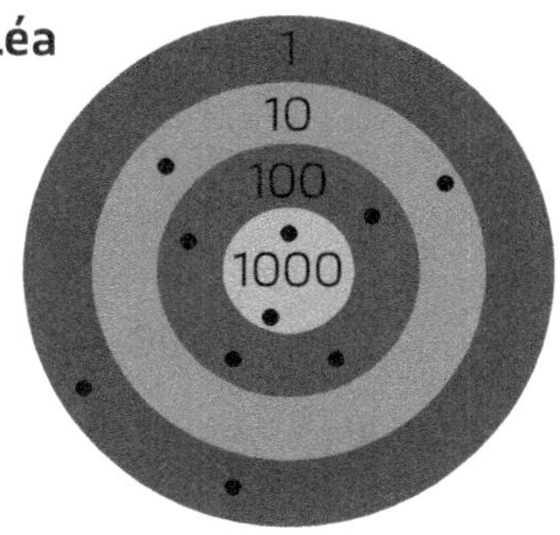


..............

**Théo**

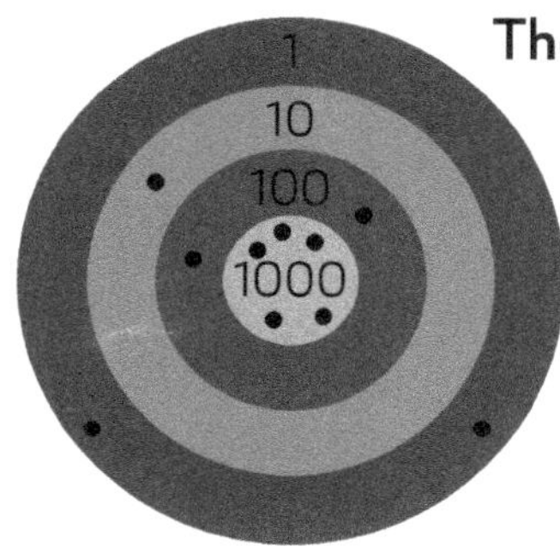


..............

**3** **Relie**.

| | |
|---|---|
| 2 635 | cinq mille six cent vingt-trois |
| 2 536 | trois mille cinq cent vingt-six |
| 3 526 | deux mille cinq cent trente-six |
| 5 623 | deux mille six cent trente-cinq |

# 34R Lire, écrire, décomposer les nombres jusqu'à 9 999 (2)

Manuel ou Fichier CE2
Leçon 39

***Compétences :*** *Lire, écrire, décomposer les nombres inférieurs à 10 000 pouvant comporter des zéros.*

**Prénom** ................................................. **Date** .................................................

**1** **Écris**, comme dans l'exemple, le nombre de points marqués par chaque joueur.

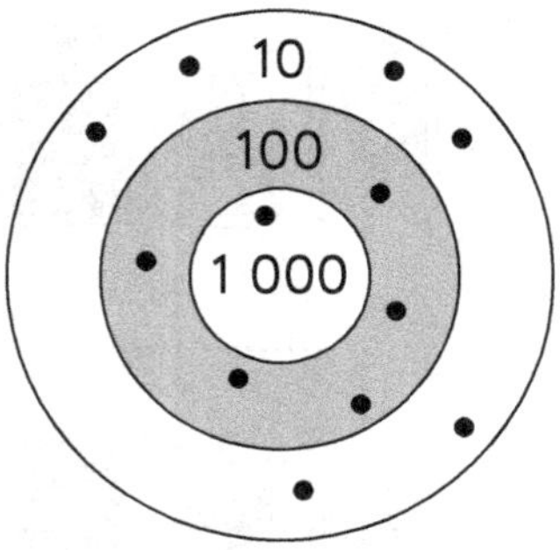


1 000 + 500 + 60

1 560

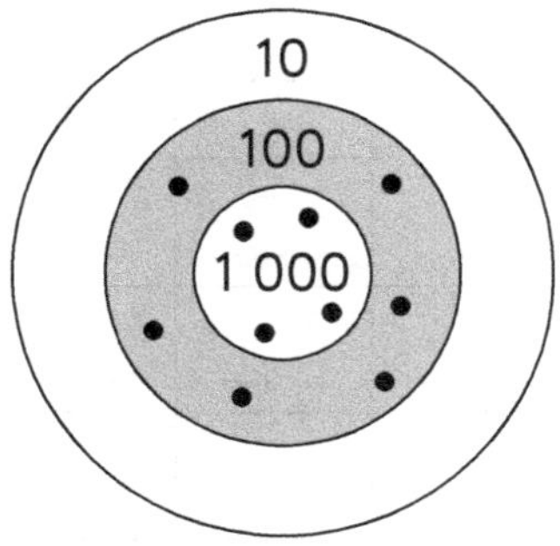


.....................................

...............

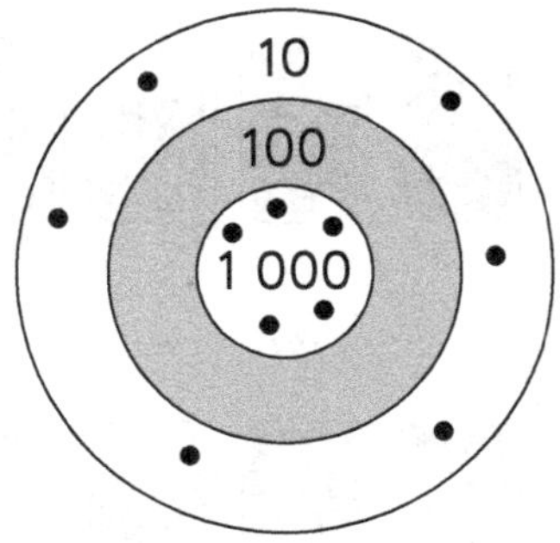


.....................................

...............

**2** Pour chaque score, **indique** l'emplacement des fléchettes par un ●.

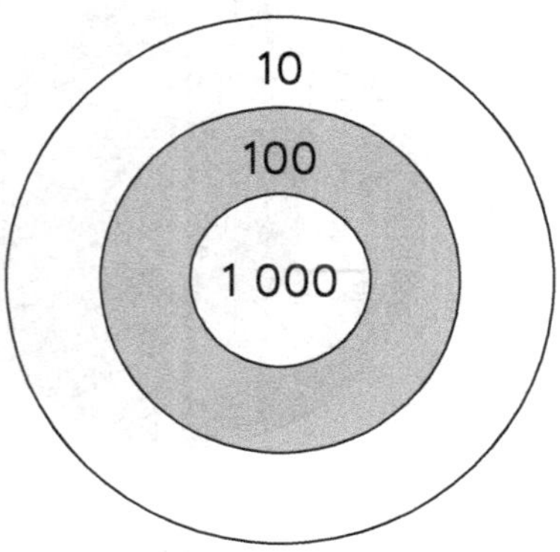


2 300

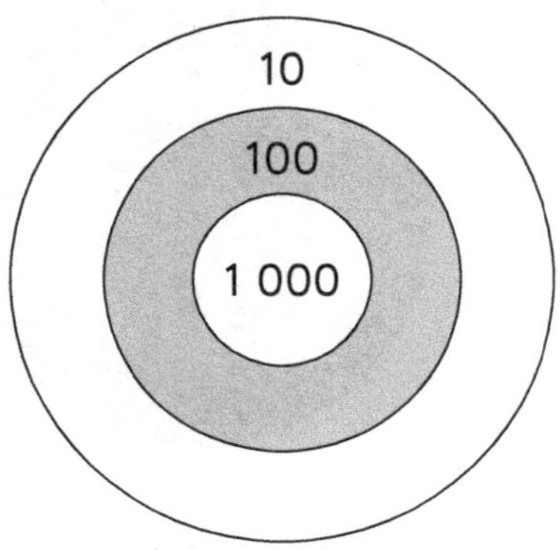


1 040

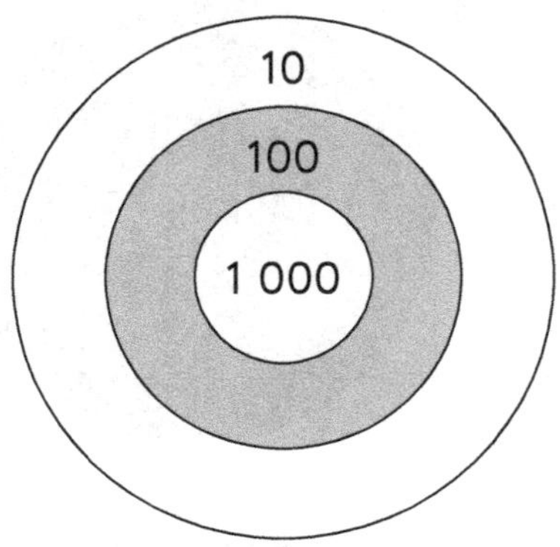


4 610

**3** **Relie**.

| | |
|---|---|
| 9 050 | neuf mille cinq cent cinq |
| 9 500 | neuf mille cinquante |
| 9 005 | neuf mille cinq cents |
| 9 505 | neuf mille cinq |

# 35c Manipuler la monnaie

Manuel ou Fichier CE2
Leçon 40

***Compétences :*** *Connaître l'euro et le centime. Faire l'appoint en euros et en centimes. Savoir échanger des pièces et des billets.*

**Prénom** ..................................................... **Date** .....................................................

**1** **Colle** ou **dessine** les pièces et les billets qui manquent pour payer exactement ces objets.

| J'achète. | Je donne. | Je dois encore donner. |
|---|---|---|
|  7 € 40 c |   | |
|  22 € 60 c |    | |
|  16 € 50 c |  | |

**2** **Colle** ou **dessine** les pièces qui manquent pour payer exactement ces objets.

| J'achète. | Je donne. | Je colle les pièces qui manquent. |
|---|---|---|
| 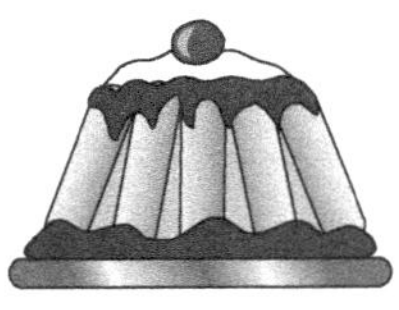 8 € 55 c |  | |
|  15 € 15 c |  | |

# 36 R Identifier et construire un triangle rectangle

Manuel ou Fichier CE2
Leçon 41

***Compétences :*** *Identifier un triangle rectangle. Construire un triangle rectangle sur quadrillage et sur papier uni.*

**Prénom** .................................................. **Date** ..................................................

**1** **Colorie** les triangles rectangles de ce dessin.

**2** **Trace** un triangle rectangle : le point noir est le sommet de l'angle droit.
Un côté est déjà tracé.

**a**

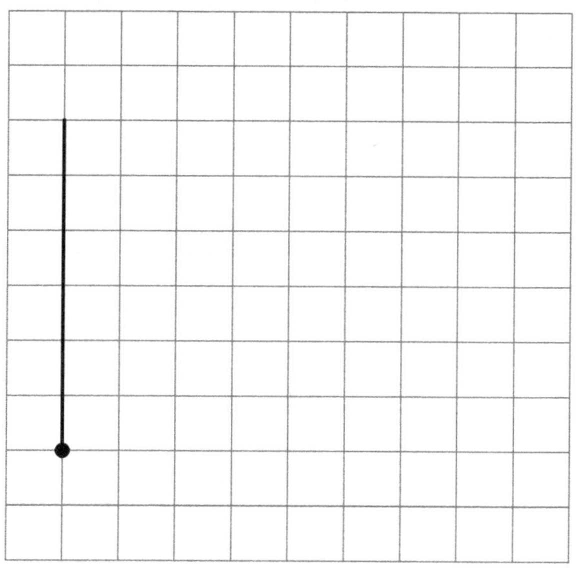

**b**

# 37c Apprendre à résoudre
## Situations additives ou soustractives (2)

Manuel ou Fichier CE2
Leçon 42

***Compétence :*** *Rechercher la valeur de l'état final dans des problèmes de transformation d'états : problèmes du champ additif.*

**Prénom** .................................................... **Date** ....................................................

**1** Lilou arrive de l'école avec une pochette de 12 feutres, son amie Lisa lui donne 6 nouveaux feutres.
**Combien de feutres Lilou possède-t-elle maintenant ?**

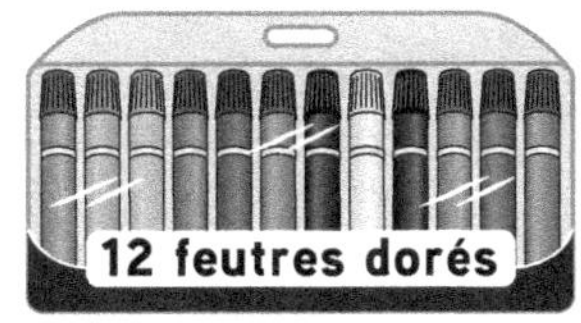


Lilou possède maintenant : ☐ plus de 12 feutres ☐ moins de 12 feutres

**Écris** et **calcule** l'opération que tu dois effectuer pour répondre à la question.

........................................... = .........

**Complète** la phrase réponse : Maintenant, Lilou possède ......... feutres.

---

**2** Pendant les vacances, Léa a pris 68 photos avec son appareil numérique. Le premier dimanche après les vacances, elle prend 24 nouvelles photos.
**Combien Léa a-t-elle pris de photos en tout ?**

En tout, Léa a pris : ☐ plus de 68 photos ☐ moins de 68 photos

**Écris** et **calcule** l'opération que tu dois effectuer pour répondre à la question.

........................................... = .........

**Complète** la phrase réponse : En tout, Léa a pris ......... photos.

---

**3** Samia a un livre de 85 pages. Elle en a lu 65.
**Combien lui reste-t-il de pages à lire ?**

Il reste à lire à Samia : ☐ plus de 85 pages ☐ moins de 85 pages

**Écris** et **calcule** l'opération que tu dois effectuer pour répondre à la question.

........................................... = .........

**Complète** la phrase réponse : Il lui reste ......... pages à lire.

---

**4** Marina possède un paquet de 35 caramels, elle en offre un à chacune de ses 8 amies.
**Combien de caramels a-t-elle maintenant ?**

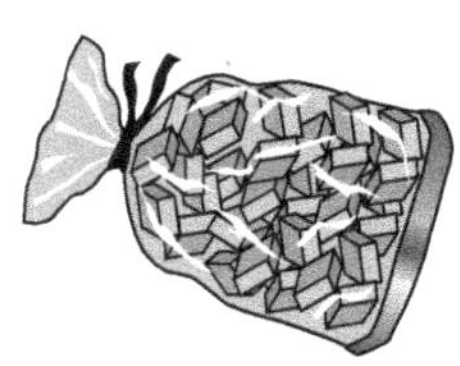

........................................... Maintenant, elle a ......... caramels.

# 38 R Poser et effectuer une soustraction sans retenue

Manuel ou Fichier CE2
Leçon 45

***Compétence :*** *Maîtriser la technique de la soustraction posée sans retenue.*

**Prénom** ..................................................... **Date** .....................................................

## 1 **Effectue.**

| | c | d | u |
|---|---|---|---|
| | 8 | 9 | 5 |
| – | 6 | 0 | 3 |
| = | ...... | ...... | ...... |

| | c | d | u |
|---|---|---|---|
| | 7 | 5 | 9 |
| – | 2 | 4 | 8 |
| = | ...... | ...... | ...... |

| | c | d | u |
|---|---|---|---|
| | 3 | 9 | 6 |
| – | | 5 | 4 |
| = | ...... | ...... | ...... |

**Les résultats se trouvent parmi les nombres suivants : 342 ; 458 ; 292 ; 935 ; 511.**

## 2 **Pose** et **effectue**.

874 – 523

| | c | d | u |
|---|---|---|---|
| | ...... | ...... | ...... |
| – | ...... | ...... | ...... |
| = | ...... | ...... | ...... |

597 – 84

| | c | d | u |
|---|---|---|---|
| | ...... | ...... | ...... |
| – | ...... | ...... | ...... |
| = | ...... | ...... | ...... |

**Les résultats se trouvent parmi les nombres suivants : 758 ; 351 ; 855 ; 513 ; 678.**

## 3 **Pose** et **effectue**.

795 – 382

853 – 41

966 – 362

**Les résultats se trouvent parmi les nombres suivants : 452 ; 812 ; 598 ; 604 ; 413.**

# 39 c Reconnaître qu'une figure possède un axe de symétrie (1)

Manuel ou Fichier CE2
Leçon 46

***Compétence :*** *Reconnaître qu'une figure possède un axe de symétrie par pliage ou par retournement.*

**Prénom** ............................................................ **Date** ............................................................

**1** **Entoure** les figures qui ont un ou plusieurs axes de symétrie. **Trace** les axes de symétrie.

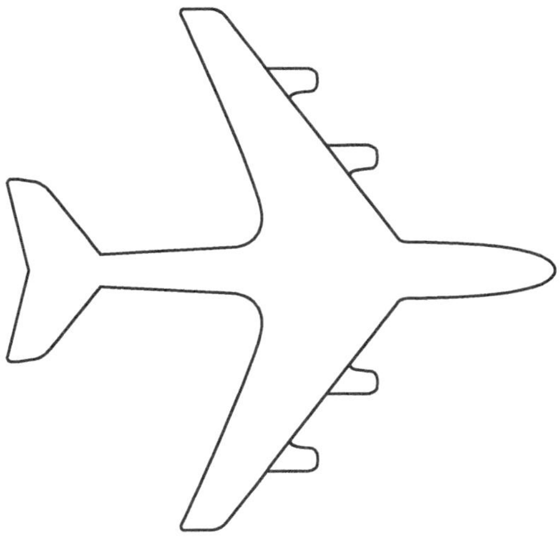

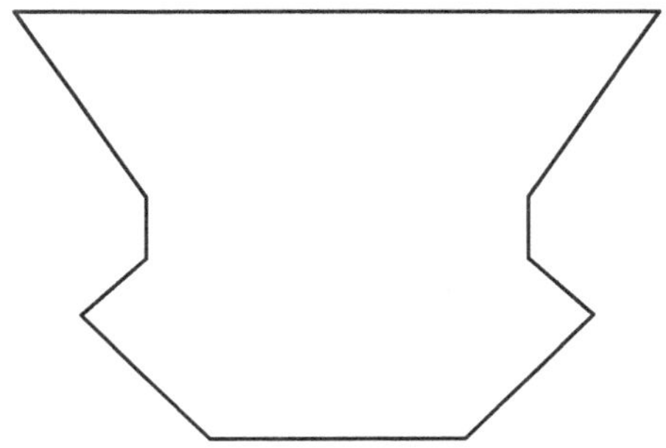

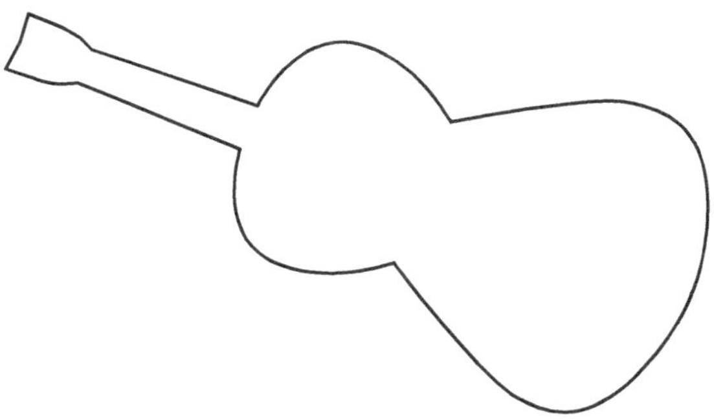

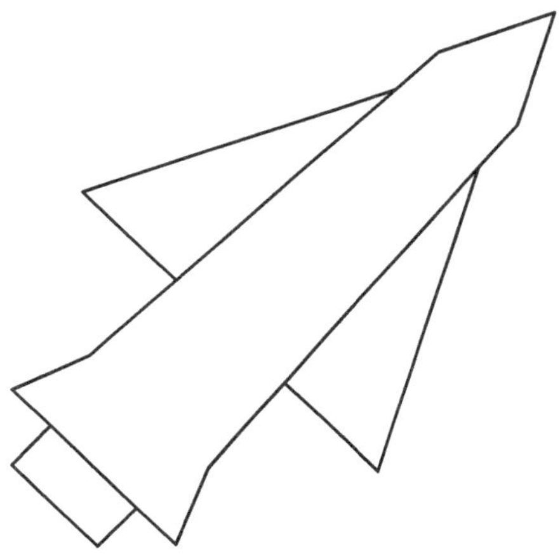

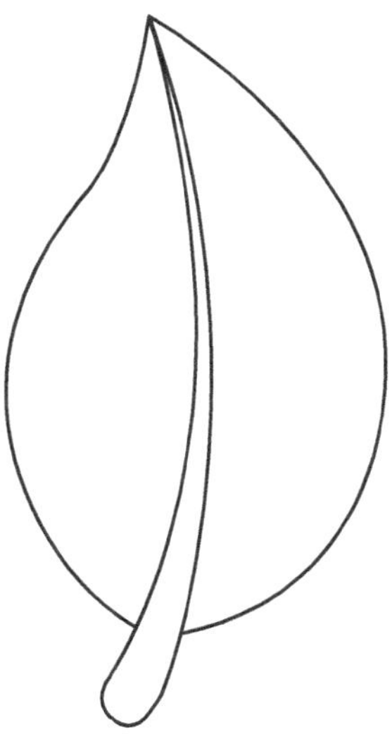

# 40 R Poser et effectuer une soustraction avec retenue (1)

Manuel ou Fichier CE2
Leçon 47

***Compétence :*** *Maîtriser la technique usuelle de la soustraction avec retenue entre deux nombres de deux chiffres.*

**Prénom** .................................................. **Date** ..................................................

**1** **Effectue.**

| | | |
|---|---|---|
| | 7 | 1 |
| – | 4 | 8 |
| | ...... | ...... |

| | | |
|---|---|---|
| | 8 | 4 |
| – | 3 | 7 |
| | ...... | ...... |

| | | |
|---|---|---|
| | 6 | 5 |
| – | 2 | 9 |
| | ...... | ...... |

**Les résultats se trouvent parmi les nombres suivants : 47 ; 43 ; 36 ; 23.**

**2** **Pose** et **effectue**.

62 – 39

74 – 25

81 – 43

**Les résultats se trouvent parmi les nombres suivants : 23 ; 58 ; 38 ; 69 ; 49.**

**3** **Pose** et **calcule**.

82 – 58

63 – 25

74 – 45

**Les résultats se trouvent parmi les nombres suivants : 42 ; 38 ; 29 ; 24 ; 51.**

# 41c Poser et effectuer une soustraction avec retenue (2)

Manuel ou Fichier CE2
Leçon 48

***Compétence :*** *Maîtriser la technique usuelle de la soustraction avec retenue entre deux nombres de deux ou trois chiffres.*

**Prénom** .................................................. **Date** ..................................................

**1** **Effectue**.

| | | | |
|---|---|---|---|
| | 5 | 3 | 2 |
| – | 3 | 2 | 8 |
| | ...... | ...... | ...... |

| | | | |
|---|---|---|---|
| | 7 | 2 | 3 |
| – | 2 | 3 | 9 |
| | ...... | ...... | ...... |

| | | | |
|---|---|---|---|
| | 4 | 2 | 0 |
| – | | 5 | 6 |
| | ...... | ...... | ...... |

**Les résultats se trouvent parmi les nombres suivants : 364 ; 204 ; 554 ; 484 ; 504.**

**2** **Pose** et **effectue**.

546 – 329

540 – 332

407 – 37

**Les résultats se trouvent parmi les nombres suivants : 107 ; 208 ; 177 ; 370 ; 30 ; 217.**

**3** **Complète** ces soustractions à trou.

| | | | |
|---|---|---|---|
| | 4 | 6 | 8 |
| – | ...... | 5 | ...... |
| | 2 | ...... | 9 |

| | | | |
|---|---|---|---|
| | 7 | ...... | 8 |
| – | 1 | 9 | 6 |
| | ...... | 1 | ...... |

| | | | |
|---|---|---|---|
| | 8 | 0 | 0 |
| – | ...... | ...... | ...... |
| | 5 | 3 | 7 |

**4** Agnès achète une paire de chaussures. Elle donne un billet de 100 €. Le marchand lui rend 18 €.

**Combien Agnès a-t-elle dépensé ?**

..........................................................................................

..........................................................................................

# 42 R Connaître les relations entre les unités de longueur

Manuel ou Fichier CE2
Leçon 49

***Compétences :** Relations entre m, dm, cm et mm. Choisir la bonne unité. Estimer une mesure.*

**Prénom** ........................................................ **Date** ..........................................................

**1** **Entoure** à chaque fois la réponse qui correspond à la bonne longueur.

9 mm    9 m

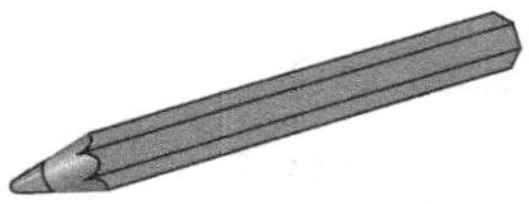

15 cm    15 mm

5 mm    5 dm

1 cm    1 mm

**2** **Complète** les phrases avec l'unité de longueur qui convient : m, dm, cm ou mm.

Un grand pas d'adulte mesure 1 .................. .

Un crayon mesure environ 1 .................. .

La longueur d'un bassin de piscine mesure 25 .................. .

Lucie mesure 120 .................. .La longueur d'une mouche mesure 11 .................. .

**3** **Convertis** et **complète**.

3 dm = .................. mm    6 cm = .................. mm    2 m = .................. mm

5 m = .................. cm    600 cm = .................. m    7 000 mm = .................. m

**4** **Qui est le plus grand ?**
**Convertis** dans la même unité,
puis **entoure** l'enfant le plus grand.

............................................................

............................................................

**5** Théo a pêché une truite de 32 cm, Léa une carpe de 318 mm et Mélissa un brochet de 6 dm de long.
**Convertis** les mesures et **complète** la phrase.

32 cm = ........................... mm    6 dm = ........................... mm

C'est ................................................... qui a pêché le plus grand poisson.

# 43 R Résoudre une addition à trou



*Compétences : Mettre en évidence le lien entre addition et soustraction. Résoudre une addition à trou.*

**Prénom** .................................................. **Date** ..................................................

**1** Léna mesure 152 cm et Paul 167 cm.
**Combien de cm manque-t-il à Léna pour être aussi grande que Paul ?**
**Résous** de deux manières ce problème.

**a** À l'aide d'un schéma.

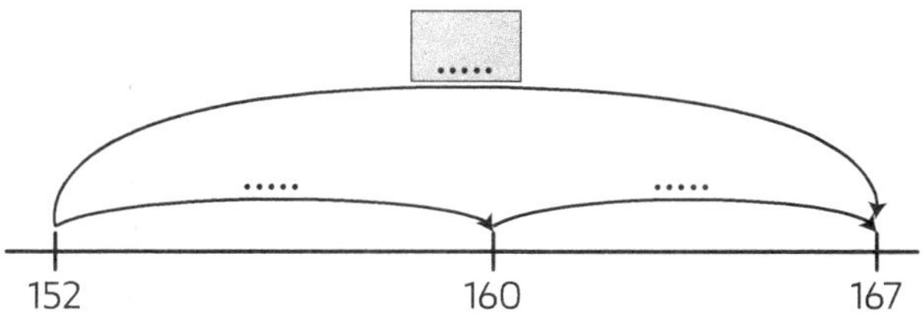


152 + .......... = 167

**b** Avec une soustraction

|   | 1 | 6 | 7 |
|---|---|---|---|
| − | 1 | 5 | 2 |
|   | ...... | ...... | ...... |

167 − 152 = ..........

**2** **Résous** chaque addition à trou en posant et en effectuant une soustraction.

78 + .......... = 92

|   | ...... | ...... |
|---|---|---|
| − | ...... | ...... |
|   | ...... | ...... |

65 + .......... = 91

|   | ...... | ...... |
|---|---|---|
| − | ...... | ...... |
|   | ...... | ...... |

27 + .......... = 56

|   | ...... | ...... |
|---|---|---|
| − | ...... | ...... |
|   | ...... | ...... |

**3** **Résous** chaque addition à trou en posant et en effectuant une soustraction.

295 + .......... = 640

|   | ...... | ...... | ...... |
|---|---|---|---|
| − | ...... | ...... | ...... |
|   | ...... | ...... | ...... |

521 + .......... = 950

|   | ...... | ...... | ...... |
|---|---|---|---|
| − | ...... | ...... | ...... |
|   | ...... | ...... | ...... |

109 + .......... = 800

|   | ...... | ...... | ...... |
|---|---|---|---|
| − | ...... | ...... | ...... |
|   | ...... | ...... | ...... |

**4** **Utilise** la méthode de ton choix pour résoudre ce problème.
Justin possède une collection de 200 billes. 95 sont vertes et les autres sont rouges.
**Combien de billes rouges possède Justin dans sa collection ?**

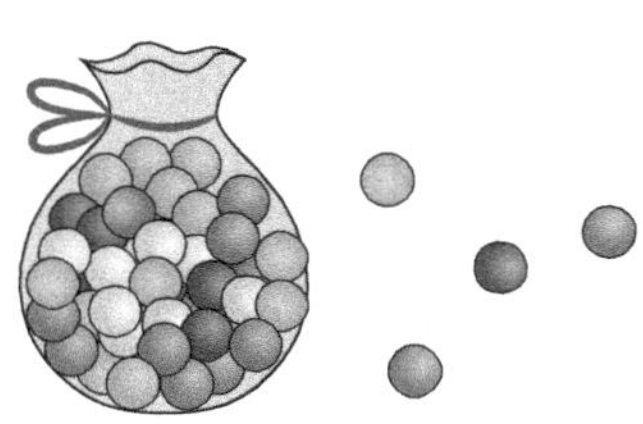

..........................................................................................

..........................................................................................

# 44c Distinguer situations additives ou multiplicatives

Manuel ou Fichier CE2
Leçon 51

***Compétences :*** *Identifier une situation multiplicative. Transformer une somme en produit quand cela est possible et la calculer.*

**Prénom** ............................................ **Date** ............................................

**1** Une toupie coûte 7 €.
Jean achète 3 toupies.
**Combien paie-t-il ?**

Peux-tu résoudre ce problème avec :
– une addition ? ☐ oui ☐ non
– une multiplication ? ☐ oui ☐ non

**Écris** la (ou les) opération(s).

.....................................................................................................

Jean paie .................................................. .

**2** Jade achète un lot de 5 élastiques pour cheveux à 3 € et une brosse à 7 €.
**Combien paie-t-elle ?**

Peux-tu résoudre ce problème avec :
– une addition ? ☐ oui ☐ non
– une multiplication ? ☐ oui ☐ non

**Écris** la (ou les) opération(s).

.....................................................................................................

Jade paie .................................................. .

**3** Hakim possède 5 sacs de billes.
Chaque sac contient 10 billes.
**Combien de billes Hakim possède-t-il ?**

Peux-tu résoudre ce problème avec :
– une addition ? ☐ oui ☐ non
– une multiplication ? ☐ oui ☐ non

**Écris** la (ou les) opération(s).

.....................................................................................................

Hakim possède .................................................. .

# 45R Apprendre les tables de 6 et de 7 de la multiplication

Manuel ou Fichier CE2
Leçon 52

***Compétences :*** *Construire et mémoriser les produits des tables de 6 et de 7 de la multiplication.*

**Prénom** .................................................. **Date** ..................................................

**1** **Compte** de 6 en 6 à partir de 12.

**6 ; 12** ; ........... ; ........... ; ........... ; ........... ; ........... ; ........... ; ........... ; ........... .

**2** **Pour compléter** la table de multiplication par 6 :
- **écris** d'abord les résultats des produits jusqu'à 5 × 6.
- **calcule** ensuite les produits : 6 × 6, 7 × 6 et 8 × 6.
- **calcule** enfin le produit 9 × 6 en utilisant le produit 10 × 6 = 60.

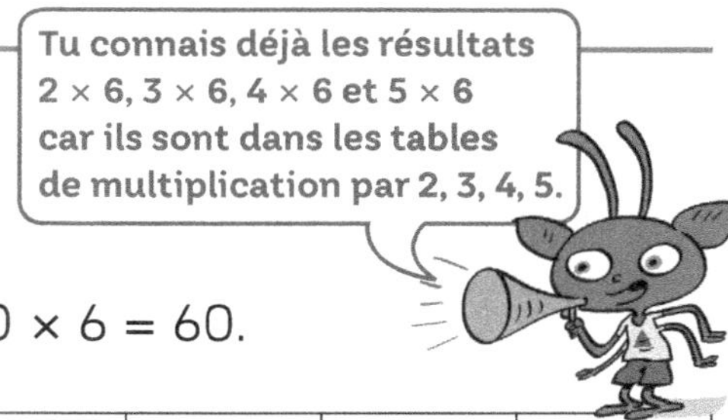


| 1 × 6 | 2 × 6 | 3 × 6 | 4 × 6 | 5 × 6 | .......... | .......... | .......... | .......... | 10 × 6 |
|---|---|---|---|---|---|---|---|---|---|
| 6 | .......... | .......... | .......... | .......... | .......... | .......... | .......... | .......... | 60 |

+ 6 + 6 + 6 − 6

**3** **Compte** de 7 en 7 à partir de 14.

**7 ; 14** ; ........... ; ........... ; ........... ; ........... ; ........... ; ........... ; ........... ; ........... .

**4** **Pour compléter** la table de multiplication par 7 :
- **écris** d'abord les résultats des produits que tu connais, jusqu'à 6 × 7.
- **calcule** ensuite les produits : 7 × 7, 8 × 7.
- **calcule** enfin le produit 9 × 7 en utilisant le produit 10 × 7 = 70.

| 1 × 7 | 2 × 7 | 3 × 7 | 4 × 7 | 5 × 7 | 6 × 7 | .......... | .......... | .......... | 10 × 7 |
|---|---|---|---|---|---|---|---|---|---|
| 7 | .......... | .......... | .......... | .......... | .......... | .......... | .......... | .......... | 70 |

+ 7 + 7 + 7 − 7

**5** **Complète** les égalités.

| | | | |
|---|---|---|---|
| 10 × 6 = ........... | ....... × 6 = 18 | 10 × 7 = ........... | ....... × 7 = 49 |
| 9 × 6 = ........... | ....... × 6 = 24 | 9 × 7 = ........... | ....... × 7 = 35 |
| 8 × 6 = ........... | ....... × 6 = 30 | 8 × 7 = ........... | ....... × 7 = 42 |

# 46c Utiliser les unités de longueur : du m au mm

Manuel ou Fichier CE2
Leçon 53

***Compétences :*** *Connaître les unités de mesures usuelles de longueur : m, dm, cm, mm ainsi que les relations qui les lient.*

**Prénom** ................................................... **Date** ...................................................

**1** **Calcule** la largeur en m et cm de cette moissonneuse-batteuse.

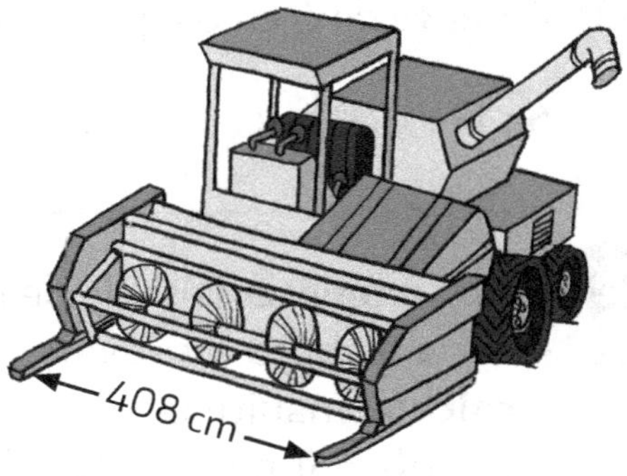


408 cm = 400 cm + 8 cm

408 cm = ........... m + ........... cm = ........... m ........... cm

Cette moissonneuse-batteuse peut-elle passer sur un pont de 4 m de largeur ?

..........................................................................................................................................

**2** Au zoo, on a mesuré les trois girafes.
La première mesure 45 dm.
La deuxième mesure 4 m 37 cm.
La troisième mesure 503 cm.
**Exprime** ces longueurs en cm.

45 dm = ........... cm

4 m 37 cm = ........... cm + ...... cm = ........... cm

**Range** ces longueurs de la plus grande à la plus petite.

..........................................................................................................................................

**3** Les enfants organisent une course d'escargots.
L'escargot de Louis parcourt une distance de 950 mm.
L'escargot de Paul parcourt une distance de 1 m 4 cm.
L'escargot de Jade parcourt une distance de 9 dm.
L'escargot de Lou une distance de 9 dm 6 cm.

**Exprime** ces distances en cm.

950 mm = ........... cm

1 m 4 cm = ........... cm + ...... cm = ........... cm

9 dm = ........... cm

9 dm 6 cm = ........... cm + ...... cm = ........... cm

**Range** ces distances de la plus grande à la plus petite.

..........................................................................................................................................

Quel escargot a parcouru la plus grande distance ? ..........................................................

# 47 R Calcul en ligne : Calculer le double d'un nombre

Manuel ou Fichier CE2
Leçon 54

***Compétences :*** *Calculer le double d'un nombre. Connaître et utiliser l'expression « double d'un nombre ».*

**Prénom** .................................................. **Date** ..................................................

**1** **Complète.**

| **Nombre** | 0 | 1 | 2 | 3 | 4 | 5 | 6 | 7 | 8 | 9 |
|---|---|---|---|---|---|---|---|---|---|---|
| **Double** | ...... | ...... | ...... | ...... | ...... | ......... | ......... | ......... | ......... | ......... |

**2** **Calcule** les doubles.

Double de 10 = 10 + 10 = .........

Double de 30 = 30 + 30 = .........

Double de 50 = 50 + 50 = ...........

Double de 70 = 70 + 70 = ...........

Double de 20 = 20 + 20 = .........

Double de 40 = 40 + 40 = .........

Double de 60 = 60 + 60 = ...........

Double de 80 = 80 + 80 = ...........

**3** **Calcule.**

**a** **Double de 12**

12 = 10 + 2

Double de 12 = double de 10 + double de 2

**Double de 12** = ......... + ......... = .........

**b** **Double de 23**

23 = 20 + 3

Double de 23 = double de 20 + double de 3

**Double de 23** = ......... + ......... = .........

**c** **Double de 26**

26 = 20 + 6

Double de 26 = double de 20 + double de ......

**Double de 26** = ......... + ......... = .........

**d** **Double de 37**

37 = 30 + 7

Double de 37 = double de ......... + double de ......

**Double de 37** = ......... + ......... = .........

# 48c Apprendre à résoudre
# Organiser et traiter des données

Manuel ou Fichier CE2
Leçon 55

***Compétence :*** *Lire un tableau et en extraire les données en vue d'un traitement pour résoudre un problème.*

**Prénom** ................................................ **Date** ................................................

**1** En classe, on a relevé le temps qu'il a fait chaque jour de la semaine.

| | Beau temps | Nuageux | Pluie | Vent |
|---|---|---|---|---|
| Lundi | × | | | × |
| Mardi | | × | | × |
| Mercredi | | | × | × |
| Jeudi | | × | | |
| Vendredi | | × | | × |

Quel est le jour où il a plu ? ................................................

Quel est le jour sans vent ? ................................................

Quel temps a-t-il fait le lundi ? ................................................

Quels sont les deux jours où il a fait le même temps ?

................................................

**2** Quatre amis notent, dans un tableau, les nombres de billes qu'ils possèdent.

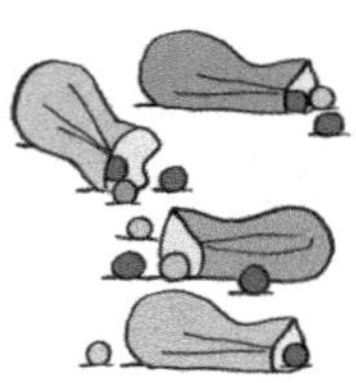

| | Billes rouges | Billes jaunes | Billes bleues | Billes vertes | Total |
|---|---|---|---|---|---|
| Mélissa | 7 | 3 | 8 | 2 | ....... |
| Théo | 5 | 5 | 4 | 3 | ....... |
| Léa | 2 | 8 | 5 | 6 | ....... |
| Adam | 6 | 6 | 4 | 5 | ....... |
| Total | ....... | ....... | ....... | ....... | ....... |

Qui possède le plus de billes rouges ? ................................................

De billes vertes ? ................................................

**Complète** la colonne et la ligne « Total ».

Combien de billes Mélissa possède-t-elle en tout ? .................

Combien de billes jaunes les enfants possèdent-ils ? .................

Combien de billes les quatre enfants possèdent-ils en tout ? .................

# 49 R Construire un carré et un rectangle sur papier uni

Manuel ou Fichier CE2
Leçon 56

***Compétence :*** *Construire, sur papier uni, un rectangle ou un carré de dimensions données.*

**Prénom** ................................................ **Date** ................................................

**1** **Termine** la construction de ce carré.

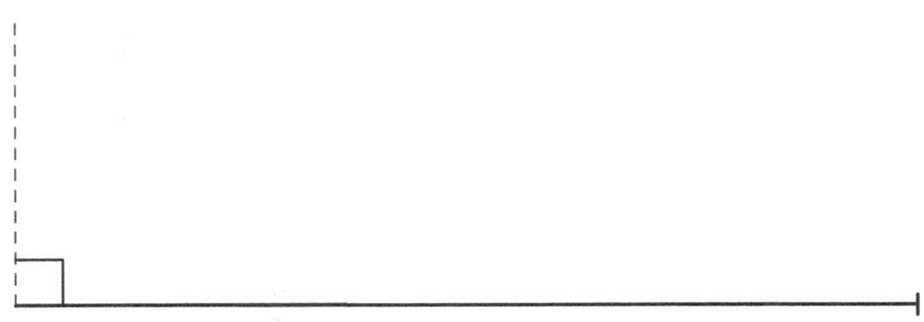

**2** **Termine** la construction de ce rectangle.

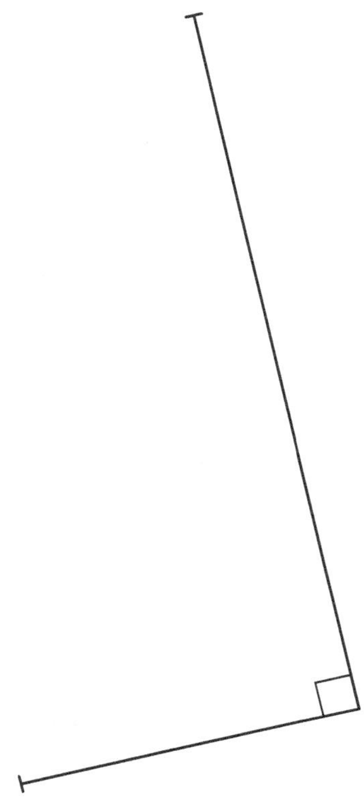

**3** **Construis** un rectangle de 15 cm de longueur et de 5 cm de largeur.

# 50 R Comparer, ordonner, intercaler les nombres jusqu'à 9 999

Manuel ou Fichier CE2
Leçon 60

***Compétences :*** *Comparer, ordonner, intercaler les nombres inférieurs à 10 000.*

**Prénom** ................................................. **Date** ..................................................

**1** **Entoure** le plus grand nombre dans chaque nuage.

8 901 8 899

978 6 002

969 1 000

4 740 3 980 4 690

875 1 980 2 010

7 969 9 600 9 569

**2** **Range** ces nombres du plus petit au plus grand.

**a** 4 299 ; 5 000 ; 4 200 ; 4 850

.......................................................................................................................

**b** 8 080 ; 8 888 ; 8 008 ; 8 880

.......................................................................................................................

**3** **Relie** les étiquettes grises à la place qui convient.

5 700 6 400 6 600 6 900

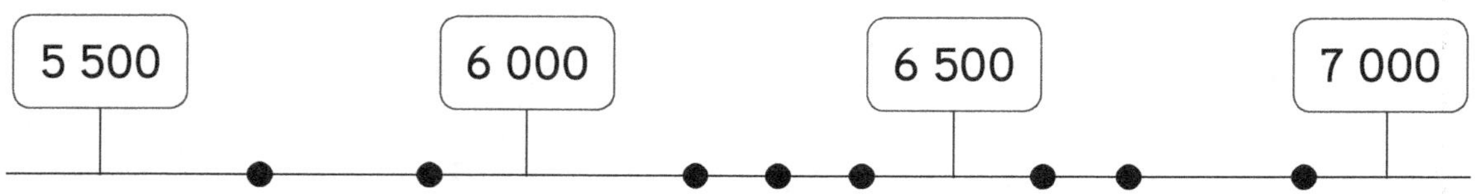


5 900 6 200 6 300 6 700

# 51c Encadrer les nombres jusqu'à 9 999

Manuel ou Fichier CE2
Leçon 61

***Compétences :*** *Encadrer un nombre entre deux milliers, entre deux centaines ou entre deux dizaines les plus proches.*

**Prénom** .................................................. **Date** ..................................................

**1** **Encadre** chaque nombre entre les deux dizaines les plus proches, puis entre les deux centaines les plus proches.

**Écris les dizaines dans les rectangles et les centaines dans les ronds.**

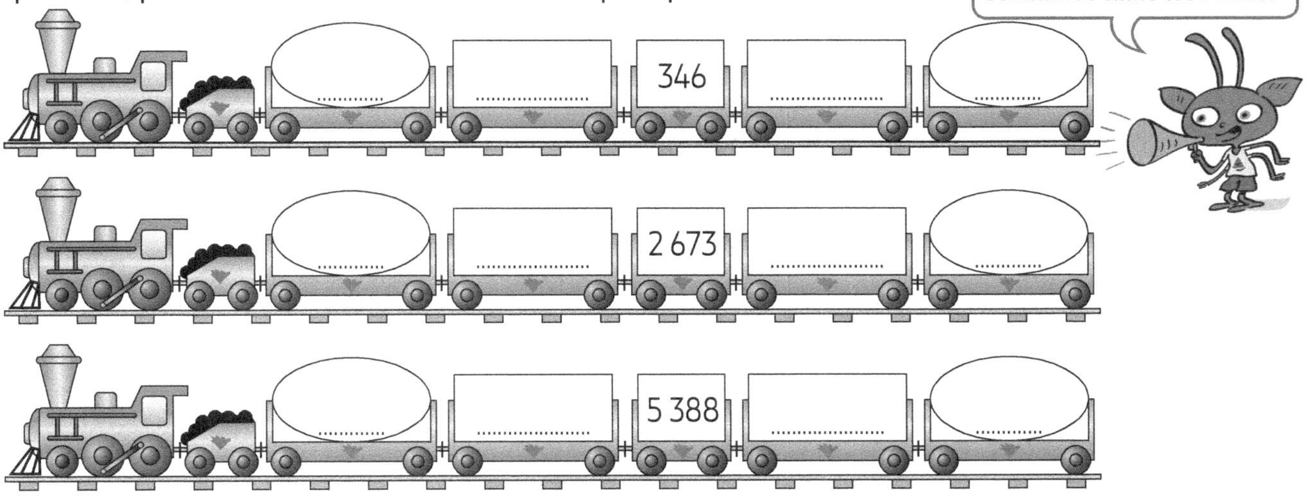


**2** **Encadre** chaque nombre entre les deux centaines les plus proches, puis entre les deux milliers les plus proches.

**Écris les centaines dans les rectangles et les milliers dans les ronds.**

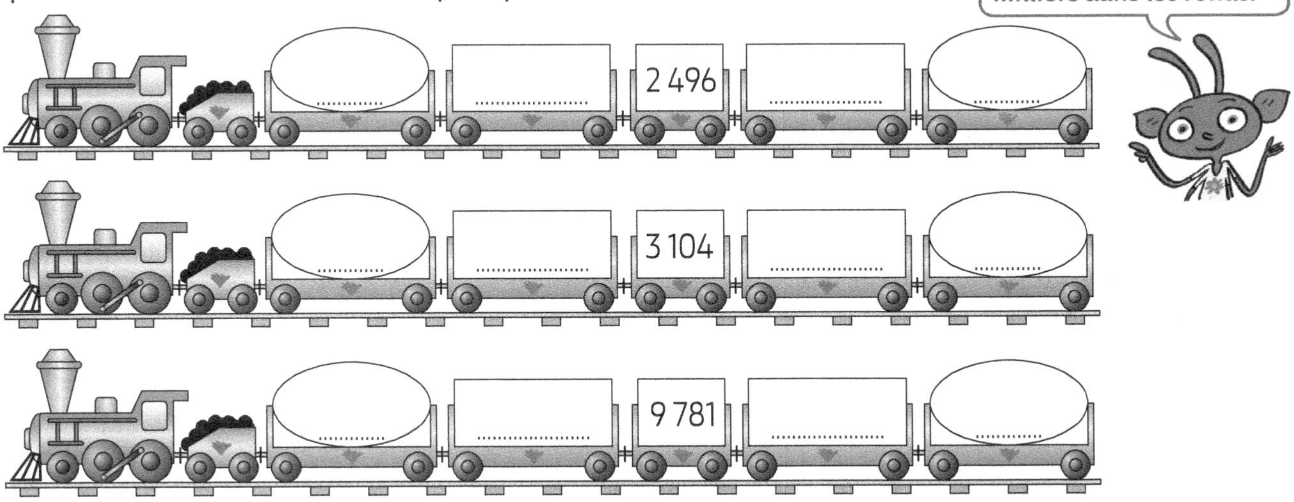


**3** Je suis une des deux centaines les plus proches de 4 567 et tous mes chiffres sont des nombres pairs.

**Qui suis-je ?** ............

**4** Je suis une des deux dizaines les plus proches de 3 592 et deux de mes chiffres sont des zéros.

**Qui suis-je ?** ............

# 52 R Apprendre les tables de 8 et de 9 de la multiplication

Manuel ou Fichier CE2
Leçon 62

***Compétences :*** *Construire et mémoriser les produits des tables de 8 et de 9 de la multiplication.*

**Prénom** .................................................. **Date** ..................................................

**1** **Compte** de 8 en 8 à partir de 16.

**8 ; 16** ; ........... ; ........... ; ........... ; ........... ; ........... ; ........... ; ........... ; ........... .

**2** Pour compléter la table de 8 de la multiplication :
- **écris** d'abord les résultats des produits que tu connais, jusqu'à 6 × 8.
- **calcule** ensuite les produits : 7 × 8, 8 × 8.
- **calcule** enfin le produit 9 × 8 en utilisant le produit 10 × 8 = 80.

| | | | | | | | | | |
|---|---|---|---|---|---|---|---|---|---|
| 1 × 8 | 2 × 8 | 3 × 8 | 4 × 8 | 5 × 8 | .......... | .......... | .......... | .......... | 10 × 8 |
| 8 | .......... | .......... | .......... | .......... | .......... | .......... | .......... | .......... | 80 |

+ 8 + 8 + 8 − 8

**3** **Compte** de 9 en 9 à partir de 18.

**9 ; 18** ; ........... ; ........... ; ........... ; ........... ; ........... ; ........... ; ........... ; ........... .

**4** **Complète** la table de 9 de la multiplication :
- **écris** d'abord les résultats des produits que tu connais, jusqu'à 6 × 9.
- **calcule** ensuite les produits : 7 × 9, 8 × 9.
- **calcule** enfin le produit 9 × 9 en utilisant le produit 10 × 9 = 90.

| | | | | | | | | | |
|---|---|---|---|---|---|---|---|---|---|
| 1 × 9 | 2 × 9 | 3 × 9 | 4 × 9 | 5 × 9 | .......... | .......... | .......... | .......... | 10 × 9 |
| 9 | .......... | .......... | .......... | .......... | .......... | .......... | .......... | .......... | 90 |

+ 9 + 9 + 9 − 9

**5** **Complète** les égalités.

....... × 8 = 24 10 × 8 = ........... ....... × 9 = 45 10 × 9 = ...........

....... × 8 = 32 9 × 8 = ........... ....... × 9 = 54 9 × 9 = ...........

....... × 8 = 40 8 × 8 = ........... ....... × 9 = 63 8 × 9 = ...........

# 53 R Compléter une suite de nombres (1)

Manuel ou Fichier CE2
Leçon 63

***Compétence :*** *Compléter une suite en respectant la règle de comptage.*

**Prénom** .................................................. **Date** ..................................................

**1** **Trouve** la règle de comptage. **Complète** la suite.

| | | | | | | |
|---|---|---|---|---|---|---|
| 25 | 50 | 75 | ............. | ............. | ............. | 175 |

| | | | | | | |
|---|---|---|---|---|---|---|
| 50 | 100 | 150 | ............. | ............. | ............. | 350 |

| | | | | | | |
|---|---|---|---|---|---|---|
| 40 | 80 | 120 | ............. | ............. | ............. | 280 |

**2** **Trouve** la règle de comptage. **Complète** la suite.

| | | | | | | |
|---|---|---|---|---|---|---|
| 20 | ............. | ............. | ............. | 180 | 220 | 260 |

| | | | | | | |
|---|---|---|---|---|---|---|
| 20 | ............. | ............. | ............. | 80 | 95 | 110 |

| | | | | | | |
|---|---|---|---|---|---|---|
| 20 | ............. | ............. | ............. | 220 | 270 | 320 |

**3** **Trouve** la règle de comptage. **Complète** la suite.

| | | | | | | |
|---|---|---|---|---|---|---|
| ............. | ............. | 1 050 | 1 100 | 1 150 | ............. | ............. |

| | | | | | | |
|---|---|---|---|---|---|---|
| ............. | ............. | 1 020 | 1 040 | 1 060 | ............. | ............. |

| | | | | | | |
|---|---|---|---|---|---|---|
| ............. | ............. | 2 178 | 3 178 | 4 178 | ............. | ............. |

| | | | | | | |
|---|---|---|---|---|---|---|
| ............. | ............. | 1 063 | 1 163 | 1 263 | ............. | ............. |

# 54c Apprendre à résoudre
## Situations additives ou soustractives (3)

Manuel ou Fichier CE2
Leçon 64

***Compétence :*** *Rechercher la valeur de l'état initial dans des problèmes de transformation d'états : champ additif.*

**Prénom** .................................................... **Date** ....................................................

**1** Lilou arrive à l'école avec une pochette de feutres dorés, son amie Lisa lui donne 6 nouveaux feutres dorés. Lilou possède maintenant 15 feutres dorés.
**Combien de feutres dorés Lilou possédait-elle en arrivant à l'école ?**

En arrivant à l'école, Lilou possédait :
☐ plus de 15 feutres dorés ☐ moins de 15 feutres dorés

**Écris** et **calcule** l'opération que tu dois effectuer pour répondre à la question.

....................................................

**Complète.** *En arrivant à l'école, Lilou possédait* .................................................... .

**2** Pendant les vacances, Léa a pris des photos avec son appareil numérique. Le premier dimanche après les vacances, elle prend 14 nouvelles photos. En tout, elle a pris 100 photos.
**Combien Léa a-t-elle pris de photos pendant les vacances ?**

....................................................

*Pendant les vacances, Léa a pris* .................................................... .

**3** Samia a lu 65 pages de son livre. Il lui reste encore 20 pages à lire.
**Combien de pages comporte son livre ?**

Le livre de Samia comporte : ☐ plus de 65 pages ☐ moins de 65 pages

**Écris** et **calcule** l'opération que tu dois effectuer pour répondre à la question.

....................................................

**Complète.** *Le livre de Samia comporte* .................................................... .

**4** L'écureuil a une réserve de noisettes. Il en mange 15. Maintenant, il lui reste 90 noisettes.
**Combien de noisettes avait-il dans sa réserve ?**

....................................................

*Dans sa réserve, il avait* .................................................... .

# 55c Reconnaître qu'une figure possède un axe de symétrie (2)

Manuel ou Fichier CE2
Leçon 65

***Compétences :*** *Trouver un axe de symétrie. Connaître les propriétés de quelques figures remarquables.*

**Prénom** ................................................ **Date** ................................................

**1** **Entoure** les figures qui ne possèdent aucun axe de symétrie.
**Trace** le ou les axes de symétrie des autres figures.

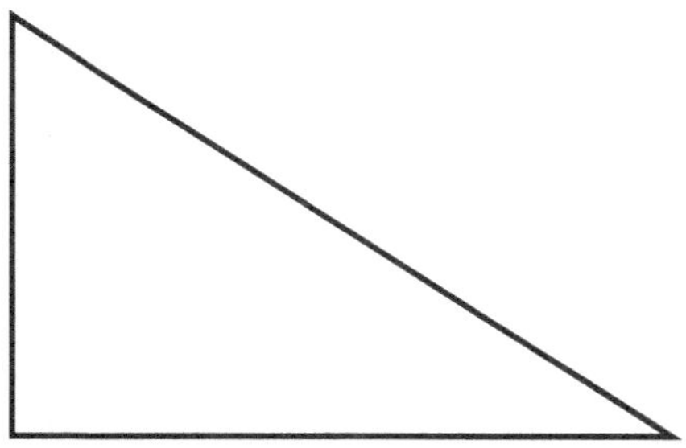

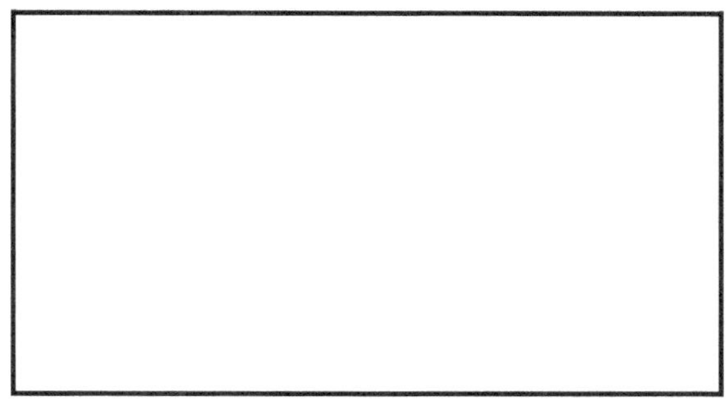

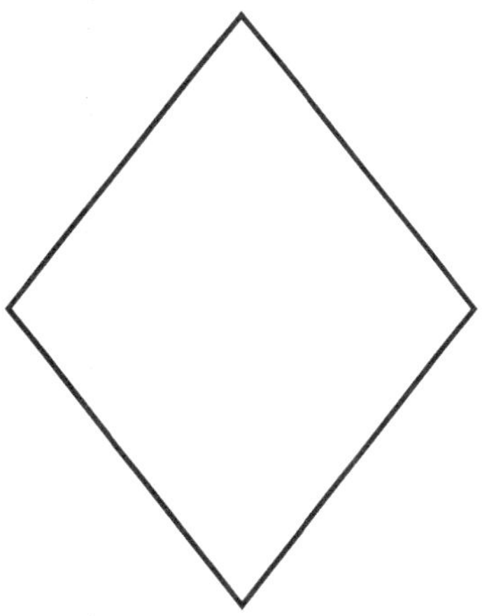

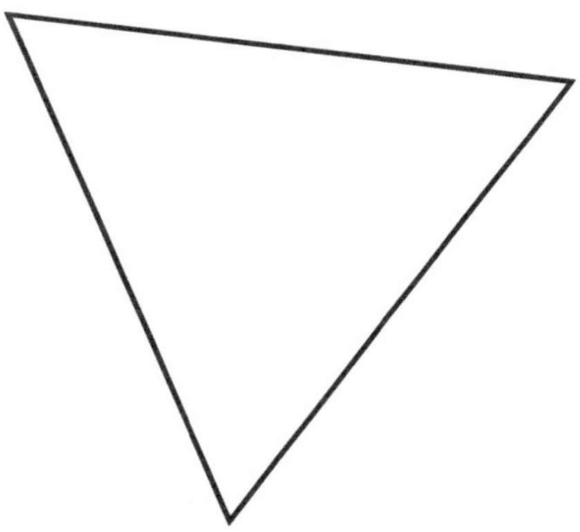

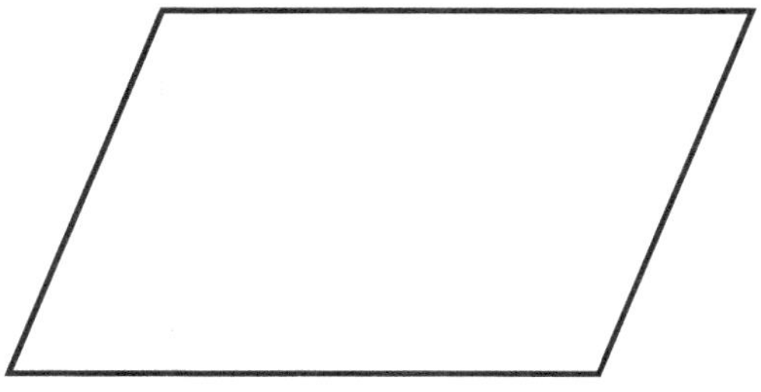

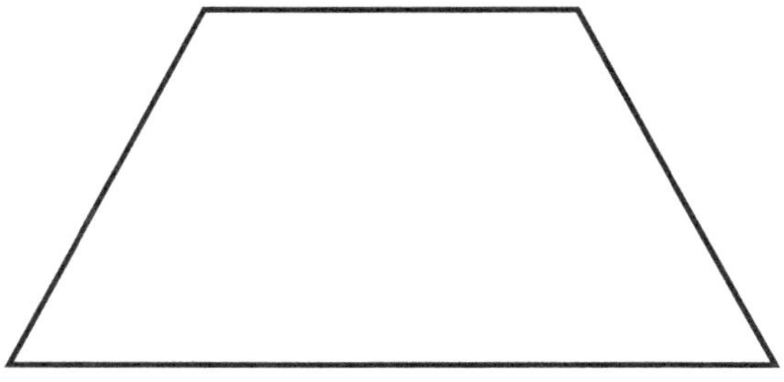

# 56 R Trouver le nombre de dizaines, de centaines dans un nombre

Manuel ou Fichier CE2
Leçon 66

***Compétence :** Trouver le nombre de dizaines ou de centaines dans un nombre.*

**Prénom** ................................................ **Date** ................................................

**1** **Indique** le nombre de dizaines pour chaque nombre.

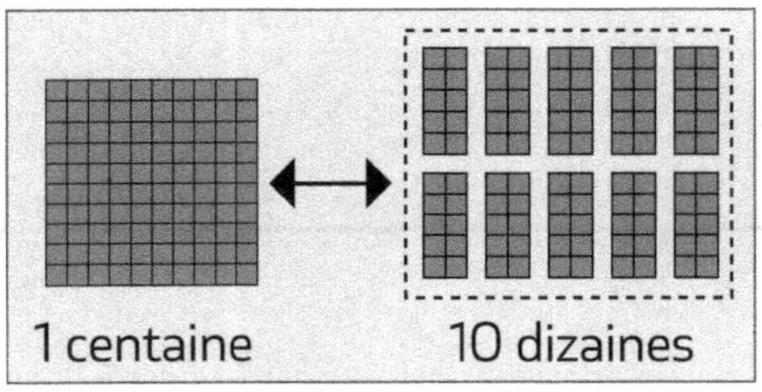


**Règle d'échange**

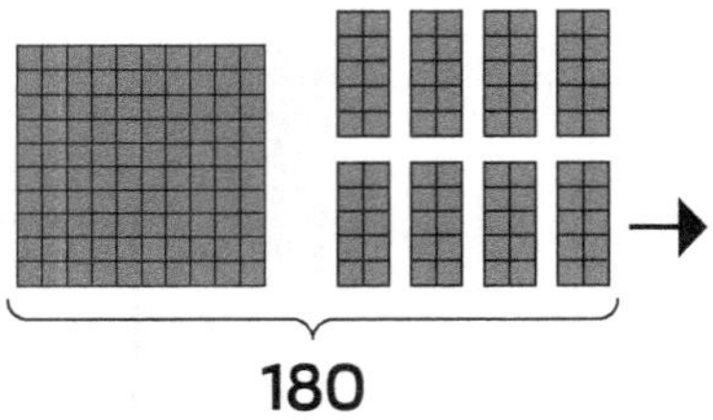


Nombre de dizaines : ...........

Nombre de dizaines dans 400 : ...........

Nombre de dizaines dans 900 : ...........

Nombre de dizaines dans 600 : ...........

Nombre de dizaines dans 1 000 : ...........

---

**2** **Indique** le nombre de dizaines pour chaque nombre.

Nombre de dizaines dans 520 : ...........

Nombre de dizaines dans 852 : ...........

Nombre de dizaines dans 730 : ...........

Nombre de dizaines dans 635 : ...........

---

**3** **Indique** le nombre de centaines pour chaque nombre.

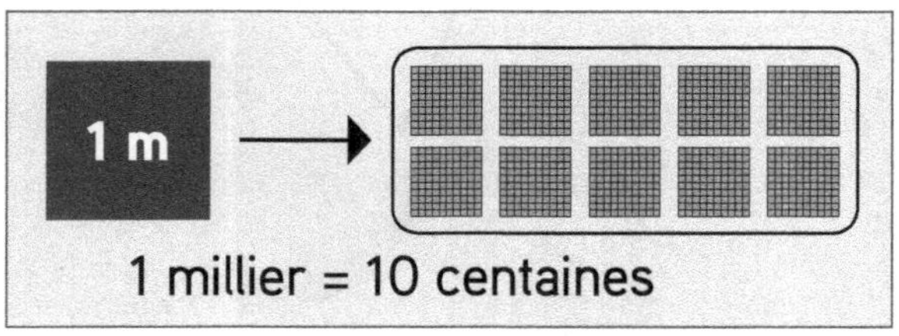


**Règle d'échange**

Nombre de centaines dans 2 000 = ...........

Nombre de centaines dans 7 000 = ...........

Nombre de centaines dans 6 000 = ...........

---

**4** **Indique** le nombre de centaines pour chaque nombre.

Nombre de centaines dans 520 : ...........

Nombre de centaines dans 8 430 : ...........

Nombre de centaines dans 7 300 : ..........

Nombre de centaines dans 3 570 : ...........

# 57 R Lire l'heure (3)

Manuel ou Fichier CE2
Leçon 67

***Compétences :*** *Lire l'heure de façon usuelle : et quart, moins le quart, moins dix…*

**Prénom** .................................................... **Date** ....................................................

**1** **Relie** chaque étiquette à sa pendule.

2 h 40

2 h 50

12 h 15

5 h 45 min

6 h moins le quart

3 h moins 10

midi et quart

3 h moins 20

**2** **Écris** de deux façons différentes l'heure du matin indiquée par chaque cadran.

......... h .........

..................................

..................................

......... h .........

..................................

..................................

......... h .........

..................................

..................................

......... h .........

..................................

..................................

# 58c Connaître jour, heure, minute, seconde

Manuel ou Fichier CE2
Leçon 68

***Compétences :*** *Connaître jour, heure, minute, seconde, ainsi que leurs relations. Comparer des durées.*

**Prénom** .................................................. **Date** ..................................................

**1** **Choisis** l'unité : jour (j), heure (h), minute (min) ou seconde (s), pour exprimer la durée :

- d'un spectacle : ..........................
- d'une semaine : ..........................
- d'une course de 100 m : ..........................
- de la cuisson d'un œuf dur : ..........................
- d'un mois : ..........................
- du repas de midi : ..........................

**2** **Convertis** en minutes.

- 1 h 30 min = ............ min
- 5 h 45 min = ............ min
- une demi-heure = ............ min
- un quart d'heure = ............ min
- une heure et quart = ............ min
- une heure et demie = ............ min

**3** **Convertis** en secondes.

- 1 min = ............ s
- 3 min = ............ s
- 10 min = ............ s
- 2 min 15 s = ............ s
- 5 min 10 s = ............ s
- 10 min 20 s = ............ s

**4** **Colorie** de la même couleur les étiquettes qui indiquent la même durée.

| | | | | |
|---|---|---|---|---|
| 24 h | Une semaine | 600 s | 48 h | 7 jours |
| 10 min | 2 jours | 1 jour | Un quart d'heure | 15 min |

**5** **Écris** en minutes le temps mis par chaque coureur, puis **entoure** le plus rapide.

.................................. .................................. ..................................

# 59c Apprendre à résoudre
## Problèmes à étapes (1)

Manuel ou Fichier CE2
Leçon 69

***Compétence :*** *Résoudre un problème de situations additives nécessitant un calcul intermédiaire.*

**Prénom** ................................................ **Date** ................................................

**1** Sylvain, Adrien et Lucas ont ramassé 5 kg de champignons.
Sylvain en a ramassé 1 kg 800 g, Adrien 2 kg 200 g.
**Quelle quantité de champignons a ramassée Lucas ?**

**Observe** le schéma de l'énoncé.

| 5 kg | | |
|---|---|---|
| Sylvain : **1 kg 800 g** | Adrien : **2 kg 200 g** | Lucas : **?** |
| Étape 1 | | Étape 2 |

• **Étape 1 : Écris** et **effectue** l'opération qui permet de calculer la quantité de champignons ramassés par Sylvain et Adrien.

..........................................................................................................

..........................................................................................................

**Rédige** une phrase réponse. ..........................................................................

• **Étape 2 : Écris** et **effectue** l'opération qui permet de calculer la quantité de champignons ramassés par Lucas.

..........................................................................................................

**Rédige** une phrase réponse. ..........................................................................

**2** Louis et Marion doivent parcourir 1 230 km pour se rendre à la mer. Ils décident de s'y rendre en trois jours. Ils parcourent 380 km le premier jour, puis 490 km le deuxième jour.
**Combien de kilomètres leur reste-t-il à parcourir le troisième jour ?**

**Organise** tes calculs pour répondre à la question.
Dans chaque cas, **rédige** une phrase réponse.

• **Étape 1 :** ..........................................................................

..........................................................................................................

• **Étape 2 :** ..........................................................................

..........................................................................................................

# 60 c Utiliser la numération pour résoudre un problème

Manuel ou Fichier CE2
Leçon 72

***Compétence :*** *Utiliser la décomposition des nombres pour résoudre un problème.*

**Prénom** ................................................. **Date** ..................................................

**1** Un chocolatier a fabriqué 234 caramels.
**Combien de sachets de 10 caramels peut-il obtenir ?**

..........................................................................................

..........................................................................................

**Combien restera-t-il de caramels ?**

..........................................................................................

..........................................................................................

| c | d | u |
| --- | --- | --- |
| ...... | ...... | ...... |

**2** Une savonnerie a fabriqué 2 374 savons qu'elle expédie dans des boîtes de 10 savons.
**Combien de boîtes peut-elle expédier ?**

..........................................................................................

**Combien de savons restera-t-il ?**

..........................................................................................

**3** Un vendeur d'un magasin de bricolage a reçu un lot de 5 000 g de vis qu'il doit mettre en sachets de 100 g.
**Combien de sachets de 100 grammes peut-il obtenir ?**

..........................................................................................

..........................................................................................

..........................................................................................

| m | c | d | u |
| --- | --- | --- | --- |
| ...... | ...... | ...... | ...... |

**4** Les premiers documents écrits datent de 5 400 ans.
Ils ont été découverts en Mésopotamie.
**Combien de millénaires se sont écoulés depuis que ces documents ont été écrits ?**

..........................................................................................

..........................................................................................

# 61R Multiplier un nombre par 10, par 100

Manuel ou Fichier CE2
Leçon 73

***Compétences :*** *Calcul en ligne : Multiplier un nombre par 10, par 100.*

**Prénom** .................................................... **Date** ....................................................

**1** **Complète** les égalités comme l'explique Mathix.

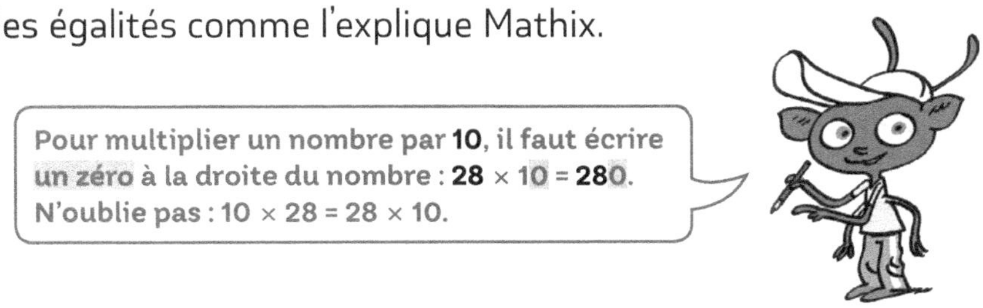


| | | |
|---|---|---|
| 85 × 10 = .............. | 450 × 10 = .............. | 10 × 68 = .............. |
| 78 × 10 = .............. | 70 × 10 = .............. | 10 × 90 = .............. |
| 512 × 10 = .............. | 603 × 10 = .............. | 10 × 351 = .............. |

**2** **Complète** les égalités comme l'explique Mathix.

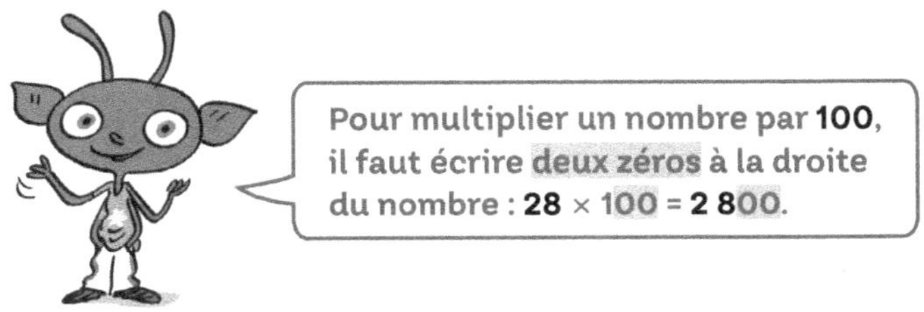


| | | |
|---|---|---|
| 71 × 100 = .............. | 30 × 100 = .............. | 100 × 85 = .............. |
| 24 × 100 = .............. | 50 × 100 = .............. | 100 × 96 = .............. |
| 68 × 100 = .............. | 60 × 100 = .............. | 100 × 10 = .............. |

**3** **Complète** les égalités.

| | | |
|---|---|---|
| 7 × ......... = 700 | 9 × ......... = 90 | 28 × ......... = 2 800 |
| ......... × 10 = 400 | 60 × ......... = 600 | ......... × 10 = 700 |
| ......... × 100 = 1 400 | ......... × 10 = 570 | ......... × 10 = 430 |
| 150 × ......... = 1 500 | 20 × ......... = 2 000 | 350 × ......... = 3 500 |
| ........... × 100 = 3 000 | ........... × 10 = 5 000 | ........... × 10 = 7 000 |

# 62 R Multiplier un nombre par 20, 30... ; par 200, 300...

Manuel ou Fichier CE2
Leçon 74

***Compétences :*** *Calcul en ligne : Multiplier un nombre d'un chiffre par un nombre entier de dizaines, de centaines.*

**Prénom** ................................................ **Date** ................................................

**1 Complète.**

**20 = 2 × 10**
**Pour multiplier par 20, il faut multiplier par 2, puis par 10 en écrivant un zéro à la droite du nombre obtenu.**

4 × 2 = ......
4 × 20 = .........

5 × 2 = .........
5 × 20 = ...........

6 × 2 = .........
6 × 20 = ...........

**2 Complète.**

**200 = 2 × 100**
**Pour multiplier par 200, il faut multiplier par 2, puis par 100 en écrivant deux zéros à la droite du nombre obtenu.**

7 × 2 = .........
7 × 200 = ..............

9 × 2 = .........
9 × 200 = ..............

8 × 2 = .........
8 × 200 = ..............

**3 Complète.**

5 × 3 = .........
5 × 30 = ...........
5 × 300 = ..............

7 × 3 = .........
7 × 30 = ...........
7 × 300 = ..............

9 × 3 = .........
9 × 30 = ...........
9 × 300 = ..............

**4 Complète.**

40 × 3 = ...........
400 × 3 = ..............

50 × 4 = ...........
500 × 4 = ..............

60 × 5 = ...........
600 × 5 = ..............

**N'oublie pas :**
**20 × 4 = 4 × 20.**

# 63c Calculer un produit en utilisant la distributivité

Manuel ou Fichier CE2
Leçon 75

***Compétence :*** *Calcul en ligne : Utiliser la distributivité de la multiplication et la décomposition canonique pour calculer un produit.*

**Prénom** ................................................. **Date** ..............................................

**1** Théo et Léa ont trouvé deux façons différentes pour calculer 7 × 16.
**Complète** les schémas et **termine** leurs calculs.

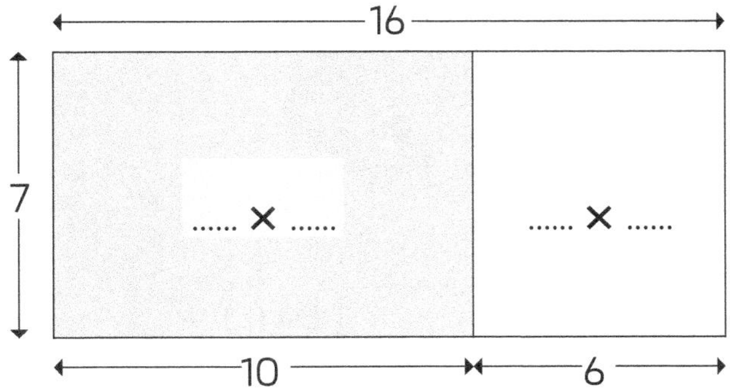


7 × 16 = 7 × 10 + 7 × 6

7 × 16 = ......... + .........

7 × 16 = ............

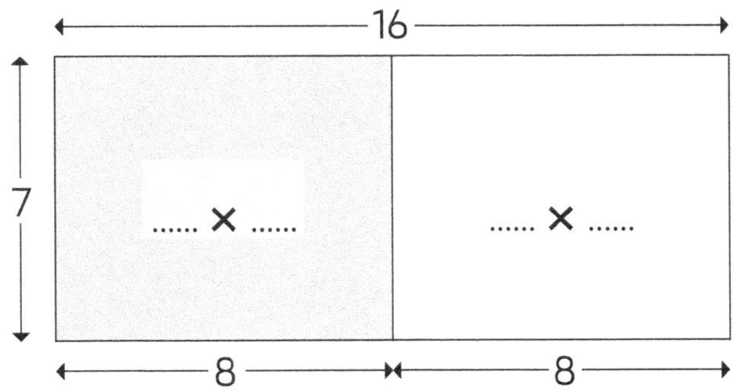


7 × 16 = 7 × 8 + 7 × 8

7 × 16 = ......... + .........

7 × 16 = ............

**2** À ton tour, **trouve** deux façons différentes pour calculer 8 × 12.

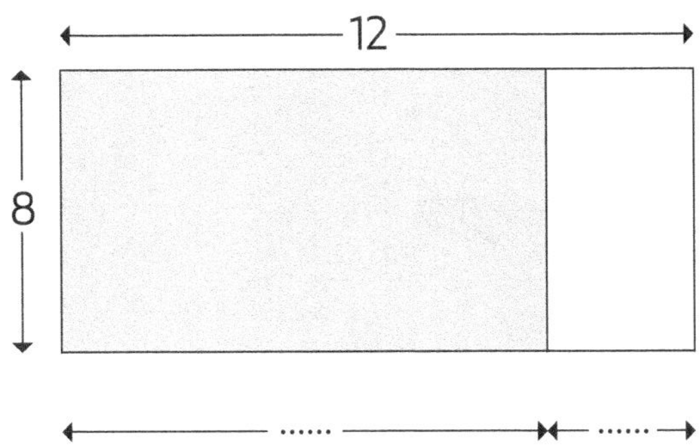


8 × 12 = 8 × ...... + 8 × ......

8 × 12 = ......... + .........

8 × 12 = ............

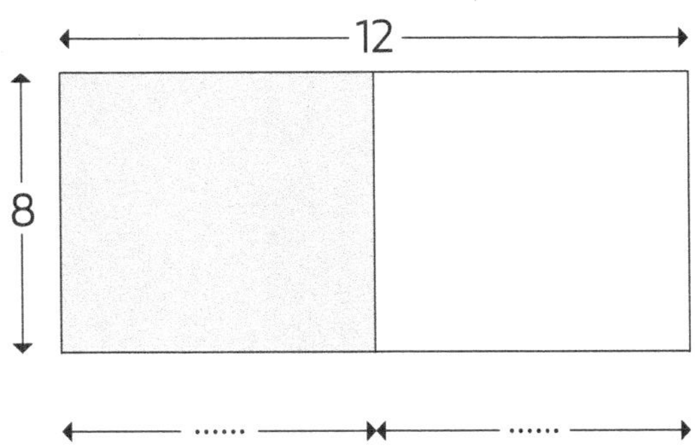


8 × 12 = 8 × ...... + 8 × ......

8 × 12 = ......... + .........

8 × 12 = ............

# 64 R Décoder un déplacement

Manuel ou Fichier CE2
Leçon 76

***Compétence :*** *Décoder un déplacement sur les lignes d'un quadrillage (codage allocentré).*

**Prénom** .................................................... **Date** ....................................................

**1** Le bateau suit le code de la « carte au trésor ». **Trace** son chemin, puis **entoure** l'île où se trouve le trésor.

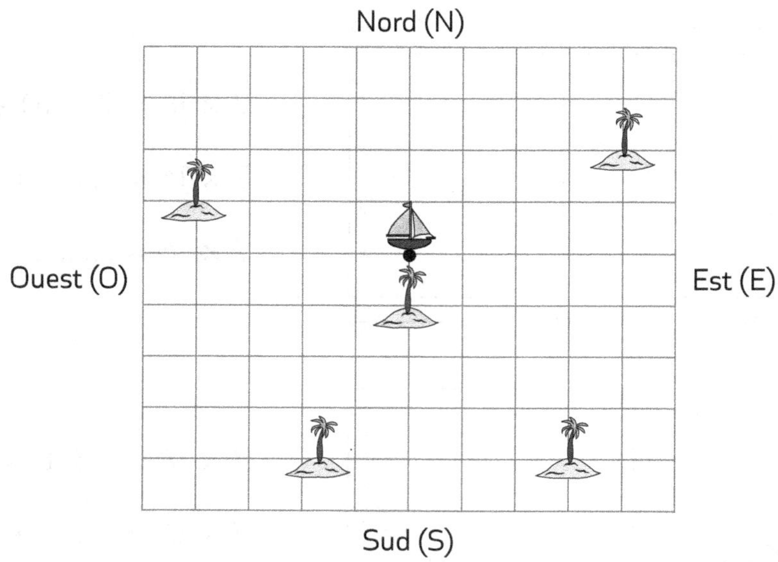


| | | | | | |
|---|---|---|---|---|---|
| O3 | N2 | E6 | S4 | O5 | S2 |

**2** **Trace** le chemin suivi par la coccinelle. **Entoure** la feuille où elle se pose.

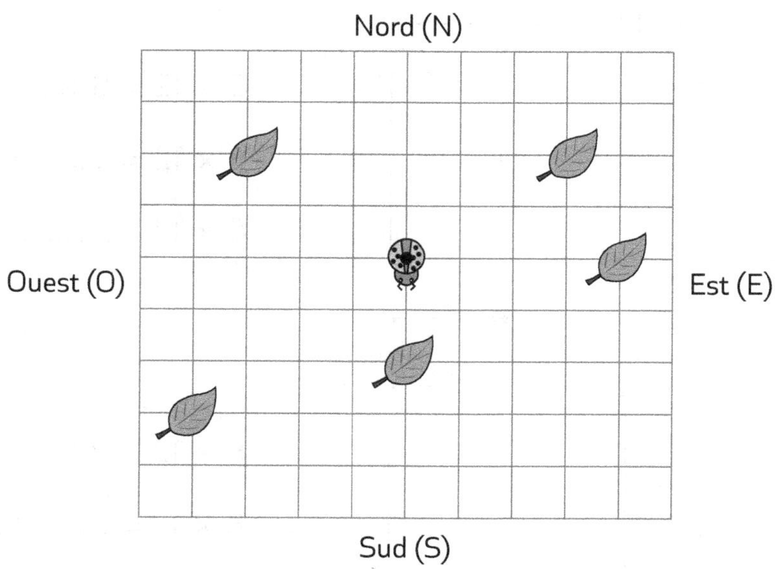


| | | | | | |
|---|---|---|---|---|---|
| S1 | O2 | S3 | E4 | N6 | O5 |

# 65c Apprendre à résoudre
## Lire un graphique

Manuel ou Fichier CE2
Leçon 77

***Compétences :** Lire et interpréter un graphique.*

**Prénom** .................................................. **Date** ..................................................

**1** Ce graphique représente la recette de la semaine d'un commerçant.

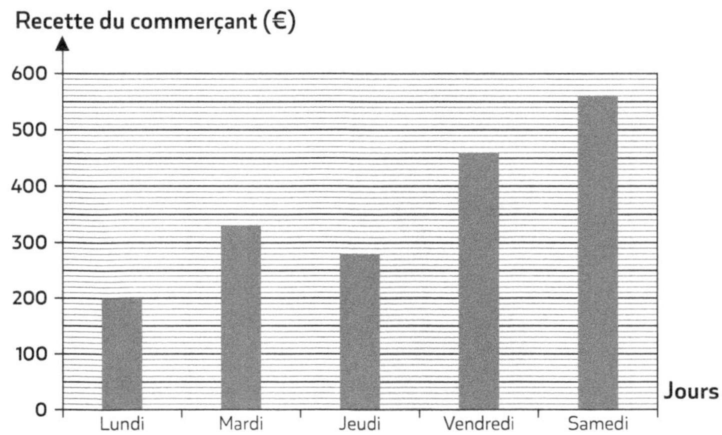


**a** Quel jour la recette a-t-elle été la plus importante ?

..................................................

**b** Combien a-t-il gagné ce jour-là ?

..................................................

**c** Combien a-t-il gagné :

– le lundi ? .................................................. – le mardi ? ..................................................

**d** Quels sont les jours de fermeture de ce commerce ? ..................................................

**e** Quelle est la recette totale de la semaine ?

..................................................

..................................................

**2** Ce graphique représente l'évolution de la température au cours d'une journée.

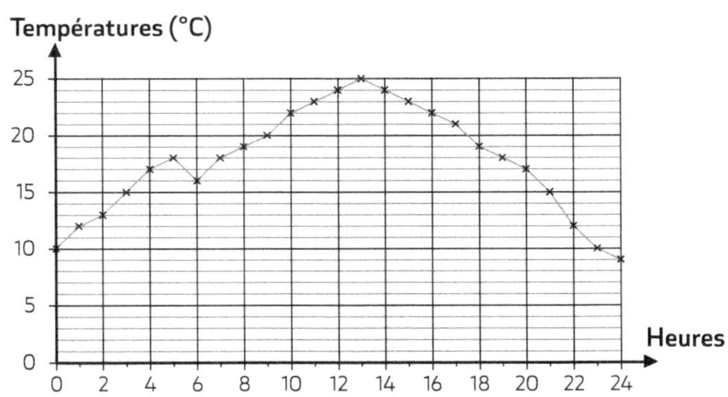


**a** Quelle est la température maximale de cette journée ?

..................................................

À quelle heure a-t-elle été relevée ?

..................................................

**b** Quelle est la température minimale de cette journée ? ..................................................

À quelle heure a-t-elle été relevée ? ..................................................

**c** Quelle température a-t-on relevé à 3 h ? ..................................................

Quel est l'écart de température entre 6 h et midi ? ..................................................

..................................................

# 66 R Utiliser les unités de longueur : du m au km

Manuel ou Fichier CE2
Leçon 78

***Compétences :*** *Connaître les unités de mesures usuelles de longueur : m, km, ainsi que les relations qui les lient.*

**Prénom** .................................................... **Date** ....................................................

**1** **Écris** l'unité qui convient : m ou km.

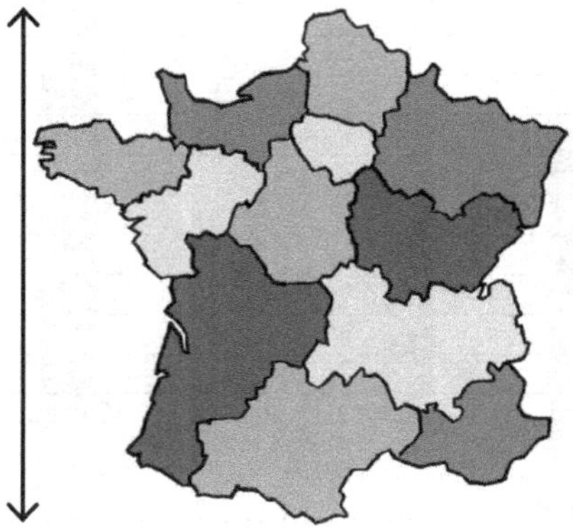

1 000 ...........    10 ...........    45 ...........    300 ...........

**2** **Complète.**

**1 km = 1 000 m**

2 km = ........... m

4 km = ........... m

6 km = ........... m

**1 km 350 m = 1 000 m + 350 m = 1 350 m**

2 km 125 m = ........... m + ........ m = ................. m

4 km 250 m = ........... m + ........ m = ................. m

6 km 45 m = ........... m + ........ m = ................. m

**3** **Complète.**

7 km 350 m = 7 350 m

6 km 250 m = ................. m

5 km 620 m = ................. m

4 km 80 m = ................. m

**4** **Complète.**

**4 000 m = 4 km**

2 000 m = ...... km

7 000 m = ...... km

**4 250 m = 4 000 m + 250 m = 4 km 250 m**

2 980 m = ........... m + ........ m = ...... km ........ m

7 032 m = ........... m + ........ m = ...... km ........ m

# 67 R Poser et effectuer une multiplication (1)

Manuel ou Fichier CE2
Leçon 79

***Compétence :*** *Aborder une technique opératoire de la multiplication posée.*

**Prénom** .................................................... **Date** ....................................................

## 1 Effectue.

| | | | | |
|---|---|---|---|---|
| | | 6 | 5 | |
| × | | | 4 | |
| 5 × 4 → | | ...... | ...... | |
| 60 × 4 → | ...... | ...... | ...... | |
| | ...... | ...... | ...... | |

| | | | | |
|---|---|---|---|---|
| | | 7 | 6 | |
| × | | | 5 | |
| 6 × 5 → | | ...... | ...... | |
| 70 × 5 → | ...... | ...... | ...... | |
| | ...... | ...... | ...... | |

**Les résultats se trouvent parmi les nombres suivants : 240 ; 380 ; 350 ; 260.**

## 2 Effectue.

| | | | | |
|---|---|---|---|---|
| | | 7 | 4 | |
| × | | | 3 | |
| | | ...... | ...... | |
| | ...... | ...... | ...... | |
| | ...... | ...... | ...... | |

| | | | | |
|---|---|---|---|---|
| | | 8 | 6 | |
| × | | | 4 | |
| | | ...... | ...... | |
| | ...... | ...... | ...... | |
| | ...... | ...... | ...... | |

| | | | | |
|---|---|---|---|---|
| | | 5 | 9 | |
| × | | | 6 | |
| | | ...... | ...... | |
| | ...... | ...... | ...... | |
| | ...... | ...... | ...... | |

**Les résultats se trouvent parmi les nombres suivants : 354 ; 212 ; 222 ; 344 ; 324.**

## 3 Effectue.

| | | | | |
|---|---|---|---|---|
| | | 6 | 5 | |
| × | | | 8 | |
| | | ...... | ...... | |
| | ...... | ...... | ...... | |
| | ...... | ...... | ...... | |

| | | | | |
|---|---|---|---|---|
| | | 9 | 8 | |
| × | | | 7 | |
| | | ...... | ...... | |
| | ...... | ...... | ...... | |
| | ...... | ...... | ...... | |

| | | | | |
|---|---|---|---|---|
| | | 7 | 6 | |
| × | | | 9 | |
| | | ...... | ...... | |
| | ...... | ...... | ...... | |
| | ...... | ...... | ...... | |

**Les résultats se trouvent parmi les nombres suivants : 520 ; 696 ; 684 ; 686 ; 480.**

# 68 R Poser et effectuer une multiplication (2)

Manuel ou Fichier CE2
Leçon 80

***Compétence :*** *Connaître la technique usuelle de la multiplication par un nombre d'un chiffre.*

**Prénom** ........................................................ **Date** ........................................................

## 1 **Effectue**.

| | | | | |
|---|---|---|---|---|
| | | 6 | 8 | |
| × | | | 4 | |
| | ...... | ...... | ...... | ○ |

| | | | | |
|---|---|---|---|---|
| | | 7 | 6 | |
| × | | | 7 | |
| | ...... | ...... | ...... | ○ |

| | | | | |
|---|---|---|---|---|
| | | 4 | 8 | |
| × | | | 5 | |
| | ...... | ...... | ...... | ○ |

**Les résultats se trouvent parmi les nombres suivants : 532 ; 458 ; 272 ; 390 ; 240.**

## 2 **Effectue**.

| | | | | |
|---|---|---|---|---|
| | | 7 | 2 | |
| × | | | 8 | |
| | ...... | ...... | ...... | ○ |

| | | | | |
|---|---|---|---|---|
| | | 6 | 3 | |
| × | | | 5 | |
| | ...... | ...... | ...... | ○ |

| | | | | |
|---|---|---|---|---|
| | | 7 | 4 | |
| × | | | 7 | |
| | ...... | ...... | ...... | ○ |

**Les résultats se trouvent parmi les nombres suivants : 518 ; 586 ; 315 ; 576 ; 335.**

## 3 **Pose** et **effectue**.

95 × 7

| | | | |
|---|---|---|---|
| | | ...... | ...... |
| × | | | ...... |
| | ...... | ...... | ...... |

62 × 4

| | | | |
|---|---|---|---|
| | | ...... | ...... |
| × | | | ...... |
| | ...... | ...... | ...... |

39 × 6

| | | | |
|---|---|---|---|
| | | ...... | ...... |
| × | | | ...... |
| | ...... | ...... | ...... |

**Les résultats se trouvent parmi les nombres suivants : 854 ; 665 ; 234 ; 595 ; 248 ; 208.**

## 4 **Pose** et **effectue**.

85 × 7

| | | | |
|---|---|---|---|
| | | ...... | ...... |
| × | | | ...... |
| | ...... | ...... | ...... |

42 × 6

| | | | |
|---|---|---|---|
| | | ...... | ...... |
| × | | | ...... |
| | ...... | ...... | ...... |

92 × 5

| | | | |
|---|---|---|---|
| | | ...... | ...... |
| × | | | ...... |
| | ...... | ...... | ...... |

**Les résultats se trouvent parmi les nombres suivants : 252 ; 852 ; 595 ; 942 ; 460 ; 1 045.**

# 69c Apprendre à résoudre
## Situations additives ou soustractives (4)

Manuel ou Fichier CE2
Leçon 81

***Compétence :*** *Rechercher la valeur de la transformation dans des problèmes de transformation d'états : champ additif.*

**Prénom** ................................................ **Date** ................................................

**1** Avant la récréation, Samir a 23 billes.
À la fin de la récréation, il a 36 billes.
**A-t-il gagné ou perdu des billes ? Combien ?**

À la fin de la récréation, Samir a : ▢ plus de billes qu'au début ▢ moins de billes qu'au début
Pendant la récréation, Samir a donc : ▢ gagné des billes ▢ perdu des billes

**Écris** l'opération qui permet de répondre à la question et **calcule**-la.

................................................................................................

**Rédige** une phrase réponse. ................................................................

**2** Louise joue aux fléchettes. À la fin de la première partie, elle a 56 points. À la fin de la deuxième partie, elle totalise 84 points.
**Combien de points a-t-elle marqués lors de la deuxième partie ?**

**Écris** l'opération qui permet de répondre à la question et **calcule**-la.

................................................................................................

**Rédige** une phrase réponse. ................................................................

**3** Le TGV duplex qui relie Paris à Marseille transporte 516 voyageurs.
Des passagers montent à Lyon. Ce TGV arrive à Marseille avec 686 passagers.
**Combien de passagers sont montés à Lyon ?**

**Écris** l'opération qui permet de répondre à la question et **calcule**-la.

................................................................................................

**Rédige** une phrase réponse. ................................................................

**4** Un paysan part au marché avec 245 kg de fruits.
Lorsqu'il revient du marché il lui reste encore 58 kg de fruits.
**Quelle masse de fruits a-t-il vendue au marché ?**

................................................................................................

................................................................................................

# 70 R Poser et effectuer une multiplication (3)

Manuel ou Fichier CE2
Leçon 82

***Compétence :*** *Connaître la technique usuelle de la multiplication par un nombre de deux chiffres.*

**Prénom** .................................................. **Date** ..................................................

**1** **Effectue.**

| | | | | |
|---|---|---|---|---|
| | | | 7 | 3 |
| × | | | 3 | 4 |
| | | ...... | ...... | ...... |
| + | ...... | ...... | ...... | ...... |
| | ...... | ...... | ...... | ...... |

| | | | | |
|---|---|---|---|---|
| | | | 9 | 8 |
| × | | | 2 | 5 |
| | | ...... | ...... | ...... |
| + | ...... | ...... | ...... | ...... |
| | ...... | ...... | ...... | ...... |

| | | | | |
|---|---|---|---|---|
| | | | 5 | 3 |
| × | | | 4 | 7 |
| | | ...... | ...... | ...... |
| + | ...... | ...... | ...... | ...... |
| | ...... | ...... | ...... | ...... |

**Les résultats se trouvent parmi les nombres suivants : 2 491 ; 1 204 ; 2 482 ; 595 ; 2 450.**

**2** **Effectue.**

| | | | |
|---|---|---|---|
| | | 5 | 3 |
| × | | 1 | 7 |
| | ...... | ...... | ...... |
| + | ...... | ...... | ...... |
| | ...... | ...... | ...... |

| | | | | |
|---|---|---|---|---|
| | | | 7 | 2 |
| × | | | 2 | 8 |
| | | ...... | ...... | ...... |
| + | ...... | ...... | ...... | ...... |
| | ...... | ...... | ...... | ...... |

| | | | | |
|---|---|---|---|---|
| | | 2 | 0 | 4 |
| × | | | 1 | 6 |
| | ...... | ...... | ...... | ...... |
| + | ...... | ...... | ...... | ...... |
| | ...... | ...... | ...... | ...... |

**Les résultats se trouvent parmi les nombres suivants : 1 820 ; 2 016 ; 3 264 ; 901 ; 688 ; 2 342.**

**3** **Pose** et **effectue.**

76 × 40

158 × 60

219 × 42

**Les résultats se trouvent parmi les nombres suivants : 9 198 ; 3 040 ; 860 ; 640 ; 9 480.**

# 71R Reconnaître des solides

Manuel ou Fichier CE2
Leçon 86

***Compétences :*** *Nommer des solides (boule, cylindre, cône, cube, pavé droit, pyramide). Décrire des polyèdres (face, sommet, arête).*

**Prénom** .................................................... **Date** ....................................................

**1** **Complète** cette grille de mots croisés sur les solides.

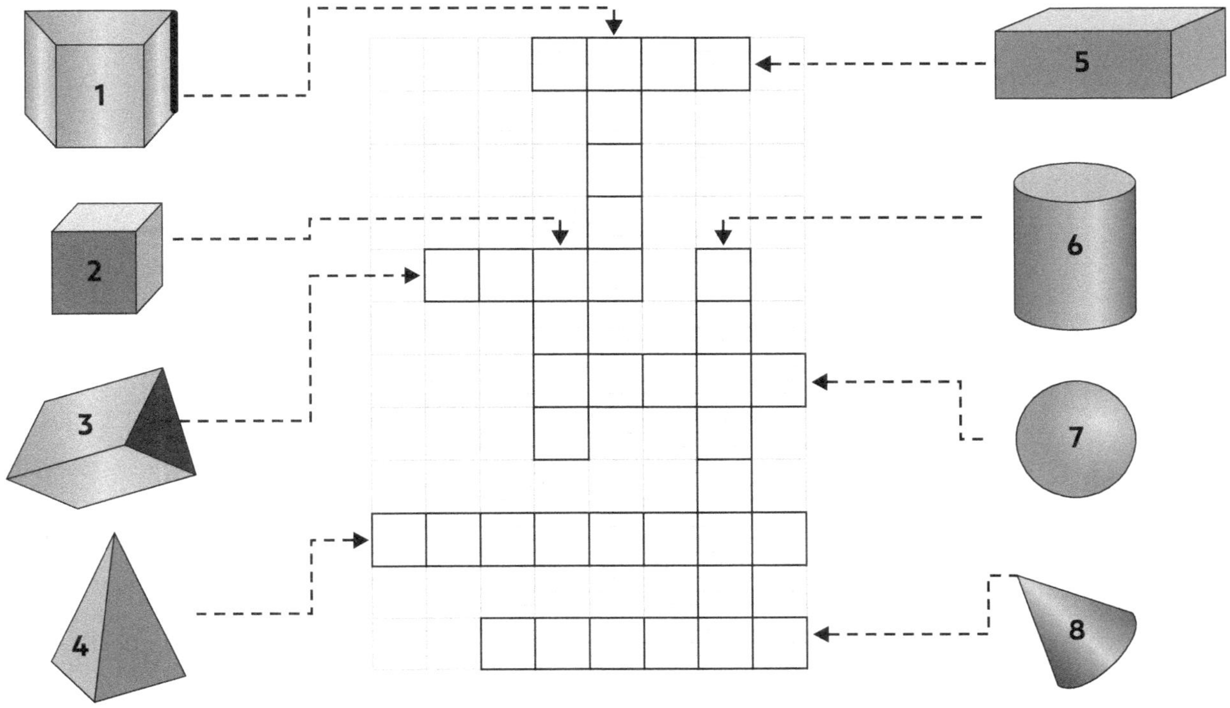


**2** Voici une collection de solides. **Utilise** les tableaux pour **compléter** les phrases réponses.

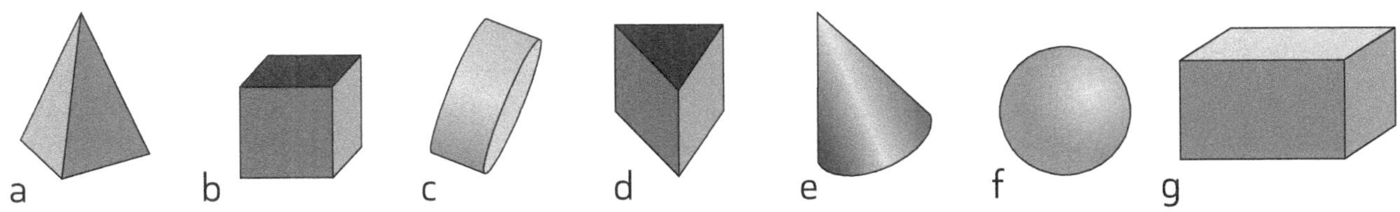


| Questions | Réponses |
|---|---|
| A-t-il des faces carrées ? | Non |
| A-t-il une face plane ? | Oui |
| Peut-il rouler ? | Oui |
| A-t-il un sommet ? | Oui |

*Le solide est un* ................................ .

*Il porte la lettre* ............ .

| Questions | Réponses |
|---|---|
| A-t-il une face arrondie ? | Non |
| A-t-il des faces planes ? | Oui |
| Ses faces sont-elles toutes des carrés ou des rectangles ? | Oui |
| A-t-il des sommets ? | Oui |

*Le solide est un* ................................ .

*Il porte la lettre* ............ .

# 72 R Compléter une figure par symétrie

Manuel ou Fichier CE2
Leçon 87

***Compétence :*** *Compléter des figures par symétrie en utilisant le quadrillage.*

**Prénom** .................................................. **Date** ..................................................

**1** **Trace** le symétrique de chaque figure. Le trait épais est l'axe de symétrie.

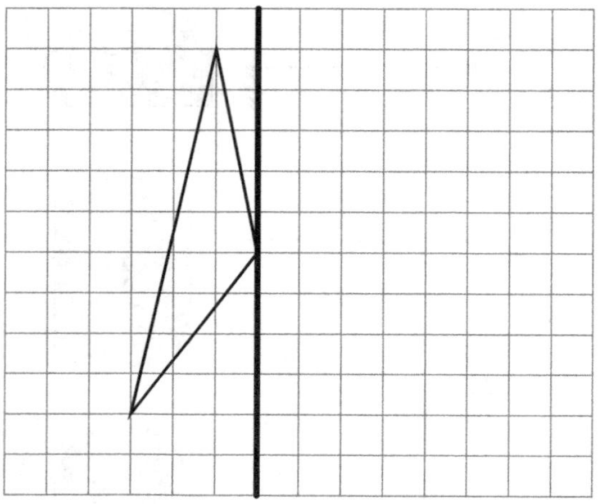
1

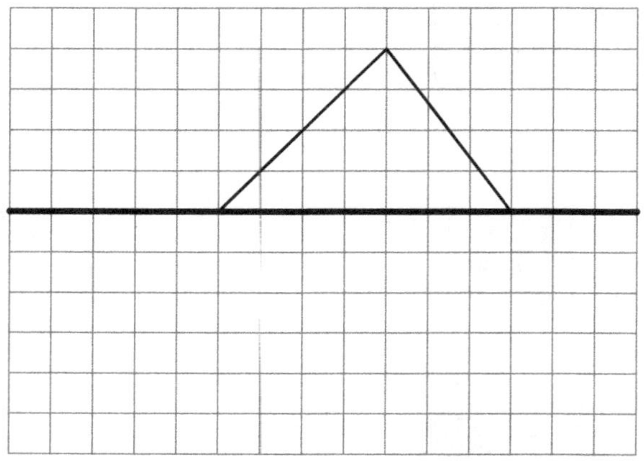
2

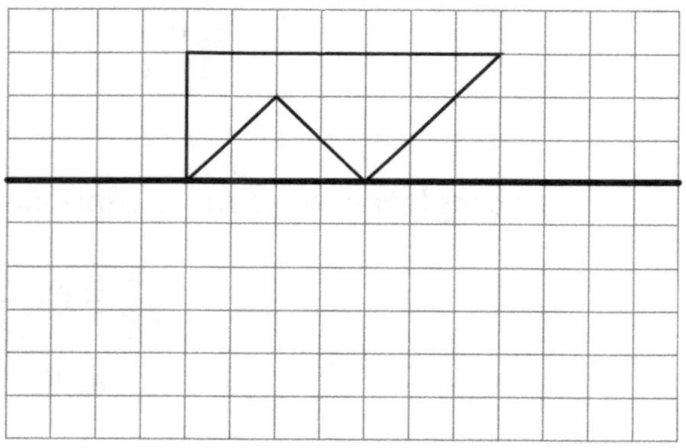
3

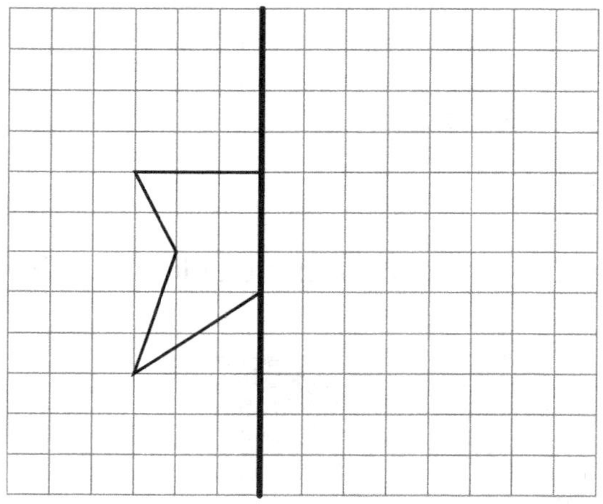
4

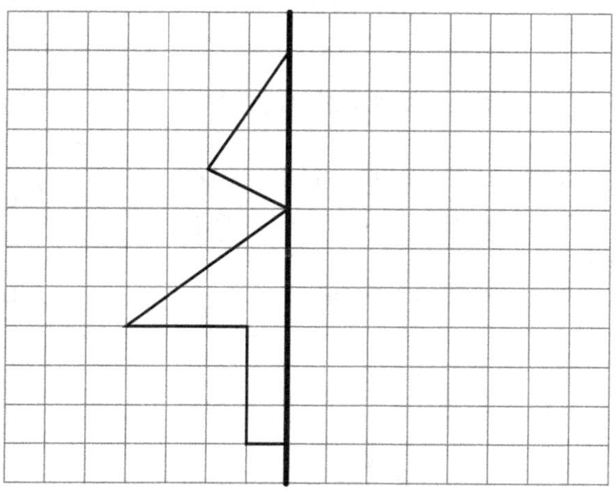
5

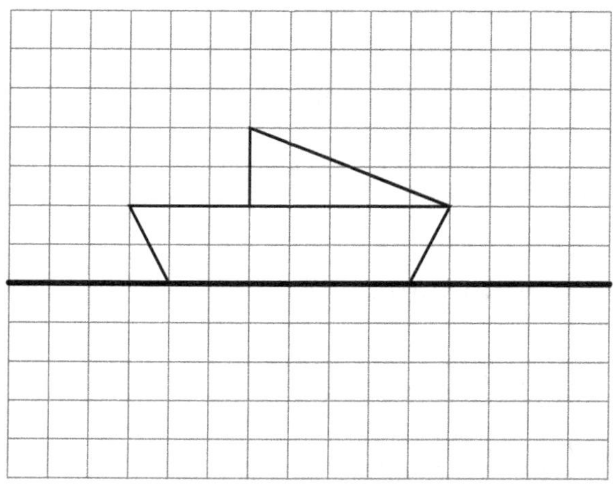
6

# 73R Ajouter ou retrancher des centaines, des milliers

Manuel ou Fichier CE2
Leçon 88

***Compétences :*** *Calcul en ligne : Ajouter ou retrancher un nombre entier de centaines, de milliers à un nombre de 3 ou 4 chiffres.*

**Prénom** ...................................................... **Date** ......................................................

**1** **Calcule.**

| | | |
|---|---|---|
| 300 + 100 = ................ | 700 + 100 = ................ | 900 + 100 = ................ |
| 1 450 + 100 = ................ | 2 985 + 100 = ................ | 7 986 + 100 = ................ |
| 3 587 + 1 000 = ................ | 5 689 + 1 000 = ............. | 2 069 + 1 000 = ............. |

**2** **Calcule.**

| | | |
|---|---|---|
| 400 + 300 = ................ | 500 + 600 = ................ | 900 + 400 = ................ |
| 1 850 + 300 = ................ | 4 085 + 900 = ................ | 1 786 + 500 = ................ |
| 4 587 + 5 000 = ................ | 2 689 + 4 000 = ................ | 1 069 + 2 000 = ................ |

**3** **Calcule.**

| | | |
|---|---|---|
| 500 – 100 = ................ | 900 – 100 = ................ | 300 – 100 = ................ |
| 1 750 – 100 = ................ | 6 925 – 100 = ................ | 8 086 – 100 = ................ |
| 9 580 – 1 000 = ................ | 2 648 – 1 000 = ................ | 1 069 – 1 000 = ................ |

**4** **Calcule.**

| | | |
|---|---|---|
| 800 – 700 = ................ | 400 – 300 = ................ | 700 – 400 = ................ |
| 2 870 – 300 = ................ | 5 705 – 700 = ................ | 4 156 – 800 = ................ |
| 9 397 – 2 000 = ................ | 6 789 – 3 000 = ................ | 5 069 – 4 000 = ................ |

**5** **Observe** et **complète**.

| | | | | | | |
|---|---|---|---|---|---|---|
| 775 | 875 | 975 | ............. | ............. | ............. | ............. |

**6** **Observe** et **complète**.

| | | | | | | |
|---|---|---|---|---|---|---|
| ............. | ............. | ............. | ............. | 7 840 | 8 840 | 9 840 |

# 74R Compléter une suite de nombres (2)

Manuel ou Fichier CE2
Leçon 89

***Compétence :*** *Compter de 10 en 10, de 100 en 100, de 1 000 en 1 000.*

**Prénom** .................................................... **Date** ....................................................

**1** **Observe** et **complète**.

| | | | | | | |
|---|---|---|---|---|---|---|
| 869 | 879 | 889 | ............. | ............. | ............. | ............. |

| | | | | | | |
|---|---|---|---|---|---|---|
| 1 569 | 1 579 | 1 589 | ............. | ............. | ............. | ............. |

**2** **Observe** et **complète**.

| | | | | | | |
|---|---|---|---|---|---|---|
| 7 590 | 7 690 | 7 790 | ............. | ............. | ............. | ............. |

| | | | | | | |
|---|---|---|---|---|---|---|
| 9 069 | 9 169 | 9 269 | ............. | ............. | ............. | ............. |

**3** **Observe** et **complète**.

| | | | | | | |
|---|---|---|---|---|---|---|
| 876 | 1 876 | 2 876 | ............. | ............. | ............. | ............. |

| | | | | | | |
|---|---|---|---|---|---|---|
| 3 497 | 4 497 | 5 497 | ............. | ............. | ............. | ............. |

**4** Superman a parcouru 5 850 km. Il lui reste à faire 5 bonds de 100 km pour aller sauver un car d'écoliers en détresse.

**Quelle distance totale aura-t-il parcourue :**

Après le 1er bond ? ....................................................................................................

Après le 2e bond ? ....................................................................................................

Après le 3e bond ? ....................................................................................................

Après le 4e bond ? ....................................................................................................

Après le 5e bond ? ....................................................................................................

# 75c Apprendre à résoudre
## Situations multiplicatives



***Compétence :*** *Utiliser un schéma pour identifier et résoudre une situation multiplicative.*

**Prénom** ................................................ **Date** ................................................

**1** Une boîte contient 4 balles de tennis. Pour s'entraîner, Aurélien prend 5 boîtes sur l'étagère du club.
**Combien de balles Aurélien prend-il ?**

**Entoure** le schéma correspondant à l'énoncé.

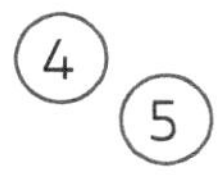


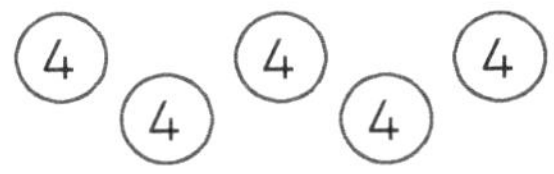


**Entoure** les opérations qui permettent de répondre à la question.

5 × 4 5 + 4 4 + 4 + 4 + 4 + 4

**Écris**, puis **effectue** les calculs. ................................................

**Rédige** la phrase réponse. ................................................

**2** Un sachet contient 3 sucettes au chocolat.
Ce matin, le pâtissier a vendu 6 sachets.
**Combien de sucettes le pâtissier a-t-il vendues ?**

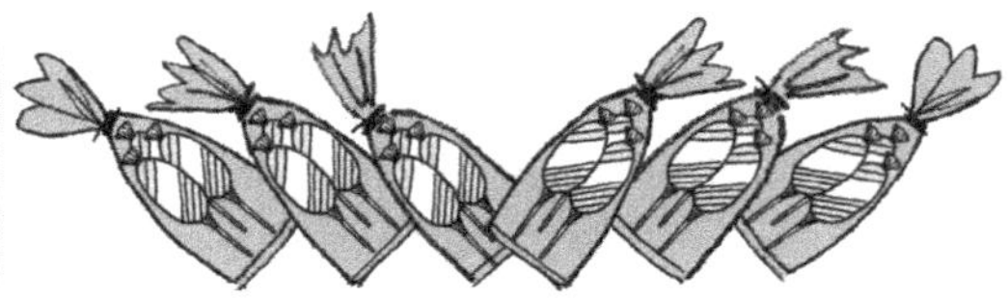

**Trouve** l'opération puis **effectue** les calculs. ................................................

**Rédige** la phrase réponse. ................................................

**3** Dans une bibliothèque, il y a 7 étagères.
Sur chaque étagère, on range 25 livres.
**Combien de livres la bibliothèque contient-elle ?**

Voici le schéma qui correspond à l'énoncé.

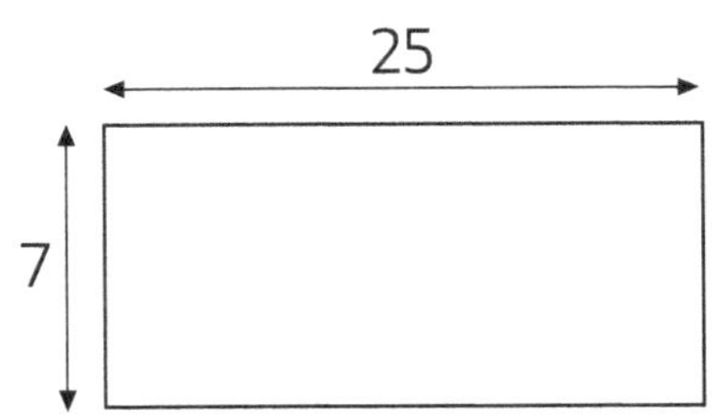


**Coche** les propositions correctes.
Sur ce schéma :

- ☐ 7 représente le nombre d'étagères.
- ☐ 7 représente le nombre de livres par étagère.
- ☐ 25 représente le nombre d'étagères
- ☐ 25 représente le nombre de livres par étagère

**Entoure** les opérations qui permettent de répondre à la question.

25 + 7 7 × 25 25 + 25 + 25 + 25 + 25 + 25 + 25

**Écris**, puis **effectue** les calculs. ................................................

**Rédige** la phrase réponse. ................................................

# Coder un déplacement

Manuel ou Fichier CE2
Leçon 91

***Compétence :*** *Coder un déplacement sur les lignes d'un quadrillage.*

**Prénom** ................................................... **Date** ...................................................

**1** **Code** le chemin du bateau jusqu'à l'île.

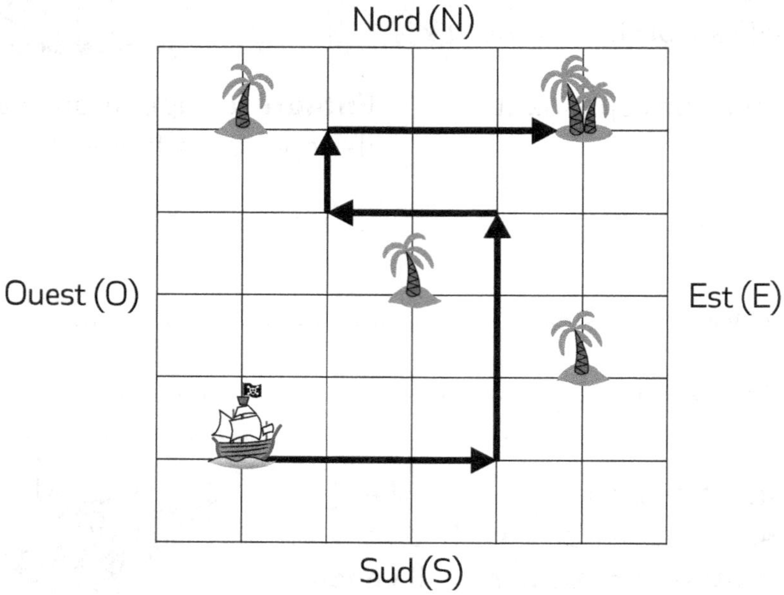


| | | | | |
|---|---|---|---|---|
| E 3 | | | | |

**2** **Code** le chemin de la coccinelle jusqu'à la feuille.

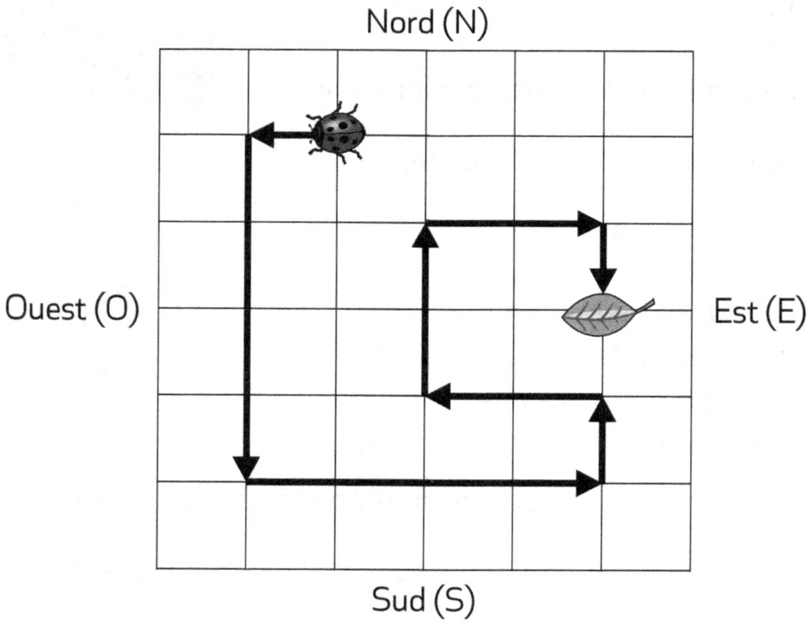


| | | | | | | | |
|---|---|---|---|---|---|---|---|
| O 1 | S 4 | | | | | | |

# 77 R Calculer la moitié d'un nombre

Manuel ou Fichier CE2
Leçon 92

***Compétences :*** *Calcul en ligne : Calculer la moitié d'un nombre < 100.*

**Prénom** ................................................. **Date** .................................................

**1** **Calcule** la moitié des nombres suivants.

**Moitié de 70**
70 = 60 + 10

Moitié de 60 = ...... car ...... + ...... = 60

Moitié de 10 = ...... car ...... + ...... = 10

Moitié de 70 = ...... + ...... = ......

**Moitié de 90**
90 = 80 + 10

Moitié de 80 = ...... car ...... + ...... = ......

Moitié de 10 = ...... car ...... + ...... = ......

Moitié de 90 = ...... + ...... = ......

**2** **Calcule** la moitié des nombres suivants.

**Moitié de 26**
26 = 20 + 6

Moitié de 20 = ...... car ...... + ...... = 20

Moitié de 6 = ...... car ...... + ...... = 6

Moitié de 26 = ...... + ...... = ......

**Moitié de 68**
68 = 60 + ......

Moitié de 60 = ...... car ...... + ...... = ......

Moitié de ...... = ...... car ...... + ...... = ......

Moitié de 68 = ...... + ...... = ......

**3** **Calcule** la moitié des nombres suivants.

**Moitié de 54**
54 = 50 + 4

Moitié de 50 = ...... car ...... + ...... = 50

Moitié de 4 = ......

Moitié de 54 = ...... + ...... = ......

**Moitié de 78**
78 = 70 + ......

Moitié de 70 = ...... car ...... + ...... = ......

Moitié de ...... = ......

Moitié de 78 = ...... + ...... = ......

**4** **Complète** le tableau.

| **Nombre** | 20 | 24 | 30 | 38 | 80 | 86 |
|---|---|---|---|---|---|---|
| **Moitié** | ......... | ......... | ......... | ......... | ............ | ............ |

# 78 R Distinguer un cube ou un pavé droit

Manuel ou Fichier CE2
Leçon 93

***Compétence :*** *Distinguer un cube d'un pavé droit d'après leurs propriétés.*

**Prénom** ..................................................... **Date** .....................................................

**1** Trois de ces solides sont des cubes. **Entoure**-les.

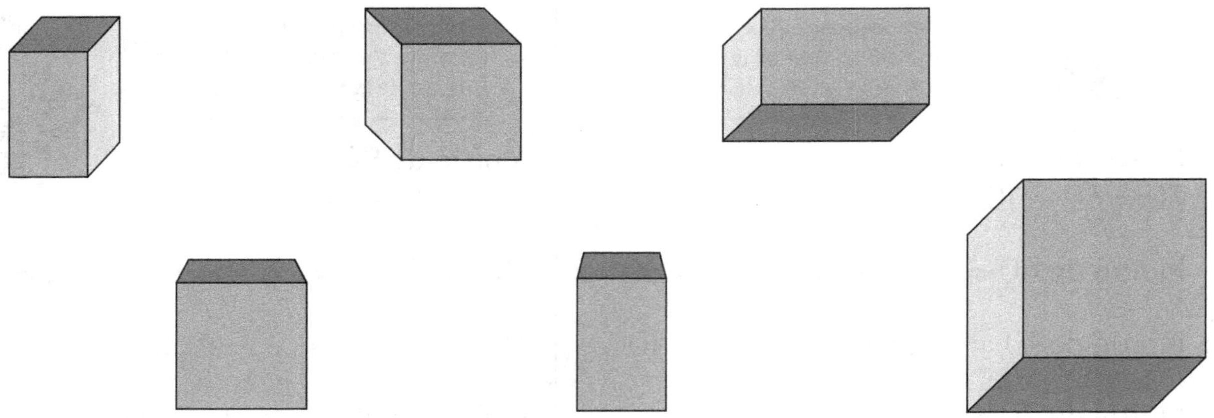

**2** **Entoure** les empreintes que peut laisser un cube.

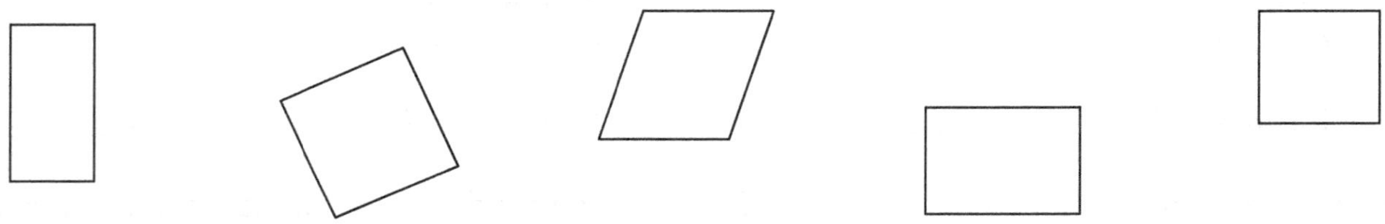

**3** Léa a dessiné une face d'un cube. **Dessine** les autres faces.

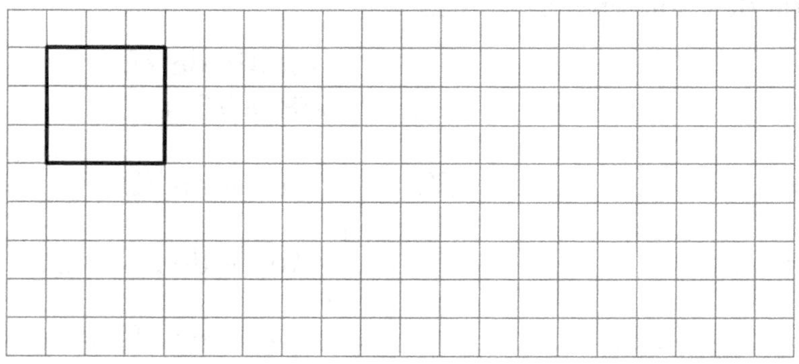

**4** Vrai ou faux ? **Coche**.

**a** Un pavé droit peut avoir une face carrée. ▢ vrai ▢ faux

**b** Un cube peut avoir une face rectangulaire. ▢ vrai ▢ faux

**c** Toutes les faces d'un cube sont des carrés. ▢ vrai ▢ faux

# 79 R Rendre la monnaie

Manuel ou Fichier CE2
Leçon 94

***Compétence :*** *Savoir rendre la monnaie en euros et centimes.*

**Prénom** ................................................. **Date** ..................................................

**1** **Entoure** les pièces que le commerçant doit rendre à Théo.

1 € = 100 c

| Théo achète | Il donne | Le commerçant lui rend |
|---|---|---|
| 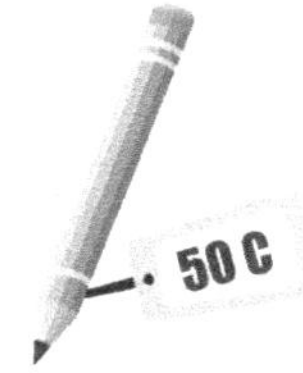  |  |  |
|   |  |  |
|   |  |  |

**2** **Entoure** les pièces que le commerçant doit rendre à Léa.

| Léa achète | Elle donne | Le commerçant lui rend |
|---|---|---|
| 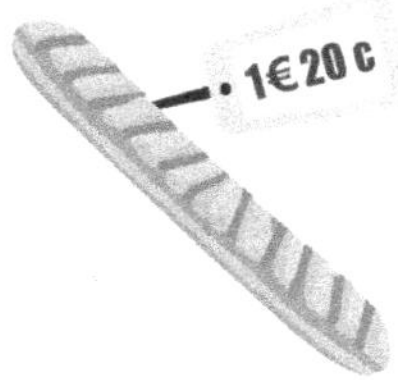  |  |  |
| 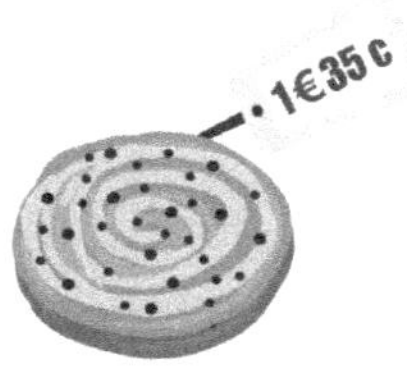  |  |  |
|   |  |  |

# 80 c Apprendre à résoudre

## Problèmes à étapes (2)

Manuel ou Fichier CE2
Leçon 95

***Compétence :*** *Résoudre un problème de situations additives et multiplicatives nécessitant un calcul intermédiaire.*

**Prénom** ................................................ **Date** ................................................

**1** Louise a acheté 8 pochettes de 15 perles et une grande pochette de 50 perles.
**Combien de perles Louise a-t-elle achetées ?**

Une seule opération ne suffit pas pour répondre, c'est un problème à étapes.

**Écris** la question qui manque pour pouvoir répondre à la question de l'énoncé.

..........................................................................................................................

• **Étape 1 : Écris** et **effectue** l'opération qui permet de calculer le nombre de perles dans les 8 pochettes.

..........................................................................................................................

**Rédige** une phrase réponse. ..........................................................................................

• **Étape 2 : Écris** et **effectue** l'opération qui permet de calculer le nombre total de perles.

..........................................................................................................................

**Rédige** une phrase réponse. ..........................................................................................

**2** Karim a 35 jours de vacances dans l'année.
Il a pris 2 semaines de vacances en été.
**Combien de jours de vacances lui reste-t-il ?**

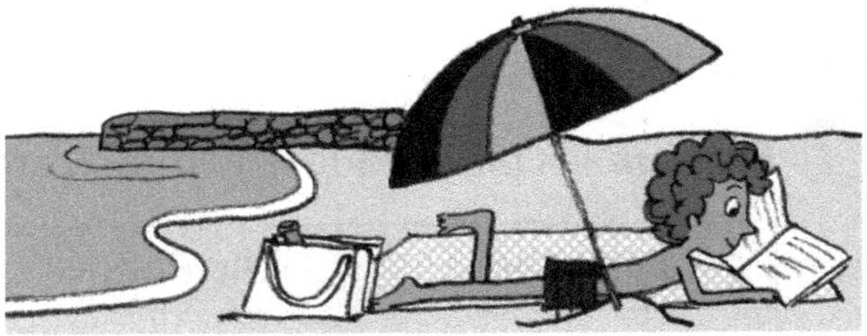

**Écris** la question qui manque.

..........................................................................................................................

• **Étape 1 : Écris** et **effectue** l'opération qui permet de calculer le nombre de jours de vacances pris en été.

..........................................................................................................................

**Rédige** une phrase réponse

..........................................................................................................................

• **Étape 2 : Écris** et **effectue** l'opération qui permet de calculer le nombre de jours de vacances qu'il lui reste à prendre.

..........................................................................................................................

**Rédige** une phrase réponse. ..........................................................................................

# 81R Programmer un robot

Manuel ou Fichier CE2
Leçon 98

***Compétence :*** *Programmer les déplacements d'un robot (codage autocentré).*

**Prénom** .................................................. **Date** ..................................................

**1** Voici le programme du déplacement de Coccibot la coccinelle robot.

| | | | | | | | | | | | |
|---|---|---|---|---|---|---|---|---|---|---|---|
| ↑ | ↑ | ↑ | ↑ | ↱ | ↑ | ↑ | ↑ | ↱ | ↑ | ↰ | ↑ |

**Trace** le chemin de Coccibot, puis **entoure** la fleur sur laquelle il arrive.

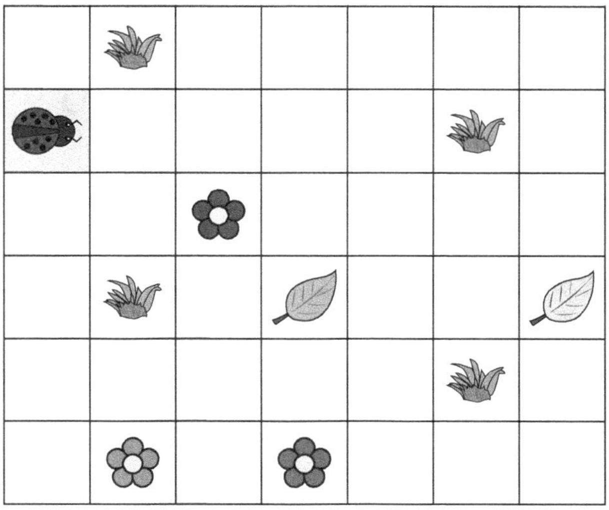

**Instructions**

| | |
|---|---|
| ↑ | Avance d'une case. |
| ↰ | Tourne à gauche. |
| ↱ | Tourne à droite. |

**2** **Écris** le programme que doit exécuter.
Coccibot pour se déplacer jusqu'à la fleur.

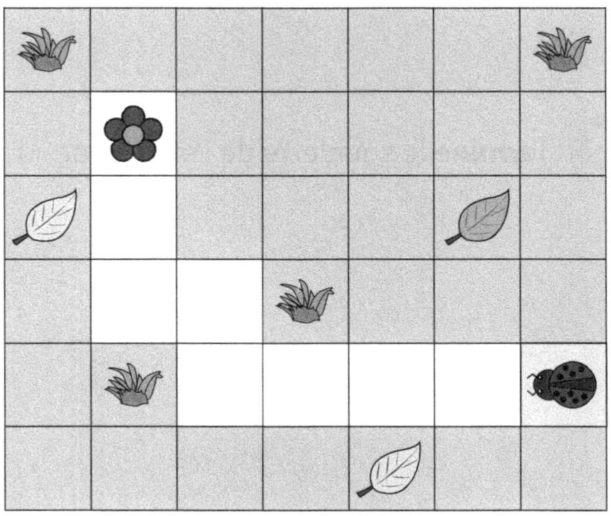

| | | | | | | | | | | |
|---|---|---|---|---|---|---|---|---|---|---|
| ↑ | ↑ | ..... | ..... | ..... | ..... | ..... | ..... | ..... | ..... | ..... |

82 R

# Étudier une pyramide

Manuel ou Fichier CE2
Leçon 99

***Compétence :*** *Connaître les propriétés des pyramides.*

**Prénom** .................................................. **Date** ..................................................

**1** Voici quatre solides. **Entoure** les pyramides.

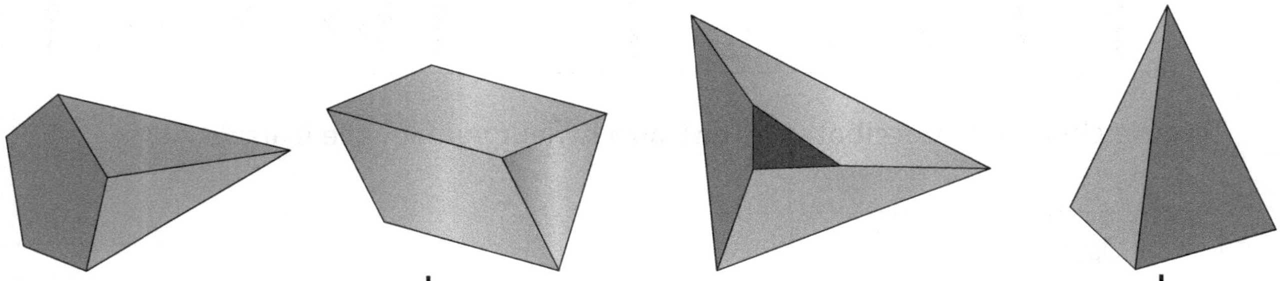

a b c d

**2** **Observe** cette pyramide.
**Indique** son nombre de faces, d'arêtes et de sommets.

Nombre de faces : .............

Nombre d'arêtes : .............

Nombre de sommets : .............

**Entoure** le sommet principal.

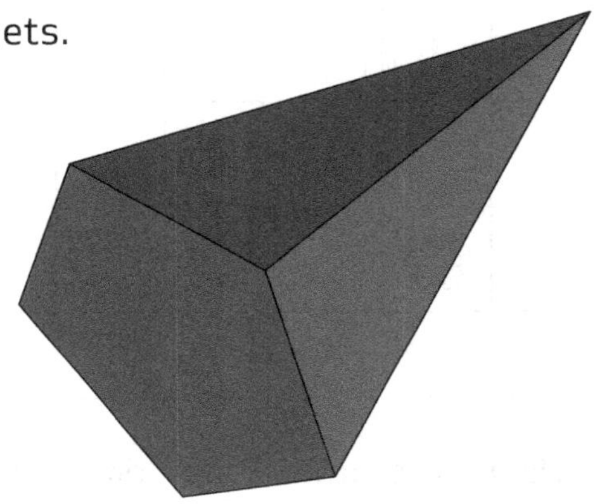

**3** **Termine** le squelette de cette pyramide. **Colorie** sa base et **entoure** son sommet principal.

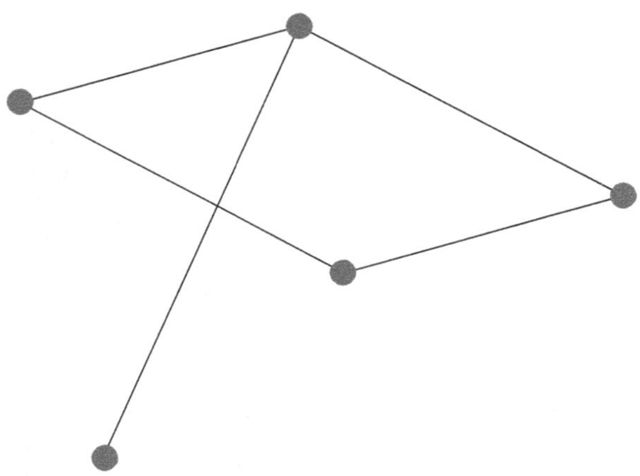

# 83R Résoudre des situations de division : groupements (1)

Manuel ou Fichier CE2
Leçon 100

***Compétence :*** *Résoudre des situations de division quotition à l'aide d'un schéma.*

**Prénom** ................................................. **Date** .................................................

**1** Les pommes sont emballées dans des barquettes de 4.
**Combien faudra-t-il de barquettes pour emballer 29 pommes ?**

Il faudra ...... barquettes.

**2** Chloé range les 38 voitures de sa collection dans des boîtes de 5.
**Combien de boîtes seront pleines ?**
**Combien de voitures contiendra la boîte incomplète ?**

...... boîtes seront pleines. La boîte incomplète contiendra ...... voitures.

**3** Il faut 11 joueurs pour former une équipe de football.
**Combien d'équipes formera-t-on avec 36 joueurs ?**
**Combien de joueurs ne seront pas dans une équipe ?**

Avec 36 joueurs, on formera ...... équipes.

...... joueurs ne seront pas dans une équipe.

# 84c Résoudre des situations de division : groupements (2)

Manuel ou Fichier CE2
Leçon 101

***Compétence :*** *Résoudre des situations de groupements en utilisant les tables de multiplication .*

**Prénom** .................................................. **Date** ..................................................

**1** Lors d'un tournoi de handball, on forme des équipes de 7.
Les enfants restants sont arbitres.
Dans chaque cas, **calcule** les nombres d'équipes et d'arbitres.

| |
|---|
| 1 × 7 = 7 |
| 2 × 7 = 14 |
| 3 × 7 = 21 |
| 4 × 7 = 28 |
| 5 × 7 = 35 |
| 6 × 7 = 42 |
| 7 × 7 = 49 |
| 8 × 7 = 56 |
| 9 × 7 = 63 |
| 10 × 7 = 70 |

- 54 enfants participent au tournoi.

54 = ...... × 7 + ......

On forme ...... équipes de 7.

Nombre d'enfants arbitres : ......

- 55 enfants participent au tournoi.

55 = ...... × 7 + ......

On forme ...... équipes de 7.

Nombre d'enfants arbitres : ......

- 56 enfants participent au tournoi.

56 = ...... × 7 + ......

On forme ...... équipes de 7.

Nombre d'enfants arbitres : ......

**2** 69 enfants participent au tournoi.
Djamila a calculé le nombre d'équipes de 7 et le nombre d'enfants qui sont arbitres.
**Réponds** aux questions.

Pourquoi Djamila a-t-elle tort ? ..........................................................................................

..........................................................................................................................................

Qu'aurait-elle dû dire ?

Avec 69 enfants, on forme ...... équipes de 7 car : 69 = ...... × 7 + ......

...... enfants sont arbitres.

# 85 R Mesurer une masse : g, kg, t

Manuel ou Fichier CE2
Leçon 102

***Compétence :*** *Connaître les unités de mesures usuelles de masse : t, kg et g, ainsi que les relations qui les lient.*

**Prénom** .................................................. **Date** ..................................................

**1** **Entoure** la bonne masse.

140 t / 140 kg    60 kg / 6 t    20 g / 20 kg    800 kg / 800 g    3 kg / 30 g

**2** **Écris**, en g, la masse de chaque panier de fruits, puis **convertis** en kg et g.

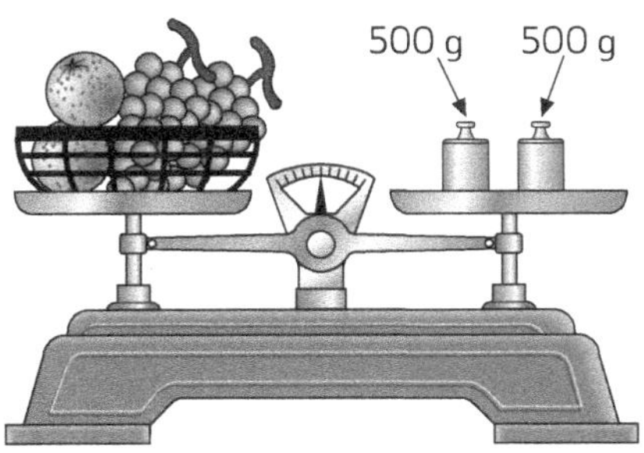


............... g

...... kg

............... g

...... kg ........... g

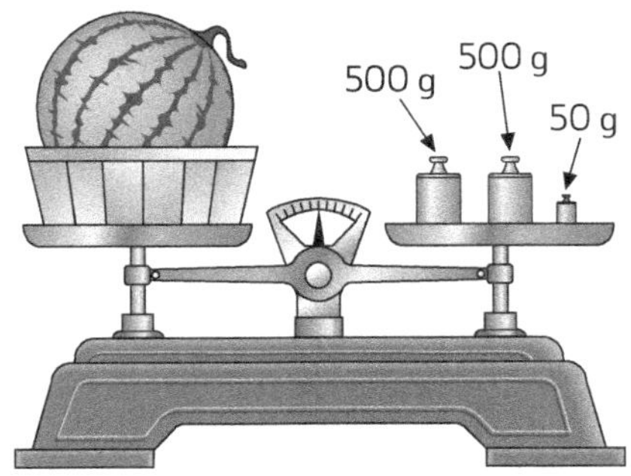


............... g

...... kg ......... g

**3** Un ours blanc pèse 1 t 100 kg et un ours brun pèse 800 kg.
**Entoure** le plus lourd de ces deux animaux.

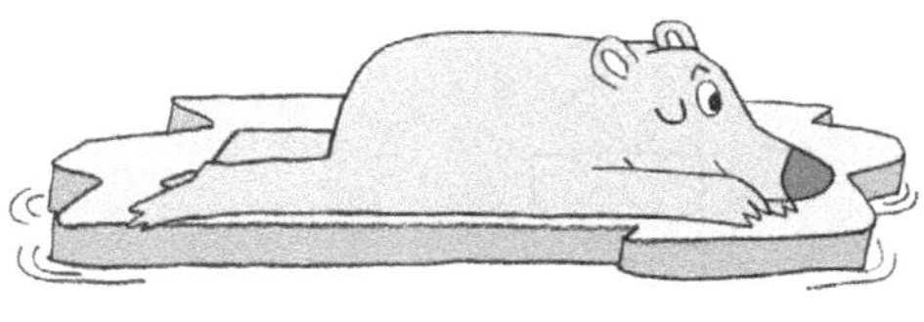

**4** Louise fait son marché. Elle achète 3 kg de pommes et 2 kg 500 g d'oranges.
**Quelle masse de fruits a-t-elle achetée ?**

.....................................................................................

.....................................................................................

# 86 R Fabriquer un cube à partir d'un patron

Manuel ou Fichier CE2
Leçon 103

***Compétence :*** *Fabriquer un cube à partir d'un patron fourni.*

**Prénom** ....................................................... **Date** ......................................................

**1** **Découpe** le patron du cube de la page matériel M5.
**Plie**-le.

**Cherche** les faces opposées.
**Dessine** sur chaque face opposée le symbole correspondant.

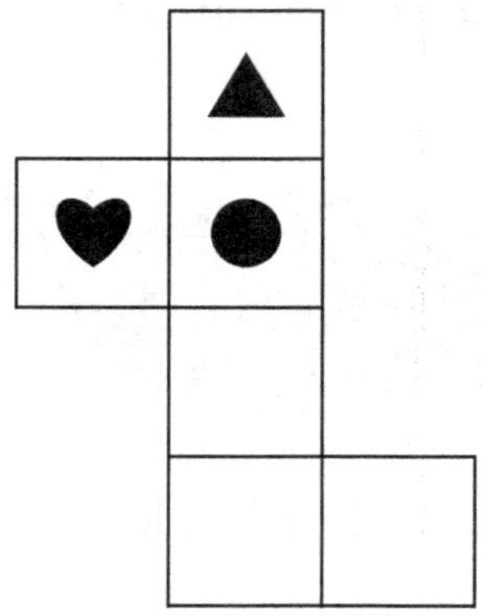

**2** **Observe** ce patron de cube déplié.
**Colorie** de la même couleur les faces opposées.

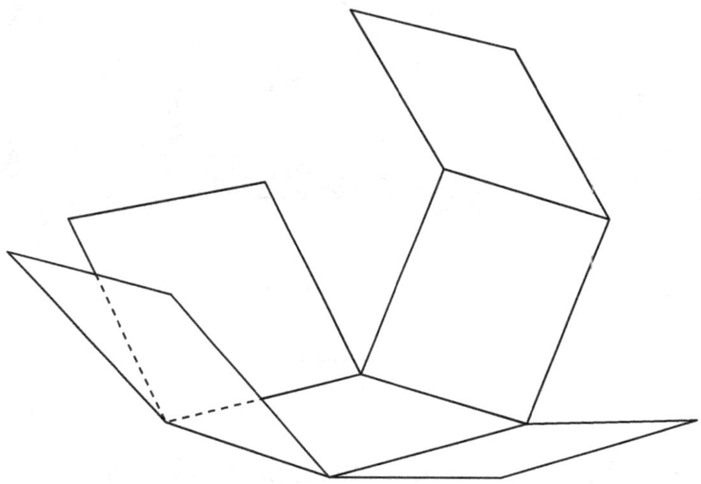

**3** **Barre** les figures qui ne sont pas des patrons de cube.

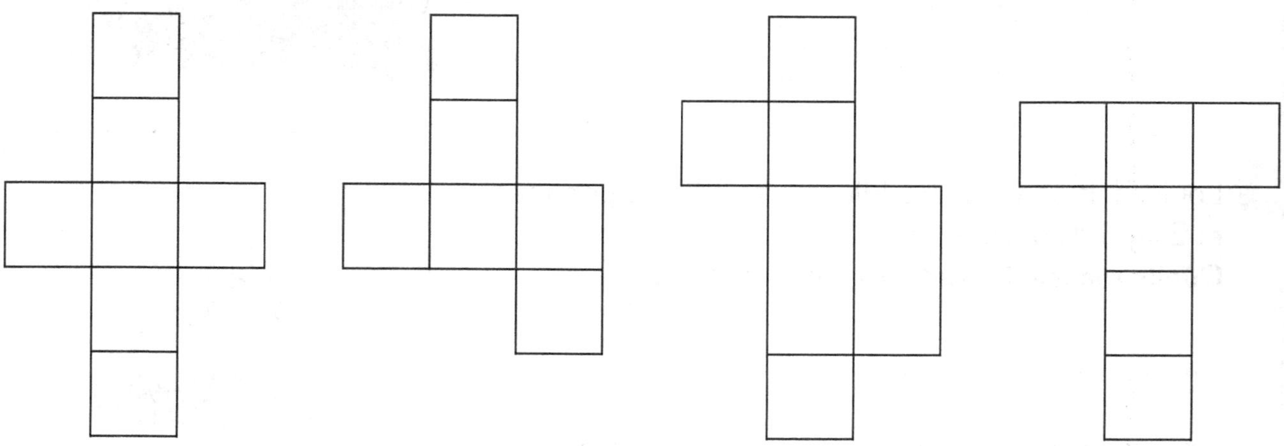

# 87 R Résoudre des situations de division : partages (1)

Manuel ou Fichier CE2
Leçon 104

***Compétence :*** *Résoudre à l'aide d'un schéma des situations de division partition.*

**Prénom** ................................................ **Date** ................................................

**1** Chaque rond correspond à un jeton.

Chaque fois que tu as mis un jeton dans un gobelet, barre le jeton.

**Combien y a-t-il de jetons ?** ............
**Partage** ces jetons entre les 3 gobelets.
**Combien de jetons y a-t-il dans chaque gobelet ?**
**Reste-t-il des jetons hors des gobelets ?**

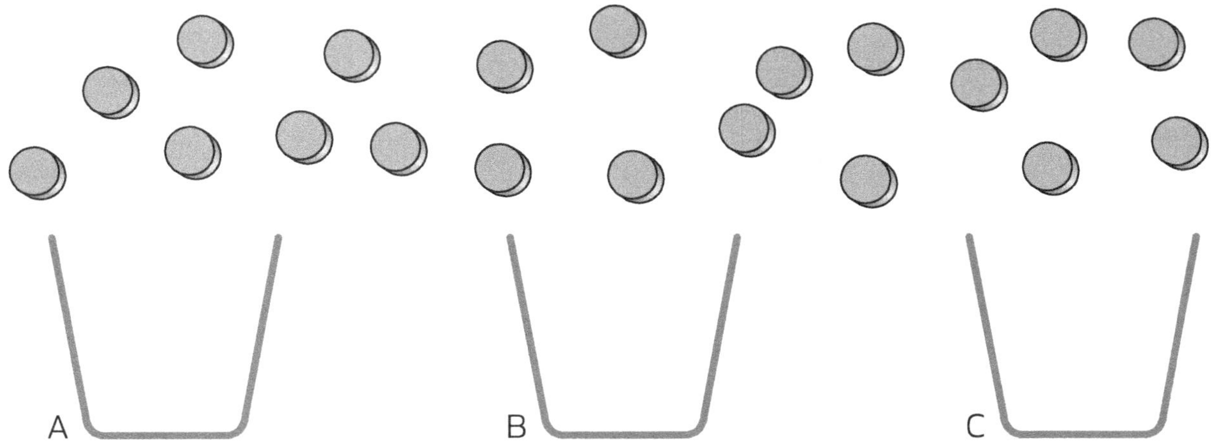


**Complète.**

*Dans chaque gobelet, il y a ......... jetons. Il reste ......... jetons.*

**2** Chaque rond correspond à un biscuit.

Chaque fois que tu as mis un biscuit dans la case de l'enfant, barre le biscuit.

**Combien y a-t-il de biscuits ?** ............
**Partage** ces biscuits entre 4 enfants.
**Combien de biscuits chacun aura-t-il ? Reste-t-il des biscuits ?**

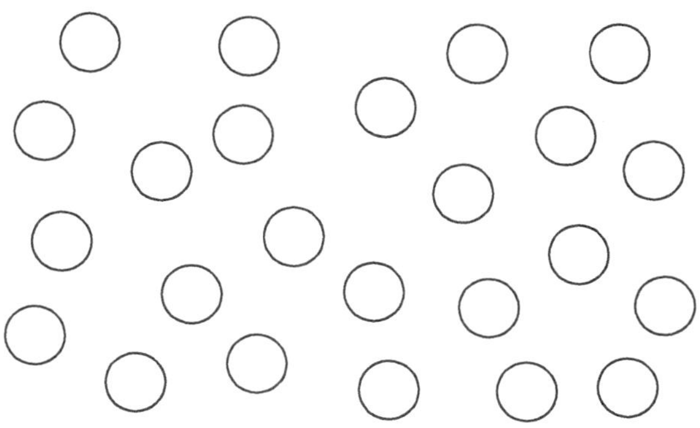

| | |
|---|---|
| | Jean |
| | Ali |
| | Chloé |
| | Fatou |

**Complète.**

*Chaque enfant aura ......... biscuits. Il reste ......... biscuit.*

# 88 c Résoudre des situations de division : partages (2)

Manuel ou Fichier CE2
Leçon 105

***Compétence :*** *Résoudre par le calcul une situation de partage avec reste.*

**Prénom** ........................................................ **Date** ........................................................

**1** Le chef des pirates partage 52 pièces d'or entre 9 pirates.
**Combien de pièces d'or reçoit chaque pirate ?**

**Combien de pièces reste-t-il ?**

**Complète** le tableau.

**Complète** l'égalité.

52 = ...... × 9 + ......

**Complète** les phrases réponses.

*Chaque pirate reçoit ...... pièces.*

*Il reste ...... pièces.*

| Nombre de pièces données à chacun | Nombre de pièces distribuées | Nombre de pièces restantes |
|---|---|---|
| 1 | 1 × 9 = 9 | 52 – 9 = 43 |
| 2 | 2 × 9 = 18 | 52 – 18 = 34 |
| 3 | 3 × 9 = ............ | ........................ |
| 4 | ........................ | ........................ |
| 5 | ........................ | ........................ |
| 6 | ........................ | |

**2** Blanche-Neige partage 45 pommes entre les 7 nains.

**Combien de pommes reçoit chaque nain ?**

**Combien de pommes reste-t-il ?**

**Complète** le tableau.

**Complète** l'égalité.

45 = ...... × 7 + ......

**Complète** les phrases réponses.

*Chaque nain reçoit ...... pommes.*

*Il reste ...... pommes non distribuées.*

| Nombre de pommes données à chacun | Nombre de pommes distribuées | Nombre de pommes restantes |
|---|---|---|
| 1 | ........................ | ........................ |
| 2 | ........................ | ........................ |
| 3 | ........................ | ........................ |
| .............. | ........................ | ........................ |
| .............. | ........................ | ........................ |
| .............. | ........................ | ........................ |
| .............. | ........................ | |

# 89 R Étudier le reste d'une situation de division

Manuel ou Fichier CE2
Leçon 106

***Compétence :*** *Étudier le reste d'une situation de division.*

**Prénom** .................................................. **Date** ..................................................

**1** Maya range les 26 voitures de sa collection dans des boîtes de 4.
**Combien de boîtes seront pleines ?**
**Restera-t-il des voitures ?**

$5 \times 4 = 20$
$6 \times 4 = 24$
$7 \times 4 = 28$

**Entoure** l'enfant qui a trouvé la réponse.

**2** Mamie partage équitablement 19 galettes entre ses 3 petits-enfants.
**Combien de galettes chacun aura-t-il ?**
**Combien de galettes restera-t-il ?**

$5 \times 3 = 15$
$6 \times 3 = 18$
$7 \times 3 = 21$

**Colorie** la réponse exacte et **justifie** ta réponse.

| | |
|---|---|
| Chacun aura 5 galettes.<br>Il restera 4 galettes car : 19 = 5 × 3 + 4 | Chacun aura 6 galettes.<br>Il restera 1 galette car : 19 = 6 × 3 + 1 |

..................................................................................................................................

**3** L'entraîneur compose des équipes de 8. Il y a 49 joueurs.
**Combien d'équipes pourra-t-il composer ?**
**Combien de joueurs sans équipe restera-t-il ?**

$4 \times 8 = 32$
$5 \times 8 = 40$
$6 \times 8 = 48$

**Entoure** l'égalité qui donne les réponses. $49 = 6 \times 8 + 1$ $49 = 5 \times 8 + 9$

**Écris** les phrases réponses : ..................................................................................

..................................................................................................................................

**4** Grand-père partage équitablement 36 châtaignes entre ses 7 petits-enfants.
**Combien de châtaignes chacun recevra-t-il ?**
**Restera-t-il des châtaignes ?**

$4 \times 7 = 28$
$5 \times 7 = 35$
$6 \times 7 = 42$

**Complète** l'égalité qui correspond à la situation : 36 = ....... × 7 + .......

**Écris** les phrases réponses : ..................................................................................

..................................................................................................................................

# 90 R Mesurer une contenance : L, dL, cL

Manuel ou Fichier CE2
Leçon 107

***Compétence :*** *Connaître le litre, le décilitre, le centilitre et les relations qui les lient.*

**Prénom** ........................................................ **Date** ........................................................

**1** **Complète** avec L ou cL.

2 ........... 25 ........... 5 ........... 1 ........... 10 ...........

**2** **Écris** les contenances en cL.

3 L = ..................... cL

5 dL = ..................... cL

2 L 50 cL = ..................... cL

4 L 5 dL = ..................... cL

**3** **Écris** les contenances en L et cL.

200 cL = ................. L

600 dL = ................. L

350 cL = ................. L ................. cL

905 cL = ................. L ................. cL

**4** **Range** dans l'ordre croissant les contenances indiquées sur ces étiquettes.

..........................................................................................................................................

**5** **Avec une bouteille de 1 L 50 cL, combien de verres de 1 dL peut-on remplir ?**
**Colorie**-les.

# 91R Apprendre à résoudre

## Ajouter, retrancher des mesures

Manuel ou Fichier CE2
Leçon 108

*Compétence : Résoudre des problèmes nécessitant de convertir des mesures dans la même unité.*

**Prénom** ................................................ **Date** ................................................

**1** Lors d'une excursion en montagne, Éva a parcouru 5 km 800 m le matin et 4 km 600 m l'après-midi.
**Quelle distance a-t-elle parcourue dans la journée ?**

**Complète** le schéma.

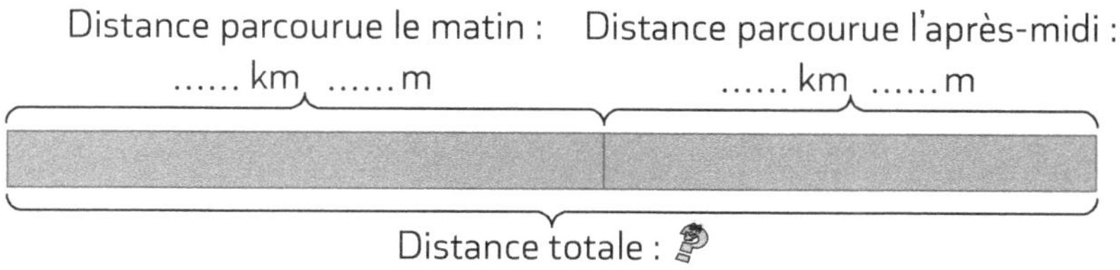


**Convertis** les longueurs en m.

5 km 800 m = 5 000 m + ........... m = ....................... m

4 km 600 m = ........... m +........... m = ....................... m

**Écris**, puis effectue l'opération. ..........................................................................

**Convertis** le résultat en km et m : ........... km ....................... m

**Rédige** une phrase réponse. ..........................................................................

**Pour ajouter des mesures, il faut les convertir dans la même unité. Tu sais que : 1 km = 1 000 m.**

**2** Un agriculteur a ramassé 1 t 600 kg de fruits. Il en vend 980 kg.
**Quelle masse de fruits lui reste-t-il à vendre ?**

**Complète** le schéma.

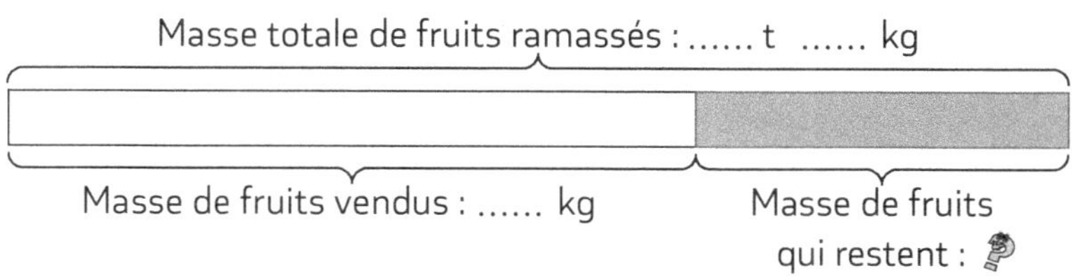


**Convertis** en kg.

1 t 600 kg = ........... kg + ........... kg = ........... kg

**Écris**, puis **effectue** l'opération. ..........................................................................

**Convertis** le résultat en kg : .................................... kg

**Rédige** une phrase réponse. ..........................................................................

**Tu sais que : 1 t = 1 000 kg.**

# 92c Calculer le périmètre d'un polygone

Manuel ou Fichier CE2
Leçon 109

***Compétence :*** *Mesurer des segments pour calculer le périmètre d'un polygone.*

**Prénom** .................................................. **Date** ..................................................

**1** **Convertis**, en mm, la longueur de chaque côté de ce triangle.
Puis **calcule** le périmètre du triangle.

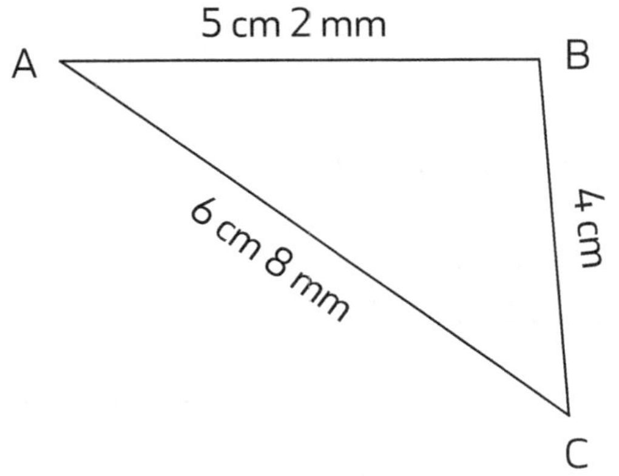


..................................................................

..................................................................

..................................................................

..................................................................

..................................................................

**2** **Calcule**, en m, le périmètre de ce terrain.

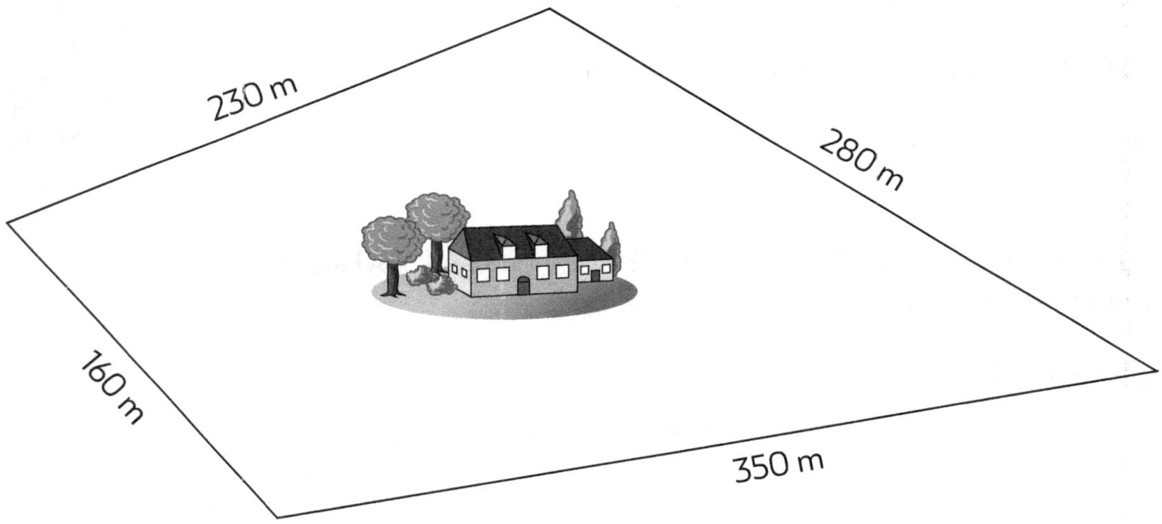


..................................................................

..................................................................

**Exprime** ce périmètre en km et m.

..................................................................

# 93R Tracer des cercles

Manuel ou Fichier CE2
Leçon 113

***Compétences :*** *Construire un cercle connaissant son centre et un point, ou son centre et son rayon.*
*Connaître le vocabulaire : cercle, centre, rayon, diamètre.*

**Prénom** .................................................. **Date** ..................................................

**1** **Trace** le cercle de centre A et qui passe par M.
**Trace** le cercle de centre B et qui passe par N.

**2** **Mesure** le rayon du cercle de centre O.

..............................................................

**Trace** le cercle de centre C et de même rayon.
**Trace** le cercle de centre A et de même rayon.

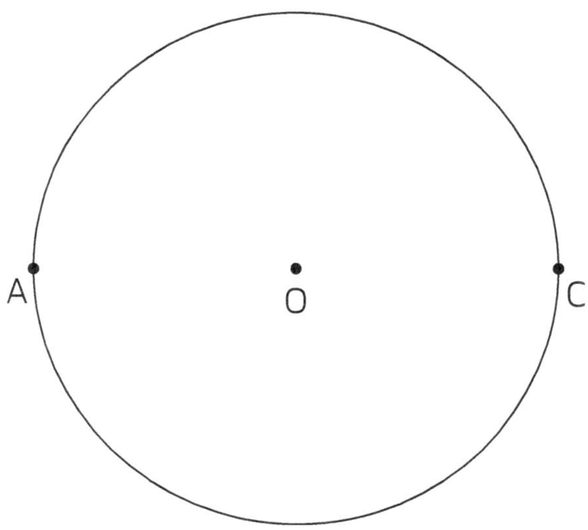

# 94c Résoudre des problèmes sur les longueurs

Manuel ou Fichier CE2
Leçon 114

***Compétence :*** *Résoudre des problèmes sur les longueurs impliquant des conversions d'unités en utilisant les quatre opérations.*

**Prénom** .................................................... **Date** ....................................................

**1** À l'épreuve du triple saut, Benjamin a sauté au premier bond 2 m 16 cm, au second bond 198 cm et au dernier bond 2 m 9 cm.
**Quelle est la longueur de son triple saut ?**

**Convertis** chaque bond en cm.

1er bond : 2 m 16 cm = ............ cm + 16 cm = ............ cm

3e bond : ..........................................................................

**Calcule** la longueur de son triple saut.

............ cm + ............ cm + ............ cm = ............ cm = ......... m ......... cm

..........................................................................................................................

**2** Léa a acheté un rouleau de 5 m de ruban pour emballer deux paquets-cadeaux. Elle utilise 1 m 20 cm de ruban pour emballer le premier cadeau, puis 2 m 60 cm de ruban pour emballer le second.
**Quelle longueur de ruban a-t-elle utilisée pour emballer les deux cadeaux ?**

..........................................................................................................................

..........................................................................................................................

..........................................................................................................................

..........................................................................................................................

**3** Justin entoure ses deux tableaux avec un galon. Il utilise 2 m 58 cm pour l'un et 162 cm pour l'autre.
**Quelle longueur de galon a-t-il utilisée pour les deux tableaux ?**

..........................................................................................................................

..........................................................................................................................

..........................................................................................................................

..........................................................................................................................

# 95c Apprendre à résoudre
## Comparaisons additives

Manuel ou Fichier CE2
Leçon 115

***Compétences :*** *Résoudre des problèmes de comparaison additive ou soustractive. Recherche du référé ou du référent.*

**Prénom** .................................................. **Date** ..................................................

**1** Léo mesure 148 cm. Son frère Victor mesure 14 cm de plus que lui.
**Quelle est la taille de Victor ?**

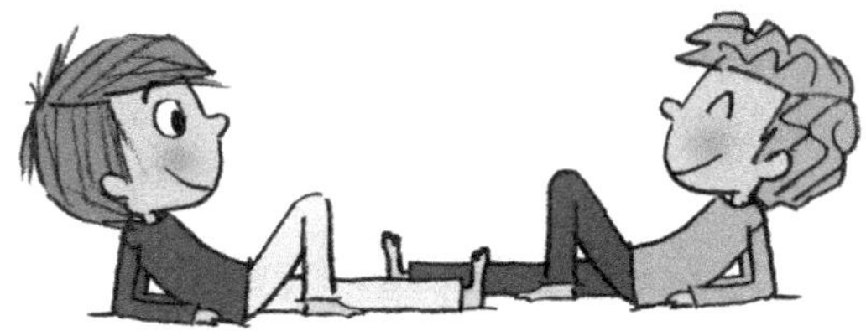

**Complète** le schéma.

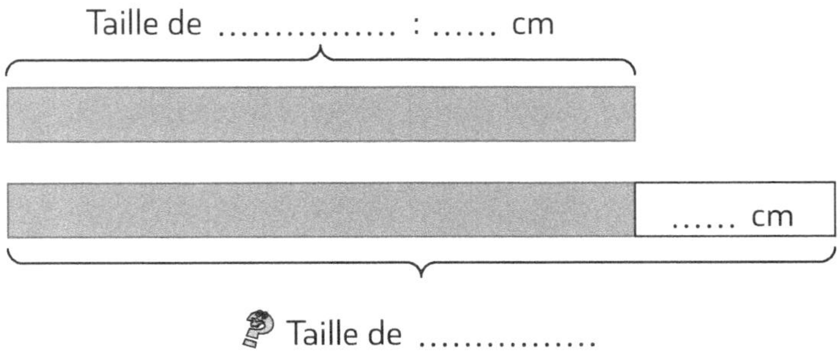


**Écris** et **effectue** l'opération qui permet de répondre à la question du problème.

..........................................................................................................

**Rédige** une phrase réponse. ..........................................................................

..........................................................................................................

**2** Lola a fait un saut de 254 cm de long. Elle a sauté 47 cm de plus que Maria.
**Quelle est la longueur du saut de Maria ?**

Qui a sauté le plus loin ?

..............................................

**Complète** le schéma.

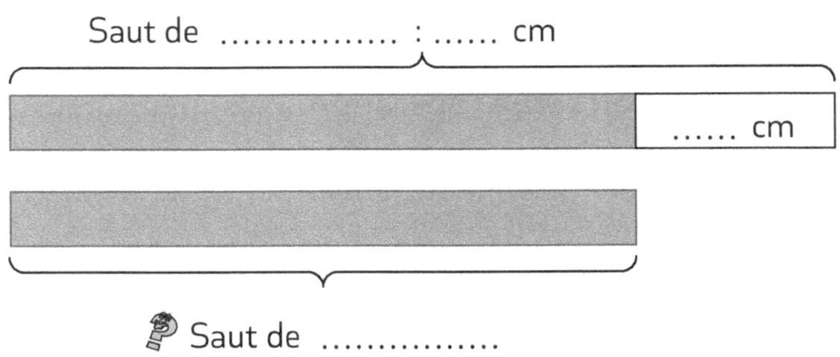


**Écris** et **effectue** l'opération qui permet de répondre à la question du problème.

..........................................................................................................

**Rédige** une phrase réponse. ..........................................................................

..........................................................................................................

# 96c Résoudre des problèmes sur les masses

Manuel ou Fichier CE2
Leçon 116

***Compétence :*** *Résoudre des problèmes sur les masses impliquant des conversions d'unités en utilisant les quatre opérations.*

**Prénom** .................................................. **Date** ..................................................

**1** **Calcule** les masses des fruits et du légume pesés, puis **range**-les par ordre croissant.

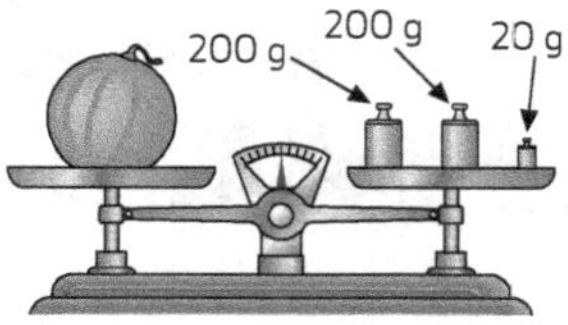


Masse du melon :

.............................

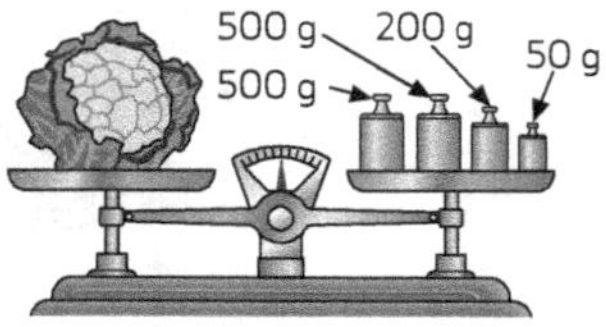


Masse du chou-fleur :

.............................

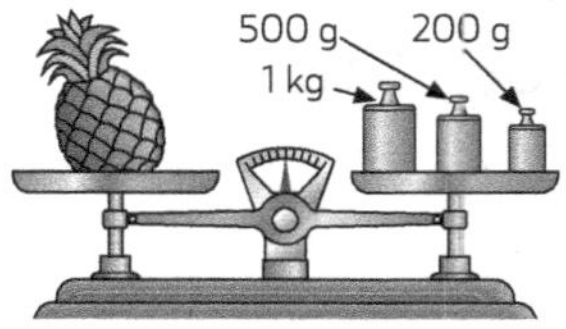


Masse de l'ananas :

.............................

**Pour comparer des masses ou calculer avec des masses, exprime-les avec la même unité. Choisis la plus petite.**

............ < ............ < ............

**2** Le taureau le plus lourd du monde pèse 1 950 kg.
Une orque pèse 2 t et un hippopotame 1 t 800 kg.

**1 t = 1 000 kg**

**Quel est le plus lourd de ces trois animaux ?** ..................................................

**Range** leur masse par ordre décroissant. ................. > ................. > .................

**3** Éric achète 1 kg 800 g de poires, 2 kg 500 g de pommes et 500 g de fraises.
**Quelle est la masse totale des fruits achetés ?**

**1 kg = 1 000 g**

**Convertis** les masses. ..................................................

**Écris** et **effectue** l'opération. ..................................................

**Rédige** une phrase réponse. ..................................................

**4** Un premier camion a déchargé 3 t 800 kg de terre et un second 2 t 500 kg.
**Quelle masse totale de terre ont-ils déchargée ?**

**Convertis** les masses. ..................................................

**Écris** et **effectue** l'opération. ..................................................

**Rédige** une phrase réponse. ..................................................

# 97c Résoudre une multiplication à trou

Manuel ou Fichier CE2
Leçon 117

***Compétences :*** *Résoudre une multiplication à trou. Découvrir la division exacte et le signe « : ».*

**Prénom** ................................................ **Date** ................................................

**1** Théo partage 20 cubes en piles de 4 cubes.
**Combien de piles fait-il ?**

**Complète.** ......... × 4 = 20.

20 divisé par 4 égale .........     On écrit → 20 : 4 = .........

**Rédige** une phrase réponse.

.....................................................................................

**Il faut connaître la table de 4 de la multiplication.**

1 × 4 = 4
2 × 4 = 8
3 × 4 = 12
4 × 4 = 16
5 × 4 = 20
6 × 4 = 24
7 × 4 = 28
8 × 4 = 32
9 × 4 = 36

**2** En éducation physique, une classe de 28 élèves se répartit en groupes de 4 élèves.
**Combien de groupes seront constitués ?**

**Complète.** ......... × 4 = 28     28 : ......... = .........

**Rédige** une phrase réponse. .....................................................................................

**3** Pour préparer la salle de spectacle, il faut installer 48 chaises sur 6 rangées.
**Combien de chaises chaque rangée comportera-t-elle ?**

**Complète.** ......... × 6 = 48     48 : ......... = .........

**Rédige** une phrase réponse. .....................................................................................

**4** Léa doit répartir 45 bonbons dans 9 sachets.
**Combien de bonbons chaque sachet contiendra-t-il ?**

.....................................................................................

.....................................................................................

**5** **Complète.**

| | | |
|---|---|---|
| ......... × 5 = 35 | ......... × 8 = 40 | ......... × 7 = 42 |
| 35 : 5 = ......... | 40 : 8 = ......... | 42 : 7 = ......... |

# 98 R Se repérer dans le temps

Manuel ou Fichier CE2
Leçon 118

***Compétence :*** *Se repérer dans le temps : jour, semaine, mois, année, siècle, millénaire.*

**Prénom** .................................................. **Date** ..................................................

**1** **Observe** ce calendrier (page Matériel M3).

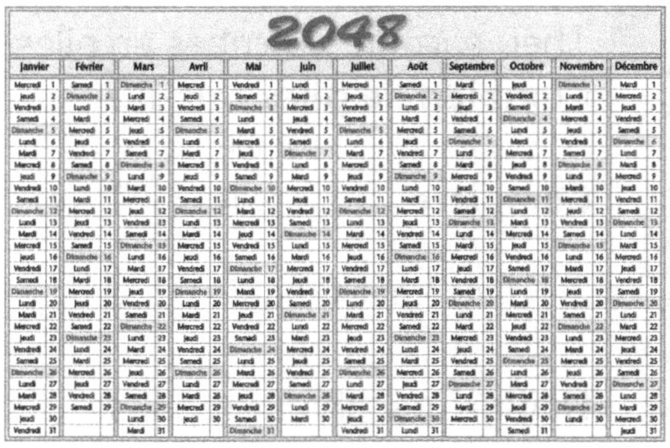


Combien de mois y a-t-il dans une année ? ................

À quelle année correspond ce calendrier ? ................

Combien de jours y aura-t-il au mois de février

de cette année ? ................

Combien de dimanches y aura-t-il au mois de mai ? ............

À quel jour correspondra le 17 septembre ? ..........................................................................................

**2** Voici les dates de trois événements historiques.

- **1789 :** Révolution française, prise de la Bastille.
- **79 :** Destruction de la ville romaine de Pompéi par le volcan Vésuve.
- **2002 :** En France, les euros (€) remplacent les francs (F).

**Place** ces trois dates sur la frise chronologique.

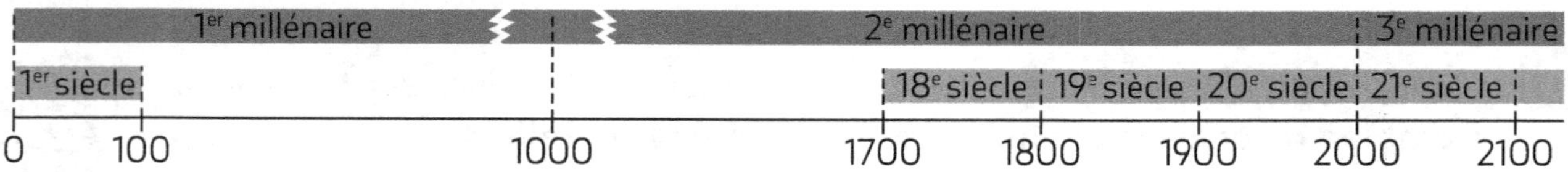


**Écris** en quel millénaire et en quel siècle ces évènements ont eu lieu.

- **Prise de la Bastille :** ................. millénaire ; ................. siècle

- **Destruction de Pompéi :** ................. millénaire ; ................. siècle

- **Utilisation de l'euro :** ................. millénaire ; ................. siècle

**3** **Convertis** ces mesures de temps.

3 millénaires = ............. ans

3 siècles = ........... ans

3 ans = ........... mois

2 000 ans = ............. millénaires

500 ans = ........... siècles

24 mois = ........... ans

1 millénaire = 1 000 ans
1 siècle = 100 ans
1 an = 12 mois

# 99c Résoudre des problèmes sur la monnaie

Manuel ou Fichier CE2
Leçon 119

***Compétence :*** *Résoudre des problèmes utilisant la monnaie.*

**Prénom** .................................................. **Date** ..................................................

**1** Après le marché, le vendeur de fruits et légumes compte sa caisse.
Voici les billets qu'elle contient.
**Quelle somme totale représentent les billets ?**

**Complète** le tableau.

| |  |  |  |  |  |
|---|---|---|---|---|---|
| **Nombre de billets** | 1 | 3 | 4 | 6 | 8 |
| **Total** | .......... € | ............ € | ............ € | ............ € | ............ € |

..........................................................................................................

..........................................................................................................

Le vendeur compte maintenant ses pièces. Il a 34 € 25 c en pièces.
**Quelle est la somme totale contenue dans la caisse ?**

..........................................................................................................

..........................................................................................................

Pour pouvoir installer son étal, le vendeur a dû payer 9 € 50 c à l'organisateur.
**Quelle somme d'argent lui reste-t-il à la fin du marché ?**

..........................................................................................................

..........................................................................................................

**2** **Comment obtenir 30 € avec des pièces de 2 € et des billets de 5 € ?**

**Trouve** 4 solutions.

Solution 1 : ..........................................................................................

Solution 2 : ..........................................................................................

Solution 3 : ..........................................................................................

Solution 4 : ..........................................................................................

100c

# Reproduire une figure sur quadrillage (2)

Manuel ou Fichier CE2
Leçon 120

***Compétences :*** *Reproduire une figure sur quadrillage en utilisant le compas.*

**Prénom** ................................................... **Date** ...................................................

**1** **Reproduis** la tête du panda sur le quadrillage du bas.

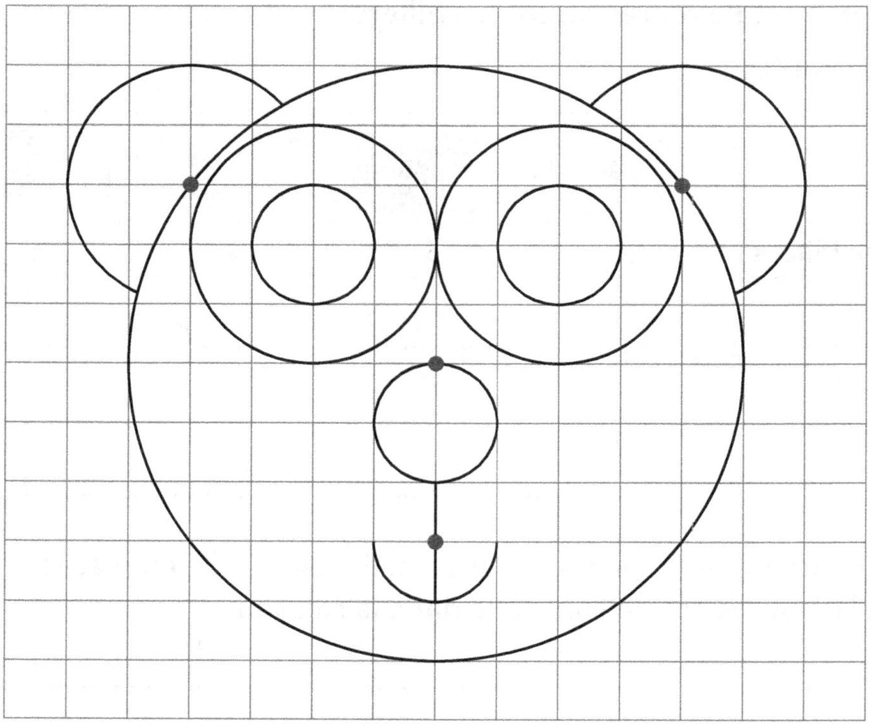

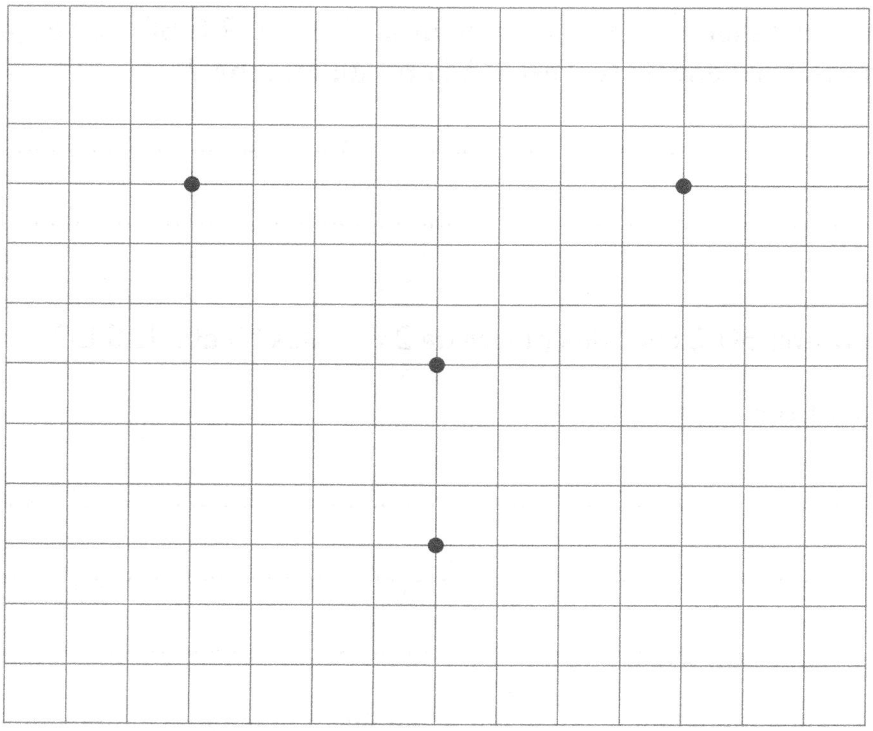

# 101 R Utiliser les relations entre les nombres (1)

Manuel ou Fichier CE2
Leçon 121

***Compétence :*** *Utiliser les relations multiplicatives entre les nombres 1, 2, 5, 10, 20, 50, 100 en lien avec la monnaie.*

**Prénom** .................................................. **Date** ..................................................

**1** Sur chaque ligne de ce tableau, **colorie** des nombres pour que leur somme soit égale à 100.

| | | | | | | | | | | | |
|---|---|---|---|---|---|---|---|---|---|---|---|
| **Colorie 2 nombres** | 10 | 20 | 40 | 10 | 50 | 30 | 60 | 20 | 70 | 50 | 80 |
| **Colorie 3 nombres** | 10 | 20 | 40 | 10 | 50 | 30 | 60 | 20 | 70 | 50 | 80 |
| **Colorie 4 nombres** | 10 | 25 | 40 | 20 | 50 | 30 | 60 | 25 | 25 | 50 | 25 |
| **Colorie 5 nombres** | 10 | 25 | 20 | 20 | 50 | 30 | 20 | 25 | 20 | 50 | 20 |

**2** **Colorie** suivant le code.

| | |
|---|---|
| 10 | jaune |
| 20 | orange |
| 25 | rouge |
| 50 | violet |
| 75 | marron |
| 100 | vert |

# 102c Apprendre à résoudre
## Situations de division

Manuel ou Fichier CE2
Leçon 122

***Compétences :*** *Apprendre à résoudre des situations de division par le calcul.*

**Prénom** .................................................... **Date** ....................................................

**1** Un groupe d'amis paie 56 € pour monter sur un manège.
Le ticket coûte 7 €.
**Combien d'amis vont monter sur le manège ?**

| |
|---|
| 5 × 7 = 35 |
| 6 × 7 = 42 |
| 7 × 7 = 49 |
| 8 × 7 = 56 |
| 9 × 7 = 63 |

Quel nombre dois-tu chercher dans la table de 7 ? .........

**Complète.** ......... = ......... × 7

......... amis vont monter sur le manège.

**2** La fermière range 50 œufs dans des boîtes de 6 œufs.
**Combien de boîtes seront complètes ?**
**Combien d'œufs contiendra la dernière boîte ?**

| |
|---|
| 5 × 6 = 30 |
| 6 × 6 = 36 |
| 7 × 6 = 42 |
| 8 × 6 = 48 |
| 9 × 6 = 54 |

**Encadre** 50 entre deux résultats de la table de 6.

......... < 50 < .........        ......... × 6 < 50 < ......... × 6

**Complète.** 50 = ......... × 6 + .........

......... boîtes seront complètes.

La dernière boîte contiendra ......... oeufs.

**3** Quatre amis se partagent un paquet de 30 bonbons.
**Combien de bonbons chacun aura-t-il ?**
**Combien de bonbons restera-t-il ?**

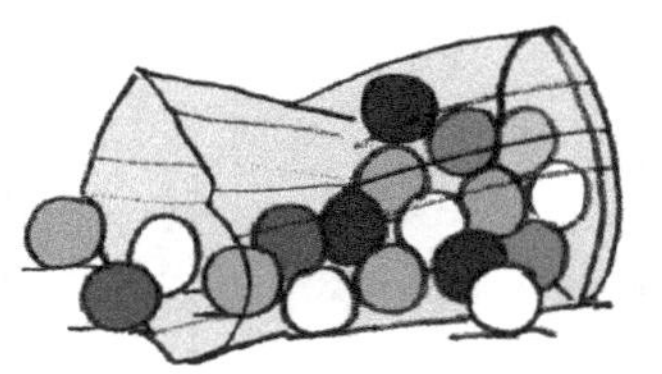

**Complète** la table de 4.
**Encadre** 30 entre deux résultats de la table de 4.

| |
|---|
| 5 × 4 = 20 |
| ......... × 4 = ......... |
| ......... × 4 = ......... |
| ......... × 4 = ......... |
| ......... × 4 = ......... |

......... < 30 < .........        ......... × 4 < 30 < ......... × 4

**Complète.** 30 = ......... × 4 + .........

Chacun aura ......... bonbons.

Il restera ......... bonbons.

# 103 R Utiliser les relations entre les nombres (2)

Manuel ou Fichier CE2
Leçon 125

***Compétences :*** *Utiliser les relations multiplicatives entre les nombres 15, 30, 45, 60, 90 en lien avec les durées.*

**Prénom** .................................................... **Date** ....................................................

**1** **Colorie** l'étiquette qui permet d'obtenir une phrase vraie.

30 est [la moitié] [le double] de 60.

30 est [la moitié] [le double] de 15.

**2** **Colorie** l'étiquette qui permet d'obtenir une phrase vraie.

60 est [la moitié] [le double] de 30.

45 est [la moitié] [le double] de 90.

**3** **Complète** les égalités.

| | | |
|---|---|---|
| 30 = 15 + ........... | 45 = 30 + ........... | 60 = 30 + ........... |
| 15 + 15 + 15 = ........... | 45 + 15 = ........... | 60 + 30 = ........... |

**4** **Entoure** :

- en vert, l'étiquette égale à 30 ;
- en bleu, celle égale à 60 ;
- en orange, celle égale à 75.

[15 × 1] [15 × 4] [15 × 2] [15 × 5] [15 × 3]

**5** **Complète** l'égalité en utilisant une seule fois chaque étiquette.

[×] [5] [+] [9] [15]

60 = ..............................................................................................

# 104c Résoudre des problèmes sur les durées

Manuel ou Fichier CE2
Leçon 126

***Compétence :*** *Résoudre des problèmes sur les durées impliquant des conversions d'unités.*

**Prénom** .................................................. **Date** ..................................................

**1** Voici les horaires d'un bus de la ligne 2 de la ville de Toulouse.
**Quelle est la durée du trajet entre l'Hôpital Purpan et la salle Gascogne ?**

................................................................................

................................................................................

L L2 Direction Colomiers Lycée International

| | |
|---|---|
| **Arènes** | **20:30** |
| **Lemire** | 20:36 |
| **Hôpital Purpan** | 20:40 |
| **Fournier Airbus** | 20:48 |
| **Oratoire** | 20:53 |
| **Colomiers Gare SNCF** | 20:58 |
| **Salle Gascogne** | 21:02 |
| **Colomiers Lycée International** | 21:09 |

**2** Au marathon de Paris, le départ a été donné à 8 h 25. Le gagnant a remporté l'épreuve en 2 h 7 min.
**À quelle heure le gagnant est-il arrivé ?**

................................................................................

................................................................................

**3** Un randonneur a commencé l'ascension d'une montagne à 6 h 30 le matin.
Il a marché pendant 5 h 30 min pour arriver au sommet. Il s'est arrêté pendant 45 min pour déjeuner au sommet, puis il est redescendu. Sa descente a duré 4 h 30 min.
**Combien de temps a duré la randonnée ?**
**À quelle heure le randonneur est-il revenu à son point de départ ?**

................................................................................

................................................................................

................................................................................

................................................................................

**4** Un facteur regarde sa montre : il est 14 h 30. Trois quarts d'heure avant, il donnait du courrier à la boulangère. Un quart d'heure après la boulangère, il livrait un paquet au vétérinaire.
**À quelle heure le vétérinaire a-t-il reçu son paquet ?**

................................................................................

................................................................................

# 105c Apprendre à résoudre
## Comparaisons multiplicatives

Manuel ou Fichier CE2
Leçon 127

***Compétence :*** *Résoudre des problèmes de comparaison multiplicative (fois plus et fois moins).*

**Prénom** ..................................................... **Date** ....................................................

**1** Ronald possède 16 agates dorées.
Mohamed en possède 2 fois plus que lui.
**Combien d'agates Mohamed possède-t-il ?**

**Écris** l'opération et **calcule**-la. ..........................................................................

**Rédige** une phrase réponse. ..........................................................................

**2** Pendant les vacances, Léa a pris 68 photos avec son appareil numérique. Sa copine Emma en a pris 4 fois plus qu'elle.
**Combien Emma a-t-elle pris de photos ?**

**Écris** l'opération et **calcule**-la. ..........................................................................

**Rédige** une phrase réponse. ..........................................................................

**3** Samia possède 50 €. Nadège possède 2 fois moins d'argent qu'elle.
**Combien d'argent possède Nadège ?**

**Entoure** l'égalité qui permet de résoudre le problème.

50 = 2 × 25          2 × 50 = 100

**Rédige** une phrase réponse. ..........................................................................

**4** Lucas possède 32 images.
Gaëlle possède 4 fois moins d'images que lui.
**Combien d'images possède Gaëlle ?**

**Entoure** l'égalité qui permet de résoudre le problème.

4 × 32 = 128          32 = 4 × 8

**Rédige** une phrase réponse. ..........................................................................

# 106 R Lire des graduations

Manuel ou Fichier CE2
Leçon 128

***Compétence :*** *Lire une mesure sur un instrument gradué de 1 en 1, de 5 en 5, de 10 en 10…*

**Prénom** .................................................... **Date** ....................................................

**1** **Écris** la longueur de chacune de ces bandes.

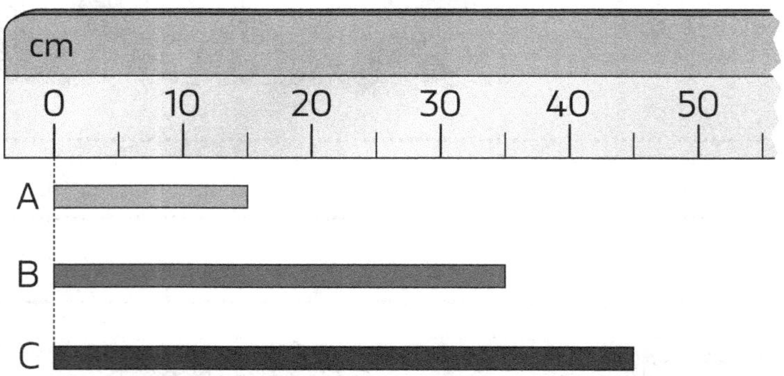


Longueur bande A : ........... cm

Longueur bande B : ........... cm

Longueur bande C : ........... cm

**2** **Combien pèsent Pétula et Maxime ?**

**Pétula**

Pétula pèse ........... kg

**Maxime**

Maxime pèse ........... kg

**3** **Quelle est la quantité d'eau contenue dans chaque éprouvette ?**

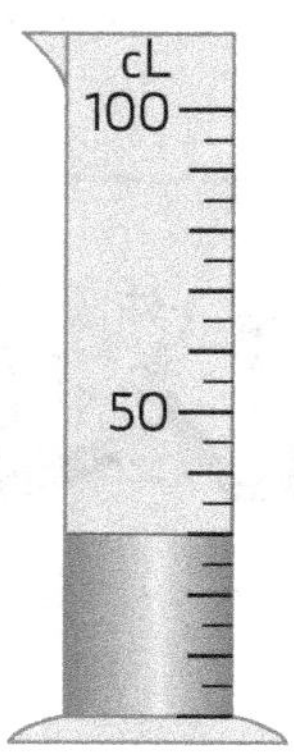


A

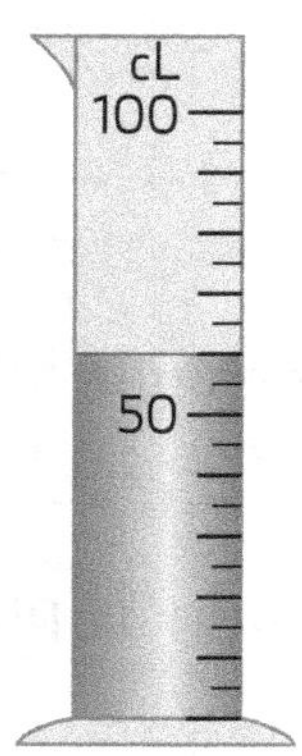


B

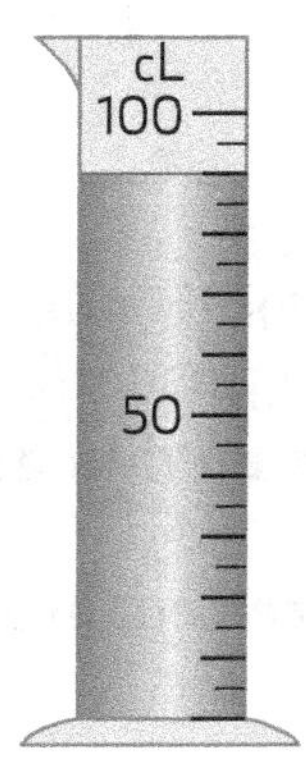


C

Éprouvette A : .......... cL    Éprouvette B : .......... cL    Éprouvette C : .......... cL

# 107 R Lire et estimer une mesure

Manuel ou Fichier CE2
Leçon 129

***Compétences :*** *Lire et estimer une mesure.*

**Prénom** ..................................................... **Date** .....................................................

**1** Léa utilise ce verre doseur contenant de l'eau.

**Coche** les bonnes réponses.

Avant de lire une mesure, cherche la valeur d'une graduation.

Ce verre doseur contient :
- ☐ Plus de 40 cL d'eau
- ☐ Entre 50 cL et 60 cL d'eau
- ☐ Plus de 60 cL d'eau
- ☐ Entre 40 cL et 50 cL d'eau

**Complète.**

*Ce verre doseur contient environ ...... cL d'eau.*

**2** Théo pèse ce melon.

**Coche** les bonnes réponses.

Ce melon pèse :
- ☐ Entre 1 kg et 2 kg
- ☐ Moins de 1 kg 500 g
- ☐ Entre 2 kg et 3 kg
- ☐ Plus de 1 kg 500 g

**Complète.** *Ce melon pèse environ ...... kg ...... g.*

**3** Le médecin mesure la taille de Tony.

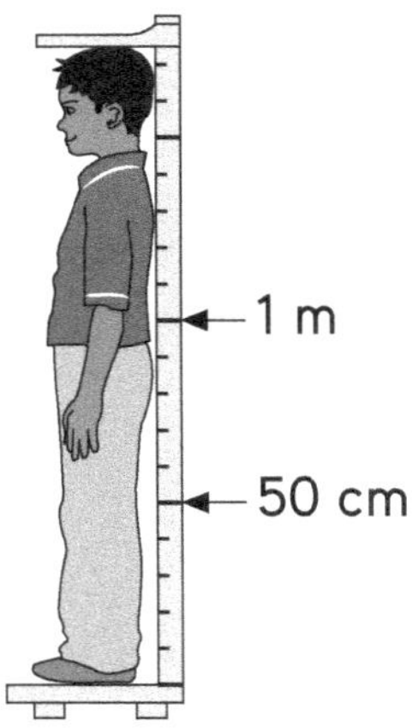


**Coche** les bonnes réponses.

Tony mesure :
- ☐ Moins de 1 m 50 cm
- ☐ Plus de 1 m 50 cm
- ☐ Environ 1 m 8 cm
- ☐ Environ 1 m 80 cm

**Complète.** *Tony mesure ...... m ...... cm.*

# 108c Restaurer une figure

Manuel ou Fichier CE2
Leçon 130

***Compétences :*** *Restaurer une figure partiellement effacée à partir d'un modèle. Utiliser la règle, le compas ou l'équerre comme instruments de tracé.*

**Prénom** .................................................. **Date** ..................................................

**1** **Observe** ce dessin et **nomme** les figures qui le composent.
Quels instruments de géométrie a-t-on utilisés pour le tracer ?
**Termine** le dessin du bas.

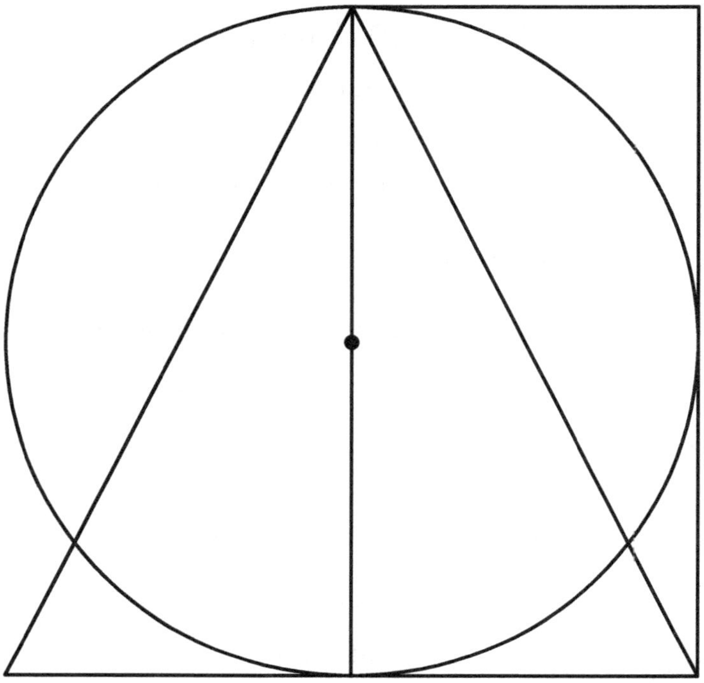

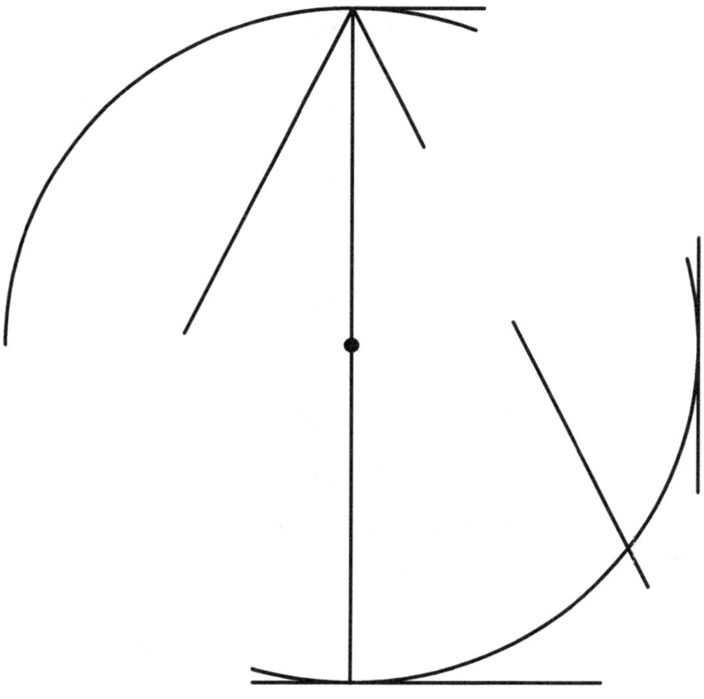

# 109 R Calculer le quotient et le reste de la division par 10, 25, 50 et 100

Manuel ou Fichier CE2
Leçon 131

***Compétences :*** *Calculer le quotient et le reste de la division par 10, 25, 50 et 100.*

**Prénom** .................................................. **Date** ..................................................

**1** **Observe** cet exemple.

On calcule 267 divisé par 10 de deux manières différentes.

267 = 260 + 7 267 = 26 d 7 u

267 = 26 × 10 + 7

Quotient : 26 Reste : 7

**Calcule** rapidement le quotient et le reste de ces divisions par 10.

54 divisé par 10 → 54 = ....... d ....... u Quotient : ....... Reste : .......

139 divisé par 10 → 139 = ....... d ....... u Quotient : ....... Reste : .......

681 divisé par 10 → 681 = ....... d ....... u Quotient : ....... Reste : .......

200 divisé par 10 → 200 = ....... d ....... u Quotient : ....... Reste : .......

408 divisé par 10 → 408 = ....... d ....... u Quotient : ....... Reste : .......

**2** **Observe** cet exemple.

On calcule 523 divisé par 100 de deux manières différentes.

523 = 500 + 23 500 = 5 c 2 d 3 u

523 = 5 × 100 + 23

Quotient : 5 Reste : 23

**Calcule** rapidement le quotient et le reste de ces divisions par 100.

151 divisé par 100 → 151 = ...... c ...... d ...... u Quotient : ....... Reste : .......

472 divisé par 100 → 472 = ...... c ...... d ...... u Quotient : ....... Reste : .......

800 divisé par 100 → 800 = ...... c ...... d ...... u Quotient : ....... Reste : .......

620 divisé par 100 → 620 = ...... c ...... d ...... u Quotient : ....... Reste : .......

703 divisé par 100 → 703 = ...... c ...... d ...... u Quotient : ....... Reste : .......

# 110 c Reproduire une figure sur papier uni

Manuel ou Fichier CE2
Leçon 132

***Compétence :*** *Reproduire sur papier uni un assemblage de figures planes.*

**Prénom** ................................................ **Date** ................................................

**1** **Reproduis** la tête du panda à l'identique.

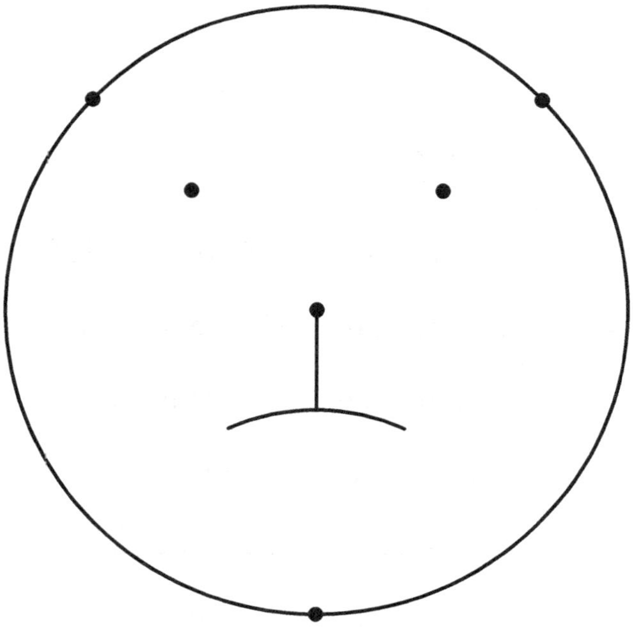

# 111c Résoudre des problèmes sur les contenances



*Compétences : Résoudre des problèmes sur les contenances impliquant des conversions d'unités en utilisant les quatre opérations.*

**Prénom** ................................................ **Date** ................................................

**1** Natacha prépare le cocktail Natahiti :
6 dL de jus d'orange, 10 cL de nectar de banane, 5 cL de jus de citron, 5 cL de sirop de grenadine et 45 cL de limonade.
**Quelle quantité de cocktail en L et cL a-t-elle préparée ?**

................................................................................................................................

................................................................................................................................

................................................................................................................................

................................................................................................................................

**2** Pour fabriquer ses pots de miel, l'entreprise Mieldor achète des gros bidons de miel aux apiculteurs de la région. Un apiculteur a envoyé 4 bidons de 120 L. Trois bidons sont pleins mais le quatrième n'est rempli qu'à moitié.
**Quelle quantité de miel en L et dL l'apiculteur a-t-il envoyée ?**

................................................................................................................................

................................................................................................................................

................................................................................................................................

................................................................................................................................

**3** Une pâtissière confectionne des gâteaux au caramel.
Elle a besoin de 5 cL de caramel liquide pour chacun de ses gâteaux.
Elle s'aperçoit qu'il ne lui reste que 2 L de caramel dans sa réserve.
**Combien de gâteaux pourra-t-elle confectionner ?**

................................................................................................................................

................................................................................................................................

................................................................................................................................

................................................................................................................................

# Présentation des photofiches d'évaluation et d'autocorrection

Comme les items des pages **« Je fais le point »**, proposées dans chaque demi-période du fichier élève peuvent être faits à la maison, l'enseignant(e) peut leur préférer les évaluations proposées dans ce recueil de photofiches. Les pages « Je fais le point » du fichier seront alors utilisées comme activités préparatoires aux évaluations finales. Ces pages « Je fais le point » deviendront des évaluations formatives.

L'enseignant(e) trouvera, dans les photofiches suivantes, un support pour des évaluations sommatives régulières afin de procéder au bilan des compétences des élèves. Les résultats obtenus par les élèves permettront de repérer les notions acquises et de renseigner les bilans périodiques dans le Livret Scolaire Unique (LSU).

Nous proposons :

- **10 évaluations** présentées chacune sur 2 pages où les connaissances et compétences sont clairement précisées. Ces évaluations sont composées de trois parties correspondant aux domaines mathématiques du programme : **Nombres et calculs**, **Grandeurs et mesures** et **Espace et géométrie**.
- **10 photofiches d'autocorrection de ces évaluations.**
  Les fiches d'autocorrection permettent non seulement aux élèves de dresser un rapide bilan de leur travail, mais aussi de les encourager à rechercher la cause de leurs éventuelles erreurs. Une erreur identifiée et analysée devient le point d'appui d'une réorganisation des connaissances qui débouche sur une nouvelle façon d'envisager la situation étudiée, ce qui est le point de départ d'un progrès personnel.

Procéder à des évaluations régulières au cours de la progression est nécessaire pour l'enseignant qui doit savoir à tout moment où en sont ses élèves. De plus ces derniers ont besoin de jalonner leur parcours de marqueurs de progrès personnels.
Proposer des évaluations bien calibrées et sans surprise rassure les élèves qui les abordent sans angoisse particulière, notamment si elles ont été préparées par l'ensemble de la classe.

# E1 Évaluation (1)

Manuel ou Fichier CE2
Leçons 1 à 11

**Prénom** ................................................ **Date** ................................................

**Connaissances et compétences** — **Évaluation**

| **Nombres et calculs** | |
|---|---|
| **Nommer, lire, écrire, représenter des nombres entiers** | |
| 1. Écrire, nommer, décomposer les nombres de 2 chiffres. | |
| 2. Comparer, ordonner les nombres de 2 chiffres. | |
| 3. Intercaler, encadrer les nombres de 2 chiffres. | |
| 4. Dénombrer en utilisant des groupements de 10. | |
| **Calculer avec des nombres entiers** | |
| 5. Trouver les compléments à la dizaine supérieure. | |
| 6. Ajouter un petit nombre par un calcul en ligne. | |
| 7. Retrancher un petit nombre par un calcul en ligne. | |

**1** **Complète** le tableau.

| 45 | quarante-cinq | 40 + 5 | 4 d 5 u |
|---|---|---|---|
| 92 | ............................................................ | .................... | .................... |
| ........ | soixante-quinze | .................... | .................... |
| ........ | ............................................................ | 80 + 4 | .................... |

**2** **a** **Colorie** le plus grand nombre de chaque étiquette.

| 57 | 52 |
|---|---|

| 78 | 87 |
|---|---|

**b** **Range** par ordre croissant les nombres 75, 38, 82, 71.

........ < ................................................

**3** **a** **Relie** chaque nombre à sa place.

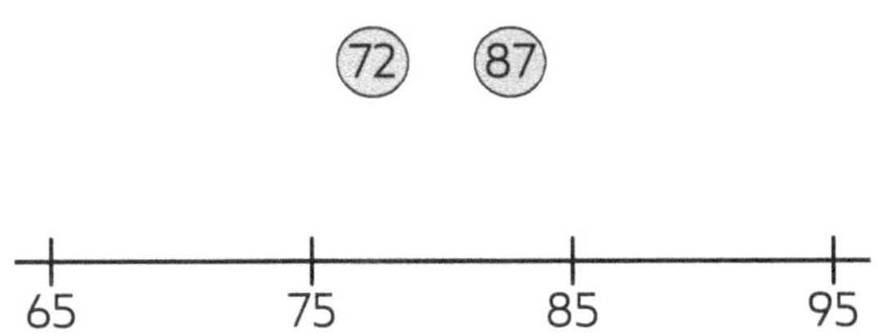


**b** **Encadre** entre deux dizaines qui se suivent.

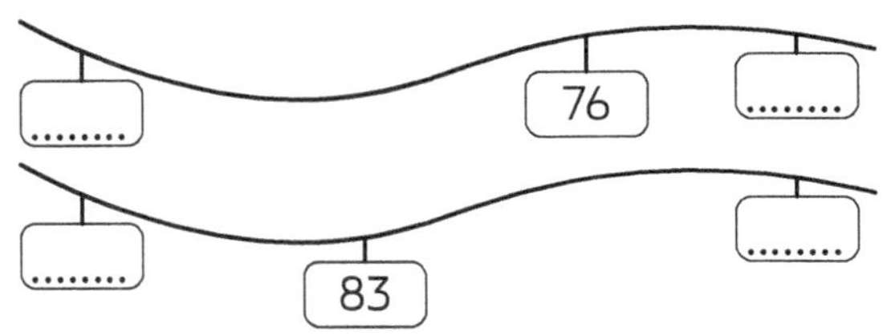


**4** Quel est le nombre de billes ?

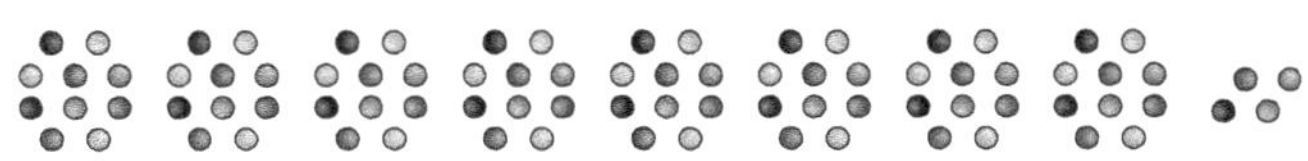

| dizaine | unité |
|---|---|
| ........ | ........ |

*Il y a ........ billes.*

**5 Complète.**

57 + ......... = 60 48 + ......... = 50 84 + ......... = 90

**6 Complète.**

56 + 7 ? 56 + ...... = 60

60 + ...... = .........

→ 56 + 7 = .........

**7 Complète.**

75 – 8 ? 75 – ...... = 70

70 – ...... = .........

→ 75 – 8 = .........

| Connaissances et compétences | Évaluation |
| --- | --- |
| **Espace et géométrie** | |
| **Reconnaître, nommer, décrire, reproduire, construire quelques figures géométriques** | |
| 8. Reproduire une figure sur quadrillage. | |
| **Reconnaître et utiliser la notion d'angle droit** | |
| 9. Repérer et tracer un angle droit. | |

**8 Reproduis** le dromadaire.

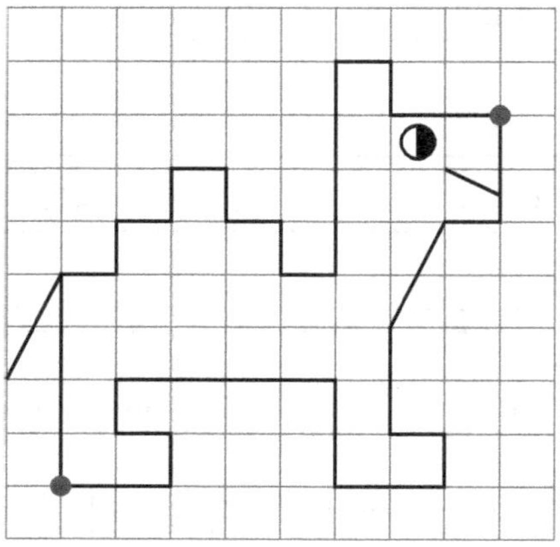

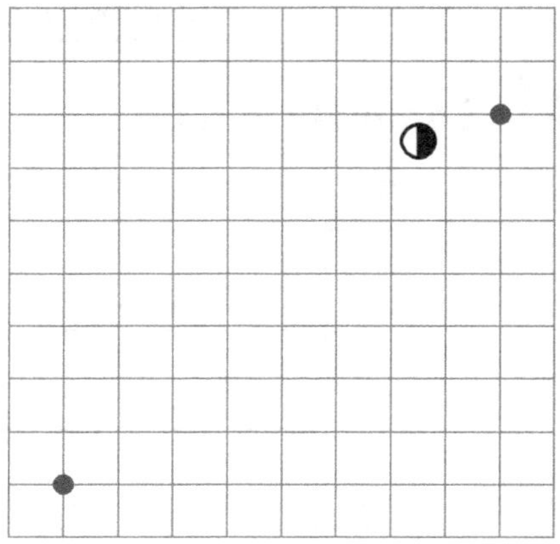

**9 a Entoure** les angles droits.

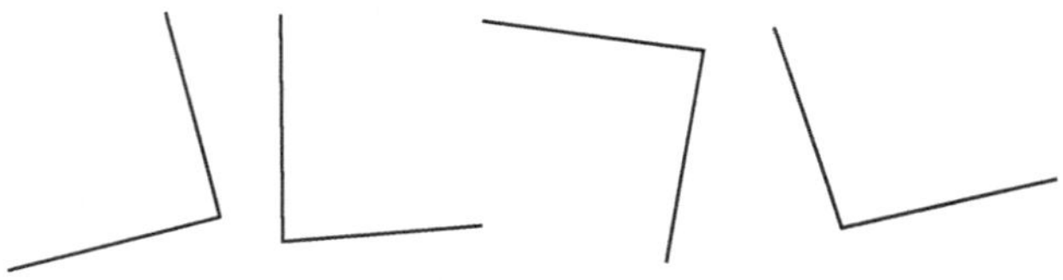

**b Trace** un angle droit. Son sommet et un côté sont déjà tracés.

| Connaissances et compétences | Évaluation |
| --- | --- |
| **Grandeurs et mesures** | |
| **Comparer, estimer, mesurer des longueurs, des masses, des contenances, des durées**<br>**Utiliser le lexique, les unités, les instruments de mesures spécifiques de ces grandeurs** | |
| 10. Lire l'heure. | |

**10 Écris** l'heure du matin et l'heure du soir.

matin : ..........................................

soir : ..............................................

# E2 Évaluation (2)

Manuel ou Fichier CE2
Leçons 14 à 28

**Prénom** .................................................. **Date** ..................................................

| Connaissances et compétences | Évaluation |
|---|---|
| **Nombres et calculs** | |
| **Nommer, lire, écrire, représenter des nombres entiers** | |
| 1. Échanger 10 dizaines contre 1 centaine. | |
| 2. Dénombrer en utilisant des groupements de 100. | |
| 3. Écrire, nommer, décomposer les nombres de 3 chiffres. | |
| 4. Comparer, ordonner, intercaler les nombres inférieurs à 1 000. | |
| **Calculer avec des nombres entiers** | |
| 5. Effectuer une addition avec retenue. | |
| 6. Poser et effectuer une addition avec retenue. | |
| **Résoudre des problèmes en utilisant des nombres entiers et le calcul** | |
| 7. Résoudre un problème additif ou soustractif associé à la réunion de deux parties disjointes. | |

**1** **Complète.**

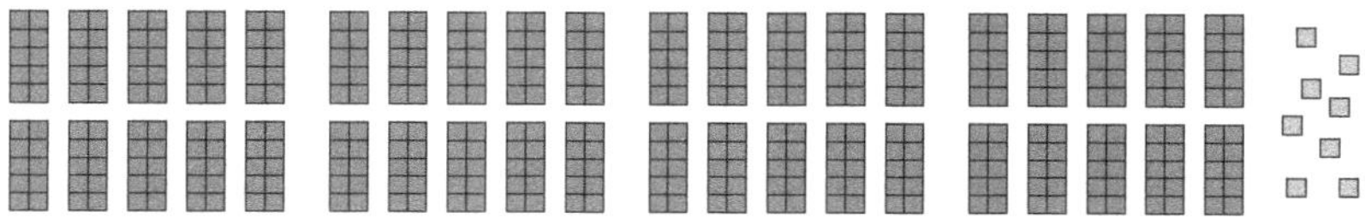

...... d ...... u = ...... c ...... d ...... u

Nombre de jetons : ..................

**2** **Trouve** le nombre de billes.

*Le nombre de billes est* ......... .

**3** **Complète.**

| | | | |
|---|---|---|---|
| 453 | quatre cent cinquante-trois | 400 + 50 + 3 | 4 c 5 d 3 u |
| 842 | .................................................................. | ................................ | ....................... |
| ........ | six cent soixante-quinze | ................................ | ....................... |
| ........ | .................................................................. | 300 + 6 | ....................... |

**4** **Écris** ces nombres à la place qui convient : 785 – 674 – 855 – 948 – 809.

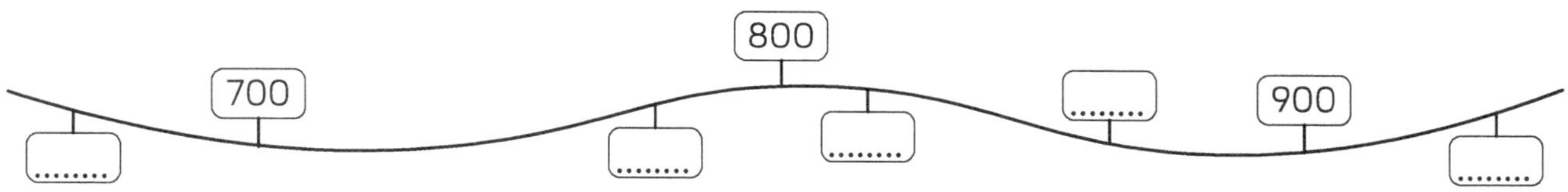

**5** **Effectue**. 248 + 79 + 436

|   | 2 | 4 | 8 |
|---|---|---|---|
| + |   | 7 | 9 |
| + | 4 | 3 | 6 |
|   | …… | …… | …… |

**6** **Pose** et **effectue**. 505 + 91 + 323

**7** Un groupe de marcheurs a parcouru 15 km le premier jour et 25 km le second jour.
**Quelle distance ont-ils parcourue ?**

**Calcule**. ……………………………………………………………………………

**Complète** la phrase réponse. *Ils ont parcouru* …………………………… .

**Connaissances et compétences** — **Évaluation**

| Espace et géométrie | |
|---|---|
| **Reconnaître les figures usuelles suivantes : carré, rectangle, triangle et cercle** | |
| 8. Identifier des figures géométriques. | |
| **Reconnaître et utiliser les notions d'égalité de longueurs et de milieu** | |
| 9. Reporter une longueur avec un compas. | |
| 10. Trouver le milieu d'un segment. | |

**8** Théo observe une figure : elle possède 4 côtés de même longueur et 4 angles droits.
**Quelle est cette figure ?**

**Complète**. *Cette figure est un* ……………………………… .

**9** Avec ton compas, **reporte** la longueur du segment, à partir du point A sur la droite pointillée.

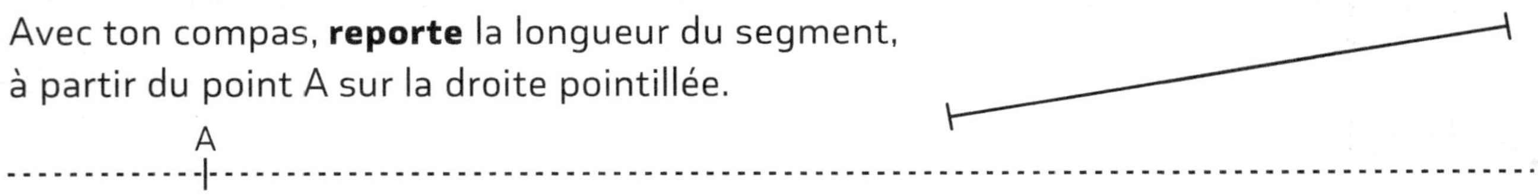


**10** **Colorie** le milieu de chaque segment.

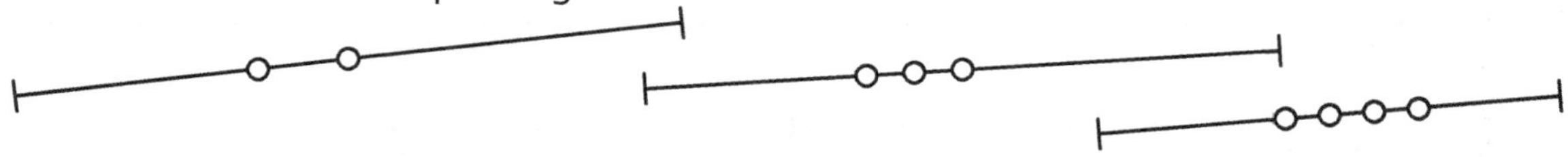

**Connaissances et compétences** — **Évaluation**

| Grandeurs et mesures | |
|---|---|
| **Comparer, estimer, mesurer des longueurs, des masses, des contenances, des durées**<br>**Utiliser le lexique, les unités, les instruments de mesures spécifiques de ces grandeurs** | |
| 11. Tracer un segment de longueur donnée. | |

**11** **Trace** un segment de 7 cm 5 mm de longueur.

|- - - - - - - - - - - - - - - - - - - - - - - - - - - - - - - -

# E3 Évaluation (3)

Manuel ou Fichier CE2
Leçons 32 à 42

**Prénom** .................................................. **Date** ..................................................

| Connaissances et compétences | Évaluation |
|---|---|
| **Nombres et calculs** | |
| **Nommer, lire, écrire, représenter des nombres entiers** | |
| 1. Connaître le nombre mille. | |
| 2. Lire, écrire, décomposer les nombres inférieurs à 10 000. | |
| **Calculer avec des nombres entiers** | |
| 3. Ajouter, retrancher les nombres 1, 10, 100. | |
| 4. Connaître les compléments à la centaine supérieure. | |

**1** **Colorie** les étiquettes du nombre 1 000.

999 + 1 | 900 + 100 | 800 + 200 | 950 + 50 | 700 + 200

**2** **Complète** le tableau selon l'exemple.

| | | |
|---|---|---|
| 7 459 | 7 m 4 c 5 d 9 u | 7 × 1 000 + 4 × 100 + 5 × 10 + 9 × 1 |
| 3 865 | .................................. | .................................................................................... |
| .............. | .................................. | 9 × 1 000 + 2 × 100 + 8 × 1 |
| .............. | 5 m 9d | .................................................................................... |

**3** **Complète** les égalités.

869 + 1 = ............ 900 – 1 = ............

790 + 10 = ............ 590 – 10 = ............

654 + 100 = ............ 845 – 100 = ............

**4** **Complète**.

643 + ........... = 650

650 + ......... = 700

→ 643 + .......... = 700

| Connaissances et compétences | Évaluation |
|---|---|
| **Grandeurs et mesures** | |
| **Comparer, estimer, mesurer des longueurs, des masses, des contenances, des durées** | |
| 5. Lire l'heure sur une horloge ou une montre à aiguilles. | |

**5** **Associe** chaque réveil à l'horloge correspondante.

A B C 1 2 3

A → ............

B → ............

C → ............

## Connaissances et compétences — Évaluation

| Connaissances et compétences | Évaluation |
|---|---|
| **Résoudre des problèmes impliquant des longueurs, des masses, des contenances, des durées, des prix** | |
| 6. Manipuler la monnaie. | |

**6** **Entoure** les billets et les pièces pour payer le contenu du caddie.

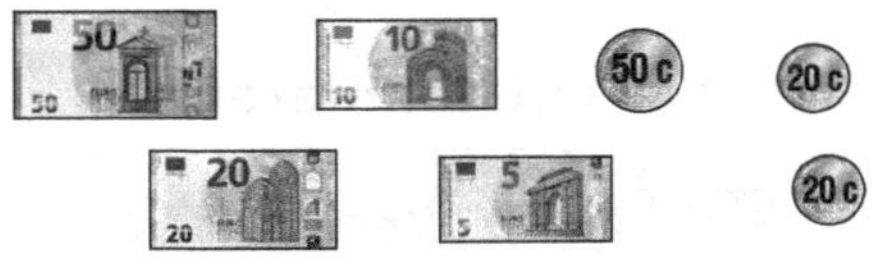


## Connaissances et compétences — Évaluation

| Connaissances et compétences | Évaluation |
|---|---|
| **Espace et géométrie** | |
| **(Se) repérer et (se) déplacer en utilisant des repères et des représentations** | |
| 7. Se repérer et se déplacer sur un plan. | |
| **Reconnaître, nommer, décrire, reproduire, construire quelques figures géométriques** | |
| 8. Identifier un triangle rectangle. | |
| 9. Construire un triangle rectangle sur papier uni. | |

**7** **Observe** le plan de la ville.

Léa se trouve dans la case (B,2).

**Fais** une croix dans cette case.

Elle veut se rendre au cinéma.

**Indique** la case où il se trouve :

(........ ; ........).

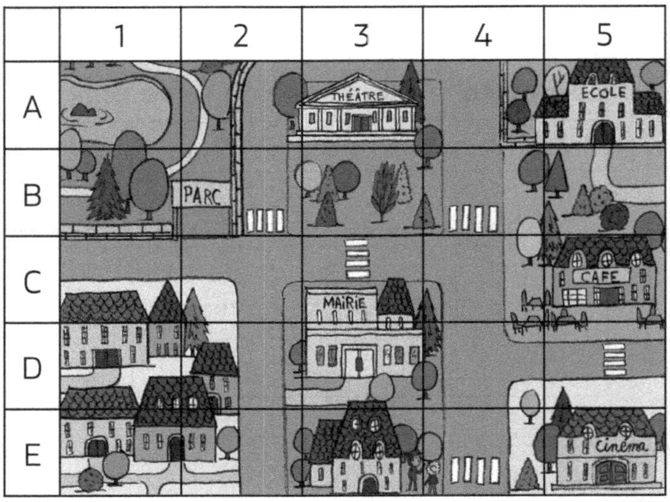


**Trace** le chemin qu'elle emprunte.
Par quelles cases passe-t-elle ?

(B ; 2) (......... ; .........) (......... ; .........) (......... ; .........) (......... ; .........) (......... ; .........) ( E ; 5)

**8** **Entoure** les triangles rectangles.

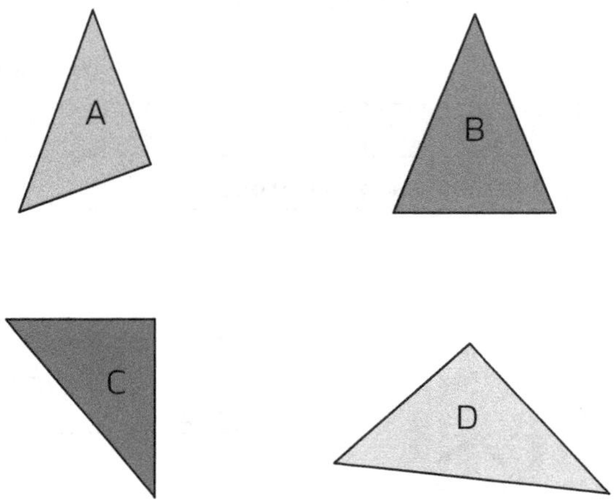


**9** **Construis** un triangle rectangle.
Le point noir est le sommet de l'angle droit.
Les côtés de l'angle droit mesurent 5 cm et 3 cm.

# E4 Évaluation (4)

Manuel ou Fichier CE2
Leçons 45 à 56

**Prénom** .................................................. **Date** ..................................................

| Connaissances et compétences | Évaluation |
|---|---|
| **Nombres et calculs** | |
| **Calculer avec des nombres entiers** | |
| 1. Poser et effectuer une soustraction sans retenue. | |
| 2. Poser et effectuer une soustraction avec retenue. | |
| 3. Résoudre une addition à trou en effectuant une soustraction. | |
| 4. Calculer le double d'un nombre. | |
| 5. Connaître les tables de 6 et de 7 de la multiplication. | |
| **Résoudre des problèmes en utilisant des nombres entiers et le calcul** | |
| 6. Résoudre un problème relevant d'une structure multiplicative. | |
| 7. Compléter un tableau et exploiter des données numériques. | |

**1** **Pose** et **effectue**.

458 – 235

**2** **Pose** et **effectue**.

65 – 26

457 – 94

**3** **Résous** ces additions à trou en posant et en effectuant une soustraction.

64 + ......... = 96

134 + ......... = 460

**4** **Calcule** le double de 64.

64 = 60 + 4

Double de 60 = ......................................

Double de 4 = ......................................

Double de 64 = ......................................

**Calcule** le double de 150.

150 = 100 + ..............

Double de 100 = ......................................

Double de .............. = ......................................

Double de 150 = ......................................

**5** **Complète**.

3 × 6 = ...........    5 × 7 = ...........    7 × 6 = ...........    7 × 7 = ...........

**6** **Résous** le problème.
Un restaurateur a acheté 5 packs de 6 bouteilles d'eau minérale.
**Combien de bouteilles a-t-il achetées ?**

.......................................................................................................................

---

**7** **Complète** ce tableau.

• Quel est le nombre d'élèves au CE2 ?

.......................................................................................................

• Quel est le nombre d'élèves dans cette école ?

.......................................................................................................

| | CP | CE1 | CE2 | Total |
|---|---|---|---|---|
| **Filles** | 14 | 13 | 12 | ......... |
| **Garçons** | 10 | 12 | 14 | ......... |
| **Total** | ......... | ......... | ......... | ......... |

| Connaissances et compétences | Évaluation |
|---|---|
| **Grandeurs et mesures** | |
| **Comparer, estimer, mesurer des longueurs, des masses, des contenances, des durées**<br>**Utiliser le lexique, les unités, les instruments de mesures spécifiques de ces grandeurs** | |
| 8. Connaître les relations entre m, dm, cm, mm. | |

**8** **Complète**.

1 m = .................. cm   2 cm = .................. mm   3 m 5 cm = .................. cm

320 cm = .................. m .................. cm   934 mm = .................. cm .................. mm

| Connaissances et compétences | Évaluation |
|---|---|
| **Espace et géométrie** | |
| **Reconnaître, nommer, décrire, reproduire, construire quelques figures géométriques** | |
| 9. Construire un carré sur papier uni. | |
| **Reconnaître et utiliser les notions d'alignement, d'angle droit, de milieu, de symétrie** | |
| 10. Identifier un axe de symétrie dans une figure géométrique simple. | |

**9** **Termine** le carré.
Un côté est déjà tracé.

**10** **Décalque,** puis **découpe** la figure.
Elle possède un axe de symétrie.
**Trouve**-le par pliage. **Trace**-le en rouge.

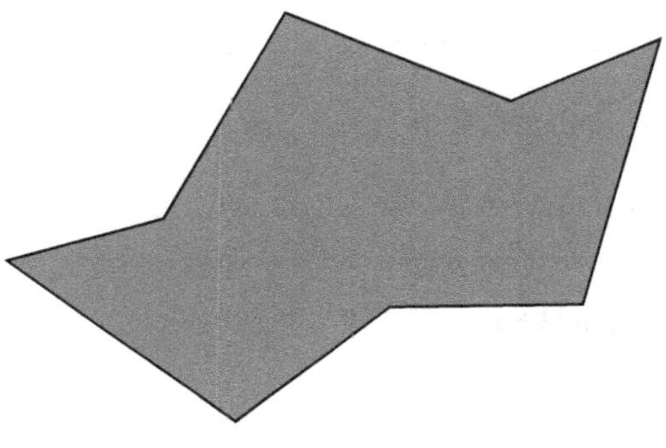

# E5 Évaluation (5)

Manuel ou Fichier CE2
Leçons 60 à 69

**Prénom** .................................................. **Date** ..................................................

**Connaissances et compétences** **Évaluation**

| **Nombres et calculs** | |
|---|---|
| **Nommer, lire, écrire, représenter des nombres entiers** | |
| 1. Ordonner des nombres inférieurs à 10 000. | |
| 2. Intercaler des nombres inférieurs à 10 000. | |
| 3. Encadrer un nombre entre les deux milliers les plus proches. | |
| 4. Encadrer un nombre entre les deux centaines les plus proches. | |
| 5. Trouver le chiffre des centaines et le nombre de centaines dans un nombre. | |
| **Calculer avec des nombres entiers** | |
| 6. Construire les tables de 8 et de 9. | |
| 7. Compléter une suite en respectant la règle de comptage. | |
| **Résoudre des problèmes en utilisant des nombres entiers et le calcul** | |
| 8. Rechercher la valeur de l'état initial dans des problèmes de transformation d'états. | |

**1** **Range** ces nombres par ordre croissant.
7 936 ; 7 920 ; 987 ; 6 969

..........................................................................................................................................

**2** **Recopie** cette suite de nombres en y intercalant 5 690.
4 900 ; 5 500 ; 5 700 ; 5 900 ; 6 000

..........................................................................................................................................

**3** **Encadre** ces nombres entre les deux milliers les plus proches.

............. < 2 369 < ............. ............. < 7 693 < ............. ............. < 8 762 < .............

**4** **Encadre** ces nombres entre les deux centaines les plus proches.

............. < 2 369 < ............. ............. < 7 693 < ............. ............. < 8 762 < .............

**5** **Entoure** le nombre de centaines, puis **souligne** le chiffre des dizaines des nombres suivants.

8 5 9 5 4 0 7 7 3 2 7

**6** **Calcule.**

6 × 8 = ........... 7 × 9 = ...........

4 × 8 = ........... 5 × 9 = ...........

8 × 8 = ........... 9 × 9 = ...........

**7** **Observe** la suite, **trouve** la règle de comptage, puis **continue**-la.

| | | | | | | |
|---|---|---|---|---|---|---|
| ............ | ............ | 460 | 510 | 560 | ............ | ............ |

**8** Un chauffeur de taxi parcourt 132 km dans la journée. À la fin de la journée, le compteur de sa voiture affiche 4 256 km.

**Combien de kilomètres affichait son compteur le matin ?**

**Complète** le schéma.

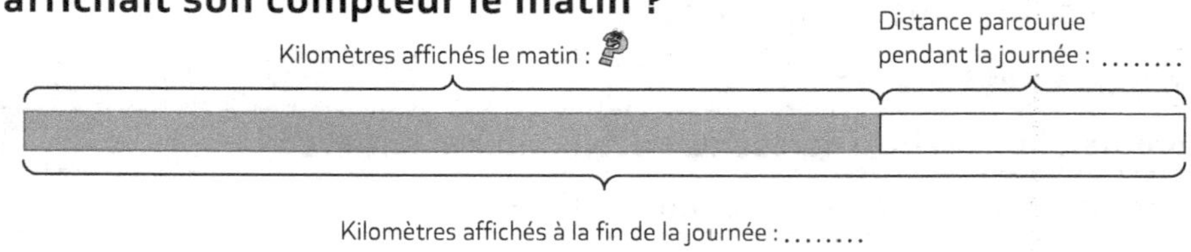


**Écris**, puis **effectue** l'opération. ..........................................................................................

**Rédige** une phrase réponse. ..........................................................................................

| Connaissances et compétences | Évaluation |
|---|---|
| **Espace et géométrie** | |
| **Reconnaître et utiliser la notion de symétrie** | |
| 9. Trouver les axes de symétrie d'une figure. | |

**9** **Repasse** les droites qui sont des axes de symétrie de ces figures.

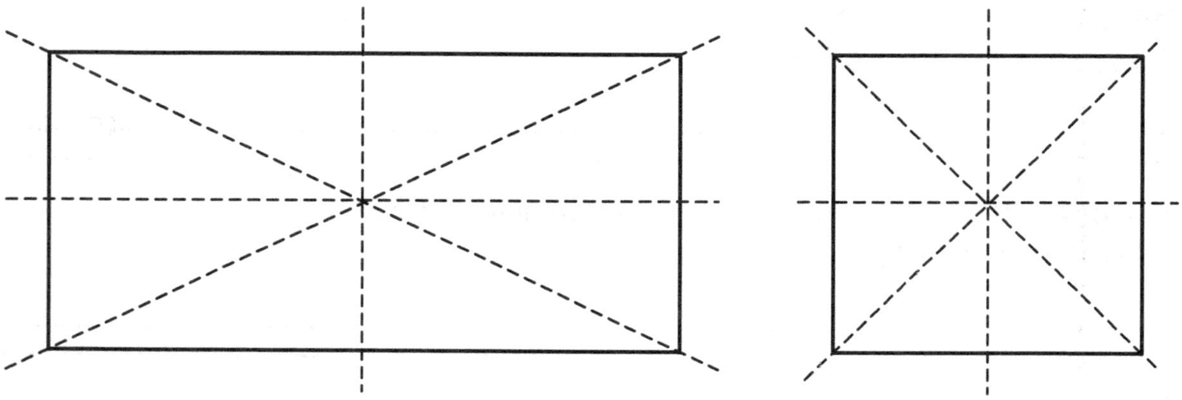

| Connaissances et compétences | Évaluation |
|---|---|
| **Grandeurs et mesures** | |
| **Comparer, estimer, mesurer des longueurs, des masses, des contenances, des durées**<br>**Utiliser le lexique, les unités, les instruments de mesures spécifiques de ces grandeurs** | |
| 10. Lire l'heure de façon usuelle. | |
| 11. Connaître jour, heure, minute, seconde ainsi que leurs relations. | |

**10** **Écris** l'heure du matin de deux façons.

..................................................

..................................................

**11** **Convertis**.

1 min 30 s = .............. s    1 h 20 min = .............. min    2 j 6 h = ................ h

# E6 Évaluation (6)

Manuel ou Fichier CE2
Leçons 72 à 82

| Prénom .................................................. | Date .................................................. |
|---|---|

| Connaissances et compétences | Évaluation |
|---|---|
| **Nombres et calculs** | |
| **Calculer avec des nombres entiers** | |
| 1. Multiplier un nombre par 10, par 100. | |
| 2. Multiplier un nombre d'un ou deux chiffres par un nombre entier de dizaines, de centaines. | |
| 3. Utiliser la distributivité de la multiplication pour calculer un produit. | |
| 4. Poser et effectuer une multiplication par un nombre de un ou deux chiffres. | |
| **Résoudre des problèmes en utilisant des nombres entiers et le calcul** | |
| 5. Rechercher la valeur de la transformation dans des problèmes de transformation d'états. | |
| 6. Utiliser la décomposition des nombres pour résoudre un problème. | |
| 7. Organisation et gestion de données : lire et interpréter un graphique. | |

**1** **Calcule.**

7 × 10 = .............. 64 × 10 = .............. 9 × 100 = .............. 47 × 100 = ..............

**2** **Calcule.**

3 × 20 = .............. 4 × 50 = .............. 15 × 20 = .............. 22 × 30 = ..............

3 × 200 = .............. 4 × 500 = .............. 15 × 200 = .............. 22 × 300 = ..............

**3** **Calcule** 4 × 36.

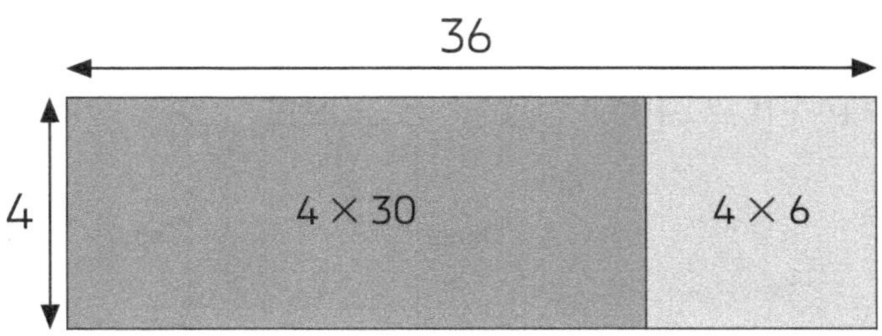


36 = 30 + ...........

4 × 36 = 4 × 30 + ........... × ...........

4 × 36 = ........... + ...........

4 × 36 = ...........

**4** **Pose** et **effectue**.

42 × 8 374 × 5 236 × 42

**5** **Problème.**

Agathe a pris 64 photos avec sa tablette numérique.
Elle supprime les photos qu'elle n'aime pas. Il lui reste alors 48 photos.
**Combien de photos Agathe a-t-elle supprimées ?**

..........................................................................................................................................

**6** **Problème.**

Le service jardinage de la mairie a acheté 534 pots de primevères.
Les jardiniers plantent 10 pots de primevères dans chaque bac de fleurs de la ville.
**Combien de bacs pourront-ils préparer ?**
**Combien de pots de primevères ne seront pas plantés ?**

..........................................................................................................................................

..........................................................................................................................................

**7** **Problème.**

Voici un graphique qui représente les quantités de pluie qui sont tombées sur une ville durant un an.
Pendant quel mois y a-t-il eu le moins de pluie ?

..........................................................................................

Quelle hauteur de pluie est tombée en avril ?

..........................................................................................

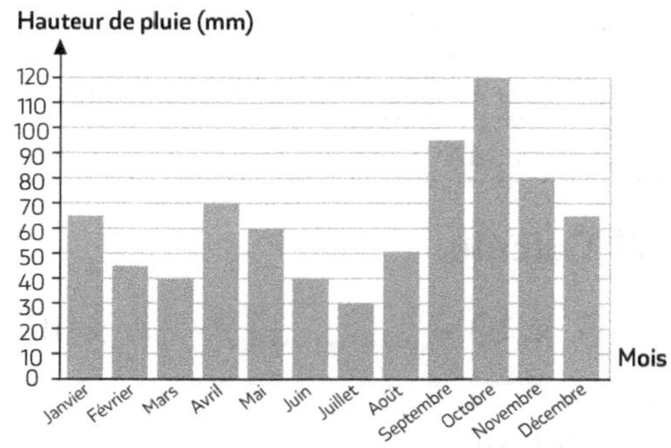


### Connaissances et compétences — Évaluation

| | |
|---|---|
| **Espace et géométrie** | |
| **(Se) repérer et (se) déplacer en utilisant des repères** | |
| 8. Décoder un déplacement sur les lignes d'un quadrillage. | |

**8** Un explorateur sur la banquise part du point D (gris).
**Décode** son chemin.

| | | | | | |
|---|---|---|---|---|---|
| D | S3 | O4 | S1 | E1 | N4 |

Sur quel point arrivera-t-il ? ..........................................

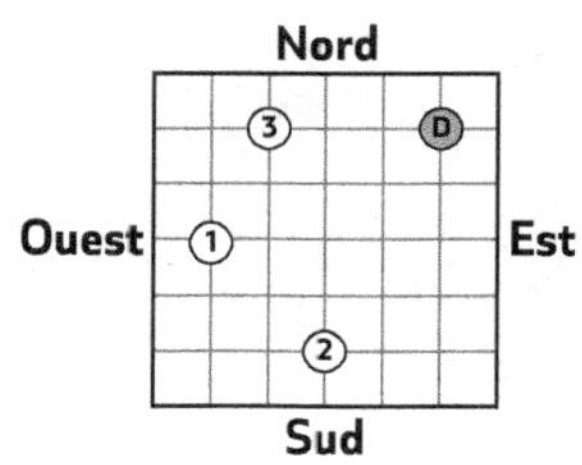

### Connaissances et compétences — Évaluation

| | |
|---|---|
| **Grandeurs et mesures** | |
| **Comparer, estimer des longueurs** | |
| 9. Connaître les unités de mesures usuelles de longueur : m, km et leurs relations. | |

**9** **Convertis** ces mesures de longueur.

8 km = ............. m　　4 km 200 m = ............. m　　5 400 m = ............. km ............. m

3 000 m = ............. km　　2 km 653 m = ............. m　　9 084 m = ............. km ............. m

# E7 Évaluation (7)

Manuel ou Fichier CE2
Leçons 86 à 95

| | |
|---|---|
| **Prénom** ........................................ | **Date** ........................................ |

**Connaissances et compétences** **Évaluation**

| **Nombres et calculs** | |
|---|---|
| **Calculer avec des nombres entiers** | |
| 1. Calculer la moitié d'un nombre inférieur à 100. | |
| 2. Ajouter des centaines, des milliers. | |
| 3. Retrancher des centaines, des milliers. | |
| 4. Compléter une suite de nombres. | |
| **Résoudre des problèmes en utilisant des nombres entiers et le calcul** | |
| 5. Résoudre un problème multiplicatif à étapes. | |

**1** **Calcule**.

a Moitié de 46.

........................................

........................................

b Moitié de 52.

........................................

........................................

**2** **Calcule**.

a 237 + 300 = ........................

1 402 + 500 = ........................

b 659 + 2 000 = ........................

2 348 + 6 000 = ........................

**3** **Calcule**.

a 905 – 500 = ........................

1 270 – 400 = ........................

b 5 230 – 3 000 = ........................

2 780 – 2 000 = ........................

**4** **Complète** ces deux suites de nombres.

| | | | | | | |
|---|---|---|---|---|---|---|
| 960 | 970 | 980 | ............ | ............ | ............ | ............ |

| | | | | | | |
|---|---|---|---|---|---|---|
| ............ | ............ | ............ | ............ | 4 320 | 4 420 | 4 520 |

**5** Avec les roses qu'elle vient de recevoir, la fleuriste confectionne 9 bouquets de 7 roses. Il lui reste encore 5 roses. **Combien de roses a-t-elle reçues ?**

• **Étape 1 : Écris** et **effectue** l'opération qui permet de calculer le nombre de roses utilisées dans les bouquets.

........................................................................................................

**Rédige** une phrase réponse. ........................................................................

• **Étape 2 : Écris** et **effectue** l'opération qui permet de calculer le nombre de roses reçues.

.................................................................................................................................................

**Rédige** une phrase réponse. ..........................................................................................

| Connaissances et compétences | Évaluation |
|---|---|
| **Espace et géométrie** | |
| **Reconnaître, nommer, décrire, reproduire quelques solides** | |
| 6. Reconnaître des solides. | |
| **Reconnaître et utiliser les notions d'alignement, d'angle droit, d'égalité de longueurs, de milieu, de symétrie** | |
| 7. Compléter une figure par symétrie. | |
| **(Se) repérer et (se) déplacer en utilisant des repères et des représentations** | |
| 8. Coder un déplacement. | |

**6** **Écris** le nom de chaque solide. **Choisis** les noms dans la liste suivante : prisme, pyramide, cône, cube, cylindre, boule.

A
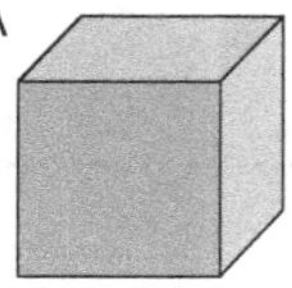
..............................

B
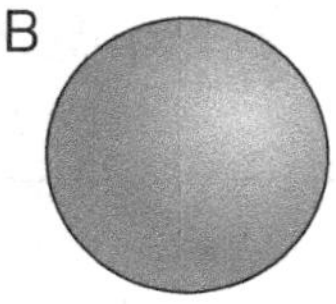
..............................

C
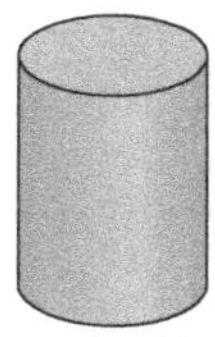
..............................

D
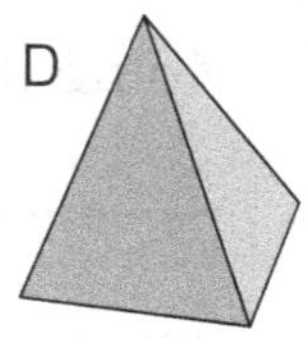
..............................

**7** **Complète** la figure par symétrie.

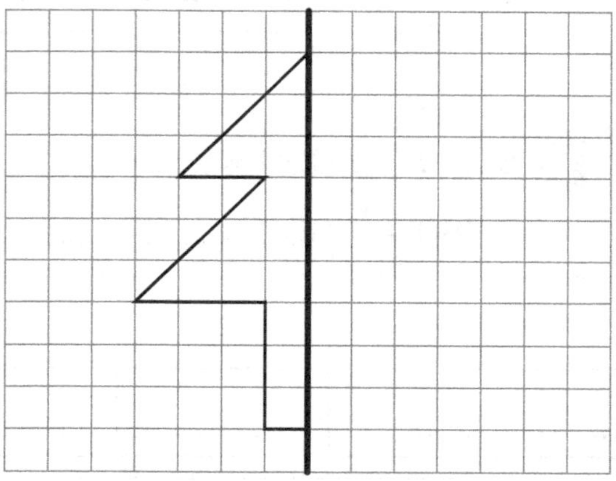

**8** **Code** le déplacement du chameau.

| | | | | |
|---|---|---|---|---|
| E3 | ......... | ......... | ......... | ......... |

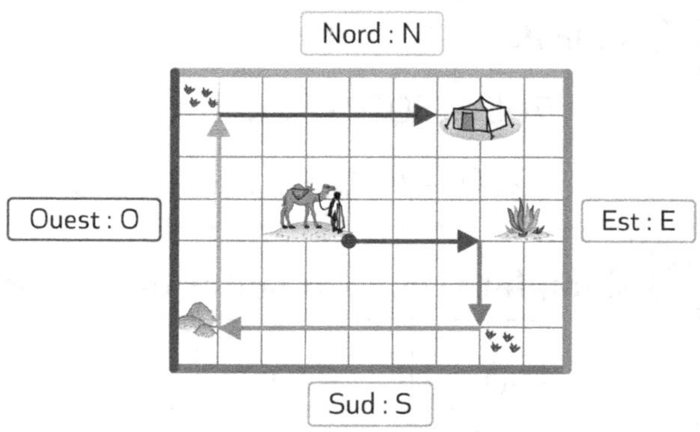


| Connaissances et compétences | Évaluation |
|---|---|
| **Grandeurs et mesures** | |
| **Résoudre des problèmes impliquant des longueurs, des prix, des masses** | |
| 9. Rendre la monnaie. | |

**9** Manon achète une tarte 8 € 50 c.
Elle paie avec un billet de 10 €.
**Entoure** les pièces que le marchand lui rend.

# E8 Évaluation (8)

Manuel ou Fichier CE2
Leçons 98 à 109

**Prénom** .................................................. **Date** ..................................................

| Connaissances et compétences | Évaluation |
|---|---|
| **Nombres et calculs** | |
| **Résoudre des problèmes en utilisant des nombres entiers et le calcul** | |
| 1. Résoudre une situation de groupement. | |
| 2. Résoudre une situation de partage. | |

**1** Le professeur de tennis range 27 balles dans des boîtes de 4 balles.
**Combien de boîtes seront complètes ? Combien restera-t-il de balles ?**
**Dessine** les balles et **fais** des groupements de 4 balles.

**Complète** : *Il y aura ............. boîtes complètes. Il restera ........... balles.*

**Vérifie** : 27 = ........... × 4 + .................

**2** Cinq amis jouent aux cartes. Un des joueurs distribue les 32 cartes du paquet.
**Combien de cartes chaque joueur reçoit-il ?**
**Combien de cartes ne seront pas distribuées ?**
**Distribue** les cartes aux 5 joueurs et **dessine** les cartes non distribuées.

**Complète** : *Chaque joueur recevra ............ cartes. Il restera ........... cartes.*

**Vérifie** : 32 = ........... × 5 + .................

| Connaissances et compétences | Évaluation |
|---|---|
| **Espace et géométrie** | |
| **Reconnaître, nommer, décrire, reproduire quelques solides** | |
| 3. Fabriquer un cube à partir d'un patron. | |
| 4. Étudier une pyramide. | |
| **(Se) repérer et (se) déplacer en utilisant des repères et des représentations** | |
| 5. Programmer un robot. | |

**3** Sur ce patron de cube les faces opposées portent la même lettre.
**Complète**.

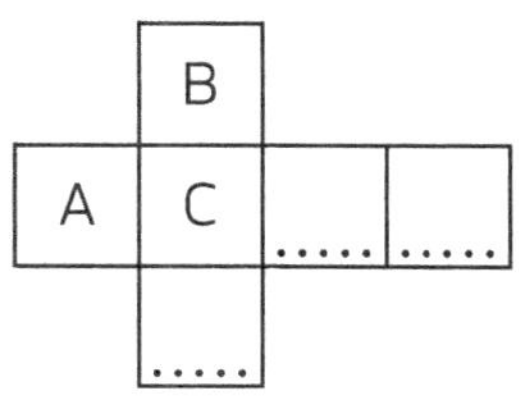

**4** Quel le nombre de faces de cette pyramide ?

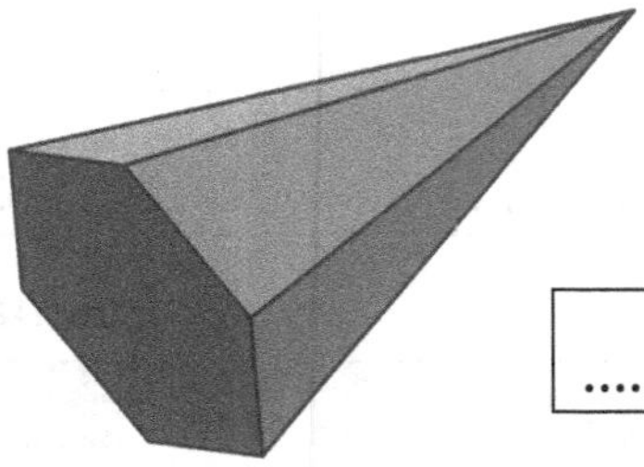

.........

**5** **Écris** le programme que doit effectuer Coccibot pour se déplacer jusqu'à la fleur.

**Instructions**

- ↑ Avance d'une case.
- ↰ Tourne à gauche.
- ↱ Tourne à droite.

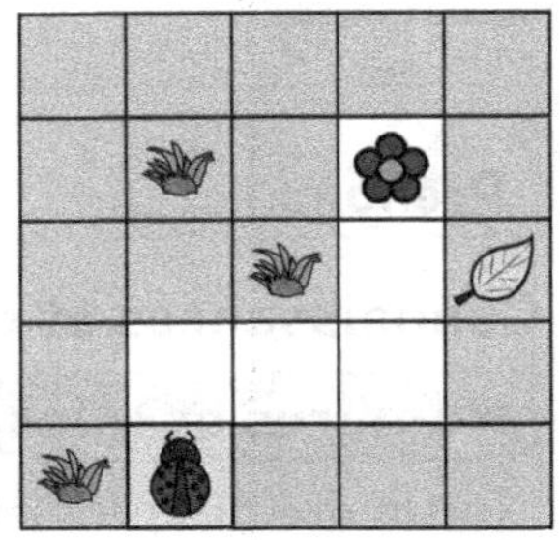

| ..... | ..... | ..... | ..... | ..... | ..... | ..... |
|---|---|---|---|---|---|---|

**Connaissances et compétences** — **Évaluation**

| Grandeurs et mesures | |
|---|---|
| **Comparer, estimer, mesurer des longueurs, des masses, des contenances, des durées**<br>**Utiliser le lexique, les unités, les instruments de mesures spécifiques de ces grandeurs** | |
| 6. Mesurer une masse. | |
| 7. Mesurer une contenance. | |
| **Résoudre des problèmes impliquant des longueurs, des masses, des contenances, des durées, des prix** | |
| 8. Ajouter, retrancher des mesures. | |
| 9. Calculer le périmètre d'un polygone. | |

**6** **Écris**, en kg et g, la masse de l'ananas.

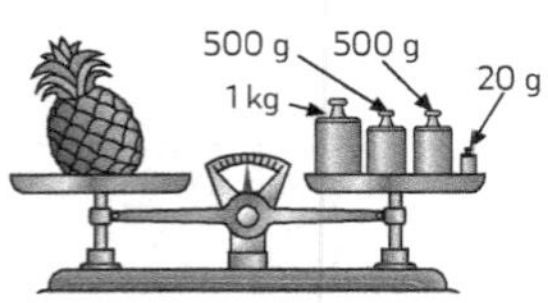


.............................

.............................

**7** Un bouteille d'eau minérale a une contenance de 150 cL.
**Complète**.

150 cL = ............ L ............ cL

**8** **Calcule**.

**a** 2 km 500 m + 1 km 500 m = ..........................................

1 kg 500 g + 600 g = ..........................................

**b** 1 km – 600 m = ..........................................

1 L – 60 cL = ..........................................

**9** **Calcule** le périmètre de ce champ rectangulaire.

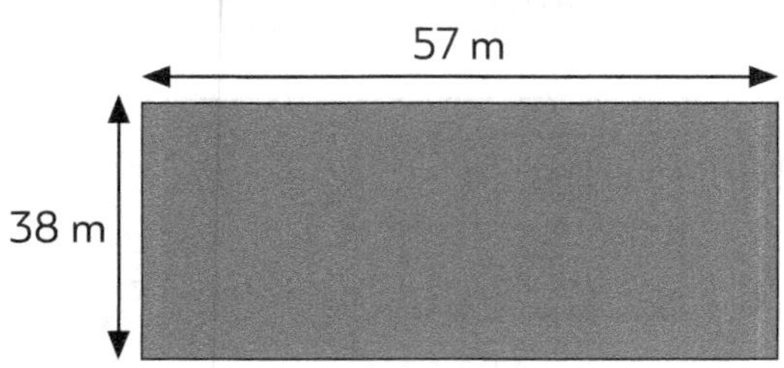


..........................................

..........................................

..........................................

..........................................

# E9 Évaluation (9)

Manuel ou Fichier CE2
Leçons 113 à 122

**Prénom** .................................................... **Date** ....................................................

| Connaissances et compétences | Évaluation |
| --- | --- |
| **Nombres et calculs** | |
| **Nommer, lire, écrire, représenter des nombres entiers** | |
| 1. Relation entre les nombres : 1, 2, 5, 10, 20, 50, 100. | |
| **Calculer avec des nombres entiers** | |
| 2. Résoudre une multiplication à trou. | |
| **Résoudre des problèmes en utilisant des nombres entiers et le calcul** | |
| 3. Résoudre un problème de comparaison additive (recherche du référé). | |
| 4. Résoudre un problème de comparaison additive (recherche du référent). | |
| 5. Résoudre une situation de division. | |

**1** **Complète**.

20 = 2 × .........
20 : 2 = .........
20 : ......... = 2

50 = 10 × .........
50 : 10 = .........
50 : ......... = 10

100 = 5 × .........
100 : 5 = .........
100 : ......... = 5

**2** **Complète** les multiplications à trou pour trouver les résultats des divisions.

............ × 3 = 21
21 : 3 = ............

............ × 4 = 36
36 : 4 = ............

............ × 5 = 45
45 : 5 = ............

............ × 6 = 48
48 : 6 = ............

**3** Léa mesure 145 cm. Mélissa mesure 3 cm de plus que Léa.
**Combien Mélissa mesure-t-elle ?**

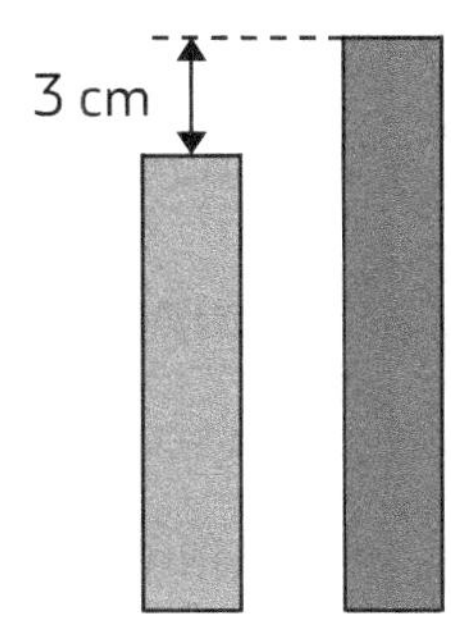


**Calcule** et **rédige** une phrase réponse.

..........................................................................................................

..........................................................................................................

**4** Louis mesure 150 cm. Il mesure 4 cm de plus qu'Evans.
**Combien Evans mesure-t-il ?**

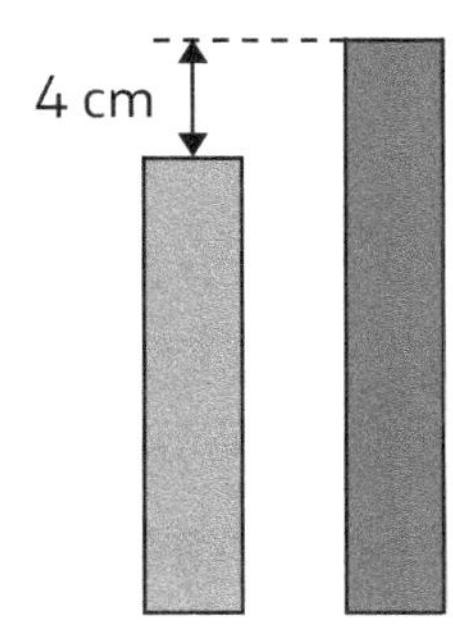


**Calcule** et **rédige** une phrase réponse.

..........................................................................................................

..........................................................................................................

**5** Théo range 42 balles de tennis de table dans des boîtes de 6.
**Combien de boîtes peut-il remplir ?**
**Recopie** et **complète**.

42 = ............ × 6 ; 42 : 6 = ............

............ *boîtes seront complètes, il restera* ............ *balle.*

| |
|---|
| 2 × 6 = 12 |
| 3 × 6 = 18 |
| 4 × 6 = 24 |
| 5 × 6 = 30 |
| 6 × 6 = 36 |
| 7 × 6 = 42 |

| Connaissances et compétences | Évaluation |
|---|---|
| **Espace et géométrie** | |
| **Reconnaître, nommer, décrire, reproduire, construire quelques figures géométriques** | |
| 6. Tracer des cercles. | |

**6** **Trace** un cercle de rayon 3 cm
et de centre O.

**Complète**.

*Le diamètre de ce cercle mesure ...... cm.*

O

| Connaissances et compétences | Évaluation |
|---|---|
| **Grandeurs et mesures** | |
| **Comparer, estimer, mesurer des longueurs, des masses, des contenances, des durées**<br>**Utiliser le lexique, les unités, les instruments de mesures spécifiques de ces grandeurs** | |
| 7. Se repérer dans le temps. | |
| **Résoudre des problèmes impliquant des longueurs, des prix, des masses** | |
| 8. Résoudre des problèmes sur la monnaie. | |
| 9. Résoudre des problèmes sur les masses. | |

**7** **Complète**.

12 mois = ........... an

100 ans = 1 .......................

1 millénaire = ................. ans

10 siècles = 1 .......................

**8** Julia achète un gâteau. Elle donne 20 € au pâtissier qui lui rend 5 € 50 c.
**Quel est le prix de ce gâteau ?**

.............................................................................................

**9** Une pastèque pèse 2 900 g, un ananas 1 kg 800 g et un melon 2 kg.
**Range** les masses de ces fruits par ordre décroissant.

.............................................................................................

# E10 Évaluation (10)

Manuel ou Fichier CE2
Leçons 125 à 134

**Prénom** ................................................... **Date** ...................................................

**Connaissances et compétences** — **Évaluation**

| Nombres et calculs | |
|---|---|
| **Calculer avec des nombres entiers** | |
| 1. Utiliser les relations multiplicatives entre les nombres. | |
| 2. Résoudre des problèmes de comparaison multiplicative. | |
| 3. Calculer le quotient et le reste d'une division par 100. | |

**1** **Complète.**

30 = 2 × ........... | 45 = 3 × ........... | 60 = 2 × ...........

30 : 2 = ........... | 45 : 3 = ........... | 60 : 2 = ...........

**2** Paul pèse 30 kg. Son papa pèse 3 fois plus que lui.
**Combien le papa de Paul pèse-t-il ?**

..........................................................................................

**3** Léa divise 325 images en paquets de 100.
**Combien de paquets obtient-elle ?**
**Combien d'images ne seront pas rangées dans des paquets ?**

**Complète** et **écris** une phrase réponse. 325 = ........... × 100 + .......

..........................................................................................

**Connaissances et compétences** — **Évaluation**

| Grandeurs et mesures | |
|---|---|
| **Comparer, estimer, mesurer des longueurs, des masses, des contenances, des durées**<br>**Utiliser le lexique, les unités, les instruments de mesures spécifiques de ces grandeurs** | |
| 4. Lire des graduations représentant des grandeurs. | |
| 5. Résoudre des problèmes impliquant des durées. | |

**4** **Observe** le cadran du pèse-personne.
**Combien pèse Rafael ?**

*Rafael pèse ................. kg.*

**5** Toufik a commencé à jouer avec sa tablette à 18 h 30. Il s'est arrêté de jouer à 19 h 15.
**Combien de temps a-t-il joué ?**

..........................................................................................

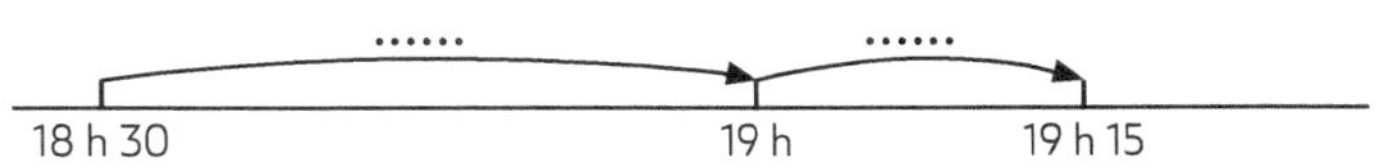

| **Connaissances et compétences** | **Évaluation** |
|---|---|
| **Espace et géométrie** | |
| **Reconnaître, nommer, décrire, reproduire, construire quelques figures géométriques** | |
| 6. Reproduire une figure sur quadrillage. | |
| 7. Reproduire une figure sur papier uni. | |

**6** **Observe** et **reproduis** cette figure sur le quadrillage.

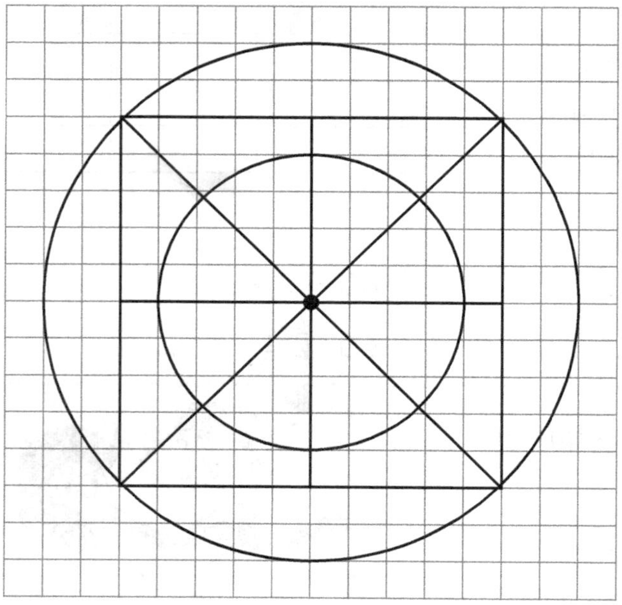

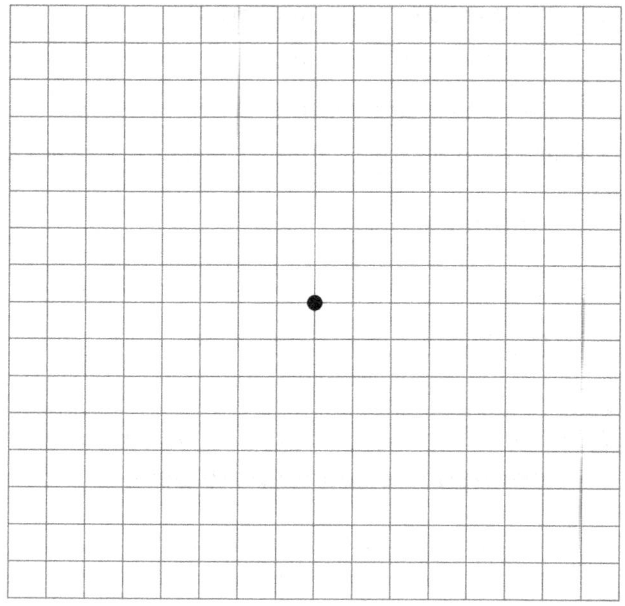

**7** **Observe** et **reproduis** cette figure.
Les côtés du carré mesurent 4 cm.

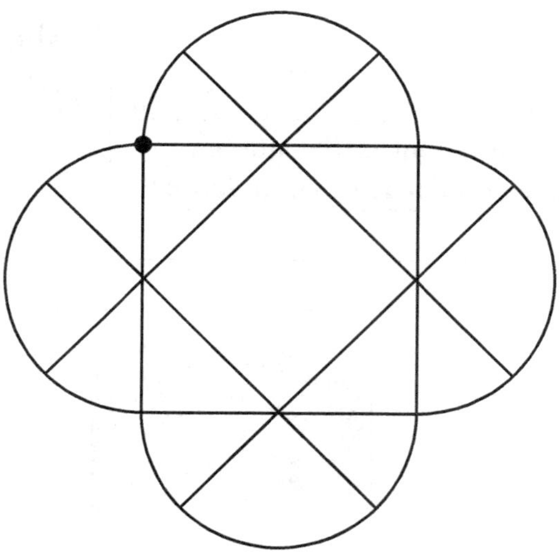

# E1 Correction Évaluation (1)

**1 Complète** le tableau.

| | | | |
|---|---|---|---|
| 92 | **quatre-vingt-douze** | **90 + 2** | **9 d 2 u** |
| **75** | soixante-quinze | **70 + 5** | **7 d 5 u** |
| **84** | **quatre-vingt-quatre** | 80 + 4 | **8 d 4 u** |

**2 a. Colorie** le plus grand nombre de chaque étiquette.
**b. Range** par ordre croissant les nombres 75, 38, 82, 71.

**a.**

57 52    78 87

**b.**

**38 < 71 < 75 < 82**

**3 a. Relie** chaque nombre à sa place.
**b. Encadre** entre deux dizaines qui se suivent.

**a.**

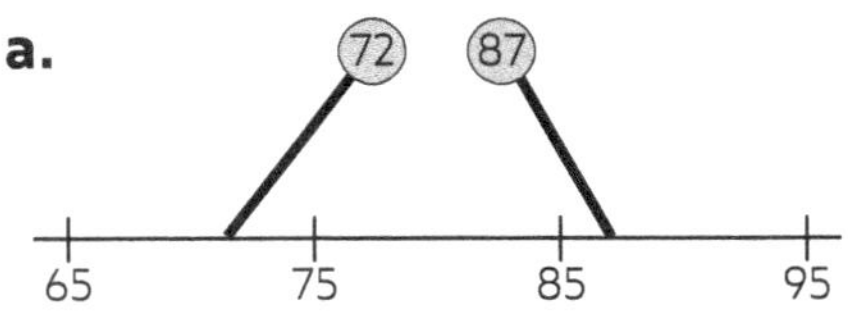


**b.**

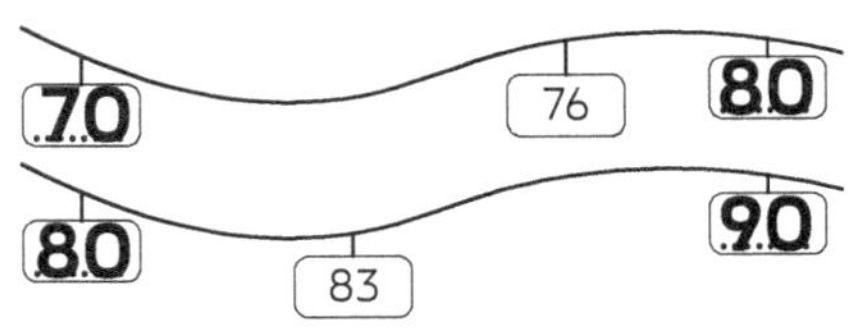


**4 Quel est le nombre de billes ?**

8 d 4 u. Il y a **84** billes.

**5 Complète.**

57 + **3** = 60    48 + **2** = 50    84 + **6** = 90

**6 Complète.**

56 + **4** = 60    60 + **3** = **63**    → 56 + 7 = **63**

**7 Complète.**

75 – **5** = 70    70 – **3** = **67**    → 75 – 8 = **67**

**8 Reproduis** le dromadaire.

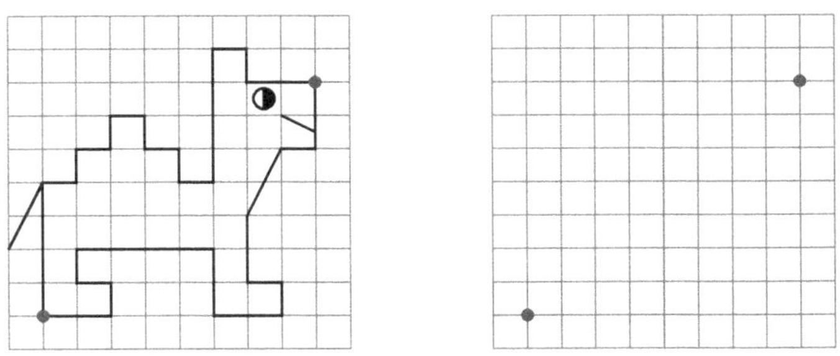

**9 a. Entoure** les angles droits.
**b. Trace** un angle droit. Son sommet et un côté sont déjà tracés.

**a.**

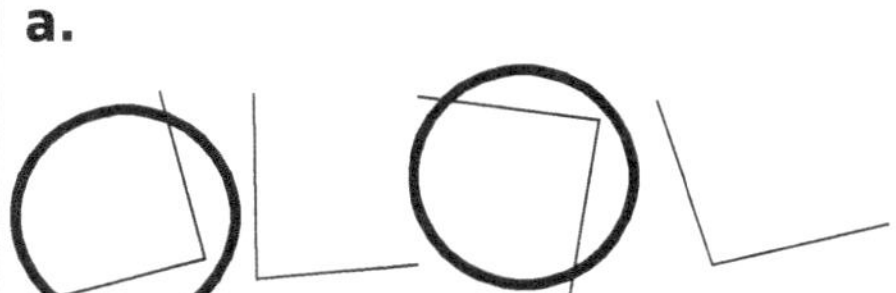

**b.**

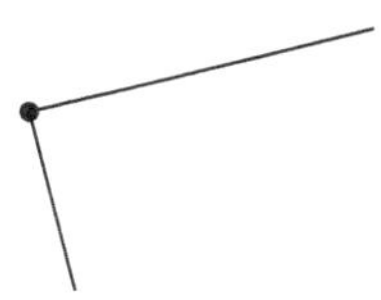

**10 Écris** l'heure du matin et l'heure du soir.

Matin : **9 h 30**    Soir : **21 h 30**

# E2 Correction Évaluation (2)

Manuel ou Fichier CE2
Leçons 14 à 28

<table>
<tr><td>1 Complète.</td><td>40 d 8 u = 4 c 0 d 8 u   Nombre de jetons : 408</td></tr>
<tr><td>2 Trouve le nombre de billes.</td><td>6 c 2 d 4 u = 624   Le nombre de billes est 624.</td></tr>
<tr><td>3 Complète.</td><td>
<table>
<tr><td>842</td><td>huit cent quarante-deux</td><td>800 + 40 + 2</td><td>8 c 4 d 2 u</td></tr>
<tr><td>675</td><td>six cent soixante-quinze</td><td>600 + 70 + 5</td><td>6 c 7 d 5 u</td></tr>
<tr><td>306</td><td>trois cent six</td><td>300 + 6</td><td>3 c 6 u</td></tr>
</table>
</td></tr>
<tr><td>4 Écris ces nombres à la place qui convient.</td><td>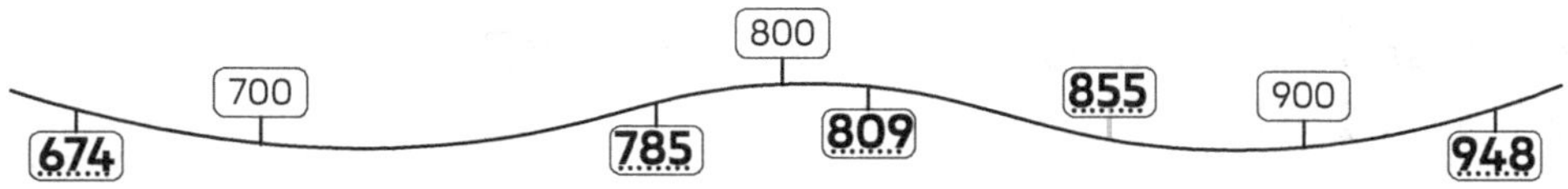</td></tr>
<tr><td>5 Effectue.</td><td>248 + 79 + 436 = 763</td></tr>
<tr><td>6 Pose et effectue.</td><td>505 + 91 + 323 = 919</td></tr>
<tr><td>7 Problème.<br>Quelle distance ont-ils parcourue ?</td><td>15 km + 25 km = 40 km<br>Ils ont parcouru 40 km.</td></tr>
<tr><td>8 Quelle est cette figure ?</td><td>Cette figure est un carré.</td></tr>
<tr><td>9 Reporte cette longueur en utilisant un compas.</td><td>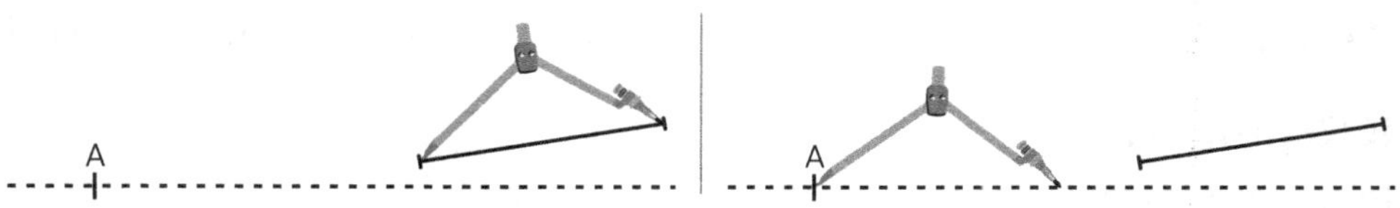</td></tr>
<tr><td>10 Colorie le milieu de chaque segment.</td><td>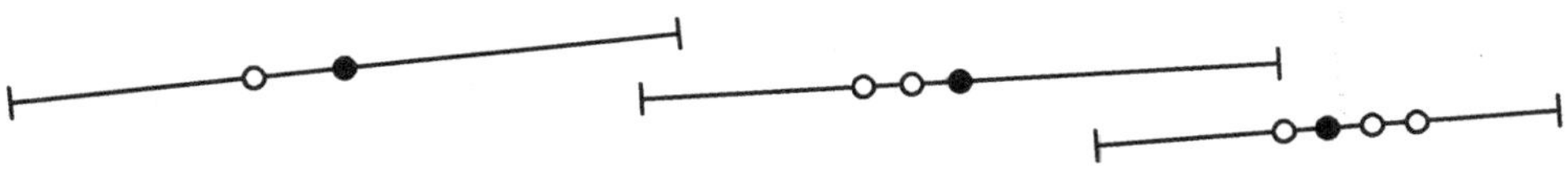</td></tr>
<tr><td>11 Trace un segment de 7 cm 5 mm.</td><td>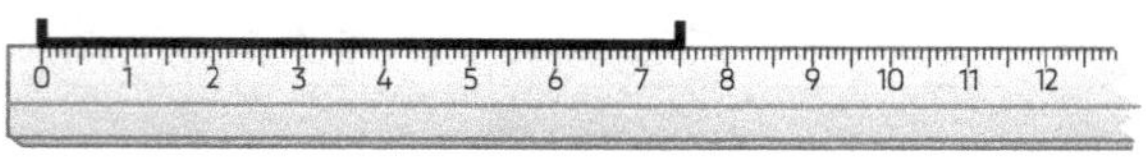</td></tr>
</table>

# E3 Correction Évaluation (3)



**1 Colorie** les étiquettes du nombre 1 000.

999 + 1 | 900 + 100 | 800 + 200 | 950 + 50 | 700 + 200

**2 Complète** le tableau.

| | | |
|---|---|---|
| 3 865 | **3 m 8 c 6 d 5 u** | **3 × 1000 + 8 × 100 + 6 × 10 + 5 × 1** |
| **9 208** | **9 m 2 c 8 u** | 9 × 1 000 + 2 × 100 + 8 × 1 |
| **5 090** | 5 m 9d | **5 × 1000 + 9 × 10** |

**3 Complète** les égalités.

869 + 1 = **870** 790 + 10 = **800** 654 + 100 = **754**
900 − 1 = **899** 590 − 10 = **580** 845 − 100 = **745**

**4 Complète** les égalités.

643 + **7** = 650 650 + **50** = 700 → 643 + **57** = 700

**5 Associe** chaque réveil à l'horloge correspondante.

A → 1 B → 3 C → 2

**6 Entoure** les billets et les pièces pour payer le contenu du caddie.

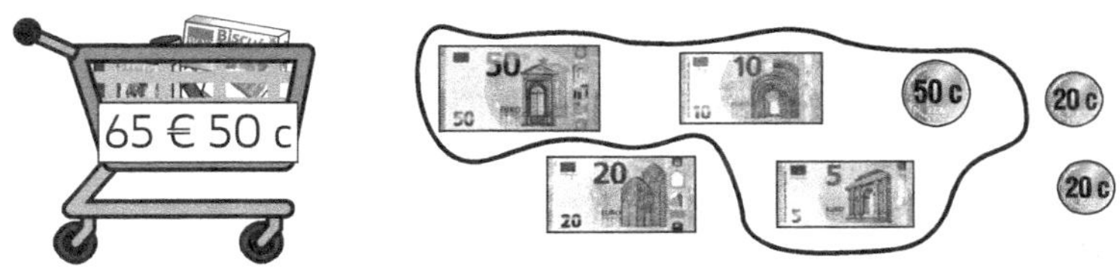


**7** Léa se trouve dans la case (B,2).
**Fais** une croix.
Elle veut se rendre au cinéma.
**Indique** la case où il se trouve.
**Trace** le chemin qu'elle emprunte.

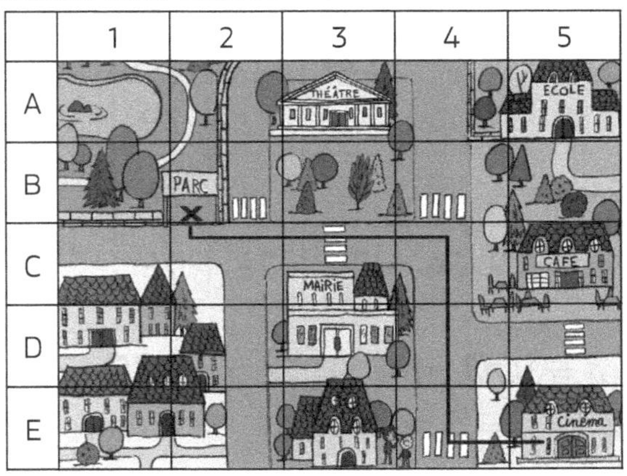


Le cinéma se trouve en (**E** ; **5**).
Elle passe par les cases suivantes :
(B ; 2) (C ; 2) (C ; 3) (C ; 4) (D ; 4) (E ; 4) (E ; 5)

**8 Entoure** les triangles rectangles.

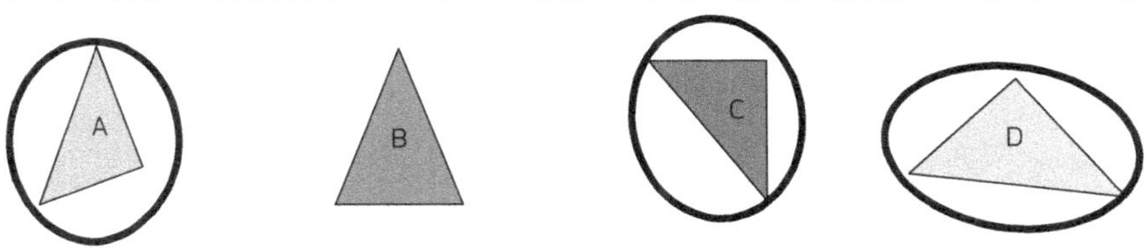


**9 Construis** un triangle rectangle.

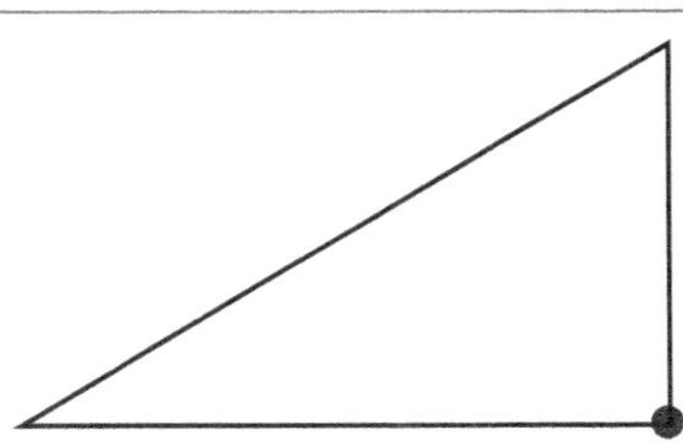

# E4 Correction Évaluation (4)

Manuel ou Fichier CE2
Leçons 45 à 56

**1 Pose** et **effectue.**

458 – 235 = **223**

**2 Pose** et **effectue.**

65 – 26 = **39**    457 – 94 = **363**

**3 Résous** ces additions à trou en posant et en effectuant une soustraction.

| | | | |
|---|---|---|---|
| | | **9** | **6** |
| | **–** | **6** | **4** |
| | | **3** | **2** |

64 + **32** = 96

| | | | | |
|---|---|---|---|---|
| | | **4** | **6** | **₁0** |
| | **–** | **1** | **3₊₁** | **4** |
| | | **3** | **2** | **6** |

134 + **326** = 460

**4 Calcule** le double de 64 et le double de 150.

- Double de 64.

Double de 60 = **120** ; Double de 4 = **8** ;
Double de 64 = **128**

- Double de 150.

Double de 100 = **200** ; Double de 50 = **100** ;
Double de 150 = **300**

**5 Complète.**

3 × 6 = **18**    5 × 7 = **35**    7 × 6 = **42**    7 × 7 = **49**

**6 Problème.** **Combien de bouteilles a-t-il achetées ?**

5 × 6 = **30**
*Le restaurateur a acheté* **30** *bouteilles.*

**7 Complète** ce tableau. **Quel est le nombre d'élèves au CE2 ? Quel est le nombre d'élèves dans cette école ?**

| | CP | CE1 | CE2 | Total |
|---|---|---|---|---|
| Filles | 14 | 13 | 12 | **39** |
| Garçons | 10 | 12 | 14 | **36** |
| Total | **24** | **25** | **26** | **75** |

*Au CE2, il y a* **26** *élèves.*
*Dans cette école, il y a* **75** *élèves.*

**8 Complète.**

1 m = **100** cm    2 cm = **20** mm    3 m 5 cm = **305** cm
320 cm = **3** m **20** cm    934 mm = **93** cm **4** mm

**9 Termine** le carré. Un côté est déjà tracé.

**10 Décalque**, puis **découpe** la figure. Elle possède un axe de symétrie. **Trouve**-le par pliage. **Trace**-le en rouge

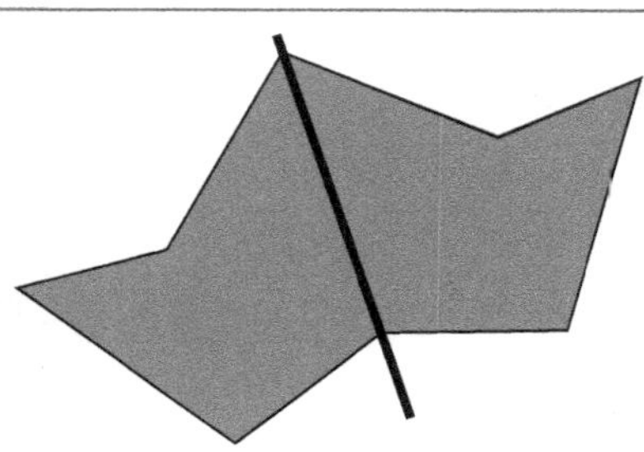

# E5 Correction Évaluation (5)

Manuel ou Fichier CE2
Leçons 60 à 69

| | |
|---|---|
| **1 Range** ces nombres par ordre croissant. | **987** < **6 969** < **7 920** < **7 936** |
| **2 Recopie** cette suite de nombres en y intercalant 5 690. | 4 900 ; 5 500 ; **5 690** ; 5 700 ; 5 900 ; 6 000 |
| **3 Encadre** ces nombres entre les deux milliers les plus proches. | **2 000** < 2 369 < **3 000**<br>**7 000** < 7 693 < **8 000**<br>**8 000** < 8 762 < **9 000** |
| **4 Encadre** ces nombres entre les deux centaines les plus proches. | **2 300** < 2 369 < **2 400**<br>**7 600** < 7 693 < **7 700**<br>**8 700** < 8 762 < **8 800** |
| **5 Entoure** le nombre de centaines, puis **souligne** le chiffre des dizaines des nombres suivants. | 859    5 407    7 327 |
| **6 Calcule**. | 6 × 8 = **48**    7 × 9 = **63**<br>4 × 8 = **32**    5 × 9 = **45**<br>8 × 8 = **64**    9 × 9 = **81** |
| **7 Observe** la suite, **trouve** la règle de comptage, puis **continue**-la. | **360** \| **410** \| 460 \| 510 \| 560 \| **610** \| **660** |
| **8 Problème.** **Combien de kilomètres affichait son compteur le matin ?** | 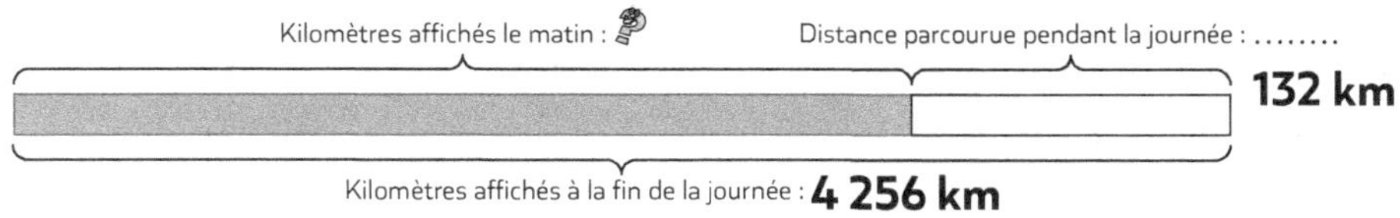<br>4 256 km – 132 km = **4 124 km**<br>Le matin son compteur affichait **4 124 km**. |
| **9 Repasse** les droites qui sont des axes de symétrie de ces figures. | 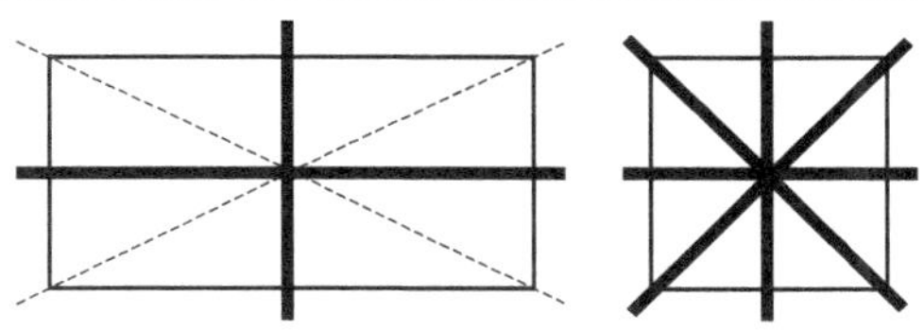 |
| **10 Écris** l'heure de deux façons. | Il est 1 h 45 ou 2 h moins le quart. |
| **11 Convertis**. | 1 min 30 s = **90** s    1 h 20 min = **80** min    2 j 6 h = **54** h |

# E6 Correction Évaluation (6)

Manuel ou Fichier CE2
Leçons 72 à 82

| | |
|---|---|
| **1 Calcule.** | 7 × 10 = **70** ; 64 × 10 = **640** ; 9 × 100 = **900** ;<br>47 × 100 = **4 700** |
| **2 Calcule.** | 3 × 20 = **60** ; 4 × 50 = **200** ; 15 × 20 = **300** ; 22 × 30 = **660**<br>3 × 200 = **600** ; 4 × 500 = **2 000** ; 15 × 200 = **3 000** ;<br>22 × 300 = **6 600** |
| **3 Calcule.** | 36 = 30 + **6**<br>4 × 36 = 4 × 30 + **4** × **6**<br>4 × 36 = **120** + **24**<br>4 × 36 = **144** |
| **4 Pose** et **effectue.** | 42 × 8 = **336** 374 × 5 = **1 870** 236 × 42 = **9 912** |
| **5 Problème.**<br>**Combien de photos Agathe a-t-elle supprimées ?** | 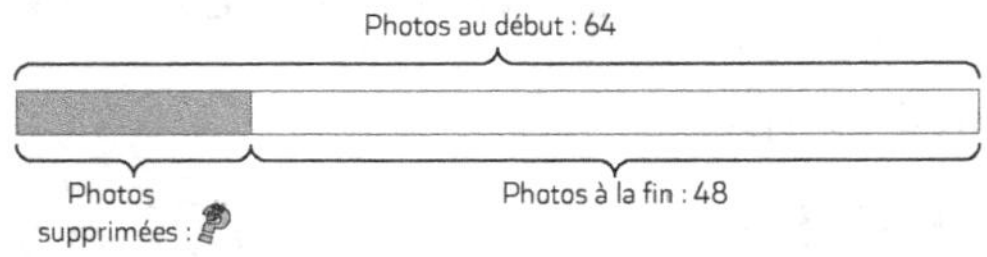<br>Il faut effectuer la soustraction 64 – 48.<br>64 – 48 = **16**. *Agathe a supprimé* **16** *photos.* |
| **6 Problème.**<br>**Combien de bacs pourront-ils préparer ? Combien de pots de primevères ne seront pas plantés ?** | 534 = 5 c 3 d 4 u = 53 d 4 u<br>**534** = **53** × **10** + **4**<br>*Les jardiniers pourront préparer* **53** *bacs.*<br>**4** *pots de primevères ne seront pas plantés.* |
| **7 Problème.**<br>**Pendant quel mois y a-t-il eu le moins de pluie ? Quelle hauteur de pluie est tombée en avril ?** | Le rectangle le moins haut correspond au mois de juillet.<br>C'est donc au mois de **juillet** qu'il y a eu le moins de pluie.<br>Le rectangle du mois d'avril arrive à la graduation 70.<br>Au mois d'avril, il est tombé **70 mm** de pluie. |
| **8 Décode** le chemin. | 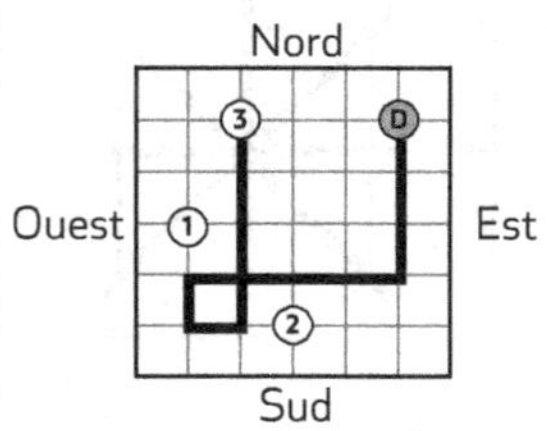<br>*Il arrivera sur le point 3.* |
| **9 Convertis** ces mesures de longueur. | 8 km = **8 000** m ; 4 km 200 m = **4 200** m ; 5 400 m = **5** km **400** m<br>3 000 m = **3** km; 2 km 653 m = **2 653** m ; 9 084m = **9** km **84** m. |

# E7 Correction Évaluation (7)

Manuel ou Fichier CE2
Leçons 86 à 95

| | |
|---|---|
| **1 Calcule.** | **a.** Moitié de 46 :<br>Moitié de 40 = 20<br>Moitié de 6 = 3<br>Moitié de 46 = **23**<br>**b.** Moitié de 52 :<br>Moitié de 50 = 25<br>Moitié de 2 = 1<br>Moitié de 52 = **26** |
| **2 Calcule.** | **a.** 237 + 300 = **537** ; 1 402 + 500 = **1 902**<br>**b.** 659 + 2 000 = **2 659** ; 2 348 + 6 000 = **8 348** |
| **3 Calcule.** | **a.** 905 – 500 = **405** ; 1 270 – 400 = **870**<br>**b.** 5 230 – 3 000 =**2 230** ; 2 780 – 2000 = **780** |
| **4 Complète** ces deux suites de nombres. | Suite 1 : comptage de 10 en 10.<br>960 \| 970 \| 980 \| **990** \| **1 000** \| **1 010** \| **1 020**<br>Suite 2 : comptage à rebours de 100 en 100.<br>**3 920** \| **4 020** \| **4 120** \| **4 220** \| 4 320 \| 4 420 \| 4 520 |
| **5 Problème.**<br>**Combien de roses a-t-elle reçues ?** | Étape 1 : **9** × **7** = **63.**<br>*La fleuriste a utilisé* **63** *roses pour réaliser ses bouquets.*<br>Étape 2 : **63** + **5** = **68**<br>*La fleuriste a reçu* **68** *roses.* |
| **6 Écris** le nom de chaque solide. **Choisis** les noms dans la liste suivante. | A : **cube** B : **boule** C : **cylindre** D : **pyramide** |
| **7 Complète** la figure par symétrie. | 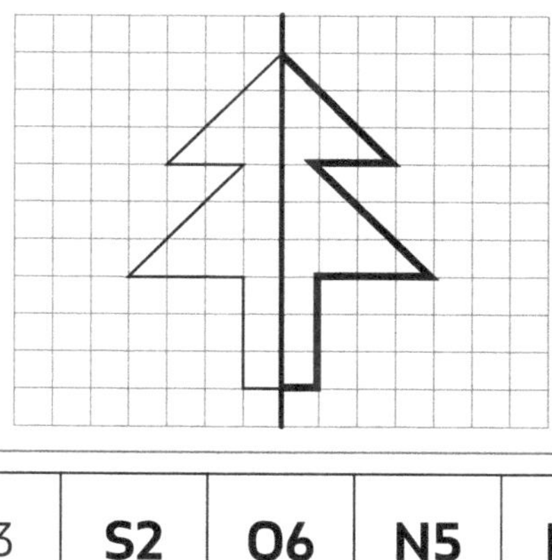 |
| **8 Code** le déplacement du chameau. | E3 \| **S2** \| **O6** \| **N5** \| **E5** |
| **9 Problème.**<br>**Entoure** les pièces que le marchand lui rend. |  |

# E8 Correction Évaluation (8)

Manuel ou Fichier CE2
Leçons 98 à 109

| | |
|---|---|
| **1 Combien de boîtes seront complètes ? Combien restera-t-il de balles ?** | On peut faire 6 groupements de 4 balles et il restera 3 balles.<br>*Il y aura* **6** *boîtes complètes. Il restera* **3** *balles.*<br>27 = **6** × 4 + **3** |
| **2 Combien de cartes chaque joueur reçoit-il ? Combien de cartes ne seront pas distribuées ?** | On peut distribuer 6 cartes à chaque joueur et il restera 2 cartes.<br>*Chaque joueur recevra* **6** *cartes. Il restera* **2** *cartes.*<br>32 = **6** × 5 + **2** |
| **3** Sur ce patron de cube les faces opposées portent la même lettre. **Complète**. | 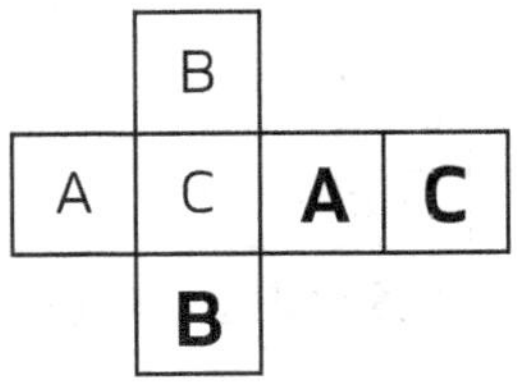  |
| **4 Quel le nombre de faces de cette pyramide ?** | Cette pyramide possède **7** faces (6 faces latérales et 1 base). |
| **5 Écris** le programme que doit effectuer Coccirob pour se déplacer jusqu'à la fleur. |  |
| **6 Écris**, en kg et g, la masse de l'ananas. | 500 g + 500 g = 1 kg<br>1 kg + 1 kg + 20 g = 2 kg 20 g<br>*L'ananas pèse* **2 kg 20 g**. |
| **7** Une bouteille d'eau minérale a une contenance de 150 cL. **Complète**. | 150 cL = 100 cL + 50 cL = **1 L 50 cL** |
| **8 Calcule**. | **a.** 2 km 500 m + 1 km 500 m = 3 km + 1000 m = **4 km**<br>1 kg 500 g + 600 g = 1 kg + 1 100 g = **2 kg 100 g**<br>**b.** 1 km – 600 m = 1 000 m – 600 m = **400 m**<br>1 L – 60 cL = 100 cL – 60 cL = **40 cL** |
| **9 Calcule** le périmètre de ce champ rectangulaire. | 38 m + 57 m + 38 m + 57 m = **190 m**<br>*Le périmètre de ce champ est égal à* **190 m**.<br>*Autre méthode de calcul :* 38 m + 57 m = 95 m ; 2 × 95 m = **190 m** |

# E9 Correction Évaluation (9)

Manuel ou Fichier CE2
Leçons 113 à 122

| | |
|---|---|
| **1 Complète**. | 20 = 2 × **10** 50 = 10 × **5** 100 = 5 × **20**<br>20 : 2 = **10** 50 : 10 = **5** 100 : 5 = **20**<br>20 : **10** = 2 50 : **5** = 10 100 : **20** = 5 |
| **2 Complète** les multiplications à trou pour trouver les résultats des divisions. | **7** × 3 = 21 **9** × 4 = 36 **9** × 5 = 45 **8** × 6 = 48<br>21 : 3 = **7** 36 : 4 = **9** 45 : 5 = **9** 48 : 6 = **8** |
| **3 Problème**.<br>**Combien Mélissa mesure-t-elle ?** | C'est Mélissa la plus grande. Elle mesure plus de 145 cm.<br>145 cm + 3 cm = **148** cm<br>*Mélissa mesure* **148** *cm.* |
| **4 Problème.**<br>**Combien Evans mesure-t-il ?** | C'est Louis le plus grand. Evans mesure 4 cm de moins que Louis.<br>150 cm – 4 cm = **146** cm<br>*Evans mesure* **146** *cm.* |
| **5 Problème.**<br>**Combien de boîtes peut-il remplir ?** | On cherche 42 dans la table de 6 ; on trouve 7 × 6 = 42.<br>42 = **7** × 6 ; 42 : 6 = **7**<br>**7** boîtes seront complètes, il restera **0** balle. |
| **6 Trace** un cercle de rayon 3 cm et de centre O.<br>**Complète**. | On utilise une règle graduée et un compas. On prend un écartement de 3 cm entre la pointe du compas et son crayon. On place la pointe du compas au point O et on trace le cercle.<br>*Le diamètre de ce cercle mesure* **6** *cm.* |
| **7 Complète**. | 12 mois = **1** an 100 ans = 1 **siècle**<br>1 millénaire = **1 000** ans 10 siècles = 1 **millénaire**. |
| **8 Problème**.<br>**Quel est le prix de ce gâteau ?** | 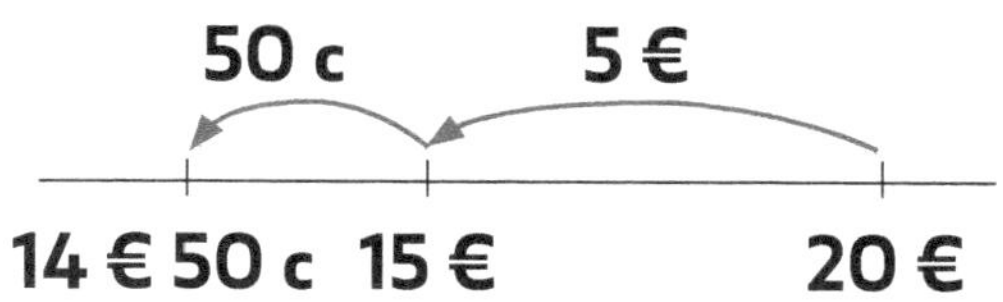<br>*Le gâteau coûte* **14 € 50** *c.* |
| **9** Une pastèque pèse 2 900 g, un ananas 1 kg 800 g et un melon 2 kg.<br>**Range** les masses de ces fruits par ordre décroissant. | Pastèque : 2 900 g<br>Ananas : 1 kg 800 g = 1 800 g<br>Melon : 2 kg = 2 000 g<br>**2 900 g > 2000 g > 1 800 g**<br>Rangement : **pastèque, melon, ananas** |

# E10 Correction Évaluation (10)

Manuel ou Fichier CE2
Leçons 125 à 134

| | |
|---|---|
| **1 Complète.** | 30 = 2 × **15**    45 = 3 × **15**    60 = 2 × **30**<br>30 : 2 = **15**    45 : 3 = **15**    60 : 2 = **30** |
| **2 Problème.**<br>**Combien le papa de Paul pèse-t-il ?** | Il faut calculer 3 × 30 kg = **90 kg**<br>*Le papa de Paul pèse* **90 kg**. |
| **3 Problème.**<br>**Combien de paquets obtient-elle ?**<br>**Combien d'images ne seront pas rangées dans des paquets ?** | 325 = 300 + 25<br>325 = **3** × 100 + **25**<br>*Léa obtient* **3 paquets**. **25 images** *ne seront pas rangées dans des paquets.* |
| **4 Observe** le cadran du pèse-personne.<br>**Combien Rafael pèse-t-il ?** | L'aiguille du pèse-personne se trouve sur la graduation 35.<br>Le pèse personne est gradué en kg (kilogramme).<br>*Rafael pèse* **35** *kg.* |
| **5 Problème.**<br>**Combien de temps a-t-il joué ?** | 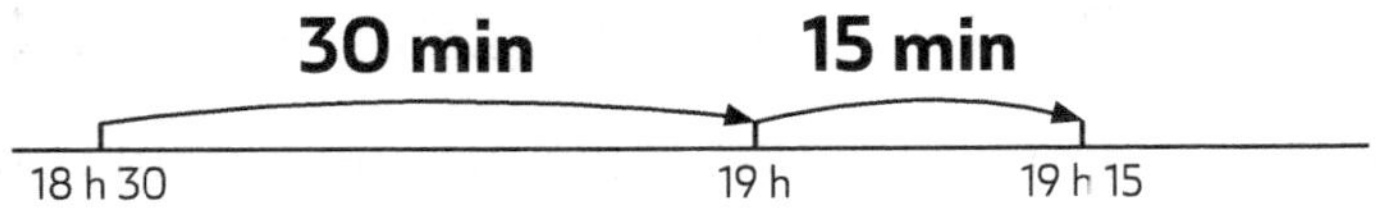<br>30 min + 15 min = **45** min<br>*Toufik a joué durant* **45** *min.* |
| **6 Observe** et **reproduis** cette figure sur le quadrillage. | 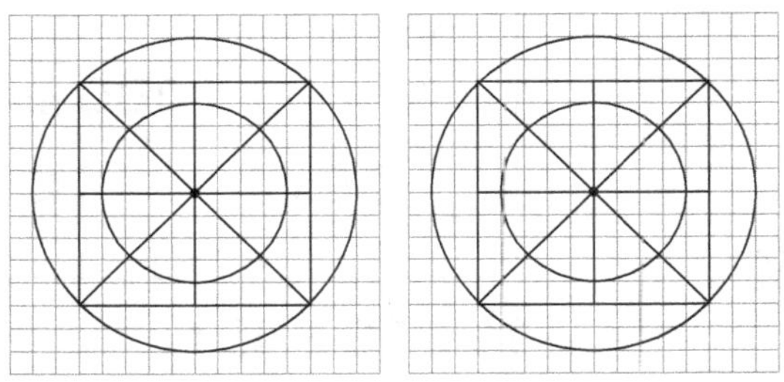<br>Constater que les deux cercles sont concentriques.<br>Les diagonales suivent les diagonales des carreaux du quadrillage. Elles se tracent en dernier. |
| **7 Observe** et **reproduis** cette figure.<br>Les côtés du carré mesurent 4 cm. | 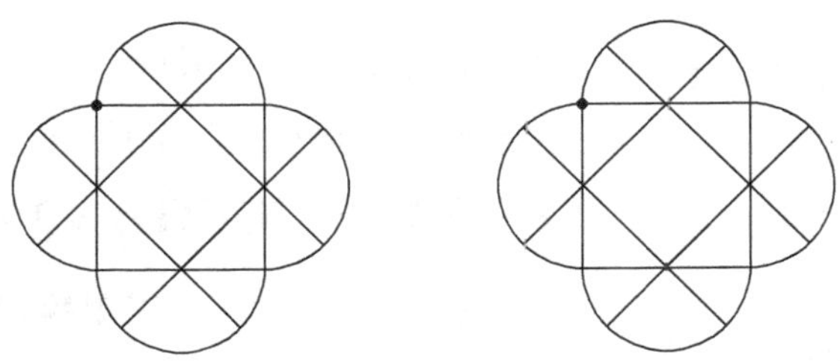<br>Utiliser une bande de papier ou une règle graduée pour trouver les milieux des côtés du carré, centres des cercles.<br>Les segments se tracent en dernier. |

# Présentation des photofiches de jeux et de matériel

## 10 photofiches de jeux

Ces photofiches présentent des situations mathématiques sous forme **ludique**.

- **Jeux individuels : J1 à J10**
  Ces photofiches comportent des **situations motivantes** qui permettent aux élèves de relancer leur intérêt pour les activités mathématiques, de prendre confiance en eux et de s'engager sur la voie de la réussite.
  Pour conserver l'aspect ludique de ces activités, elles ne feront pas l'objet d'une évaluation.

## 8 photofiches de matériel

- **Matériel collectif : M1**
  La grosse **horloge** est à photocopier sur du papier fort (type bristol) et à monter comme indiqué sur la fiche elle-même.

- **Matériel individuel : M2 à M8**
  Ces photofiches sont à usage individuel.
  – Les **tables de multiplication** peuvent être utilisées lors de diverses activités d'apprentissage ou de révision des tables.
  – Les **papiers pointé et quadrillé centimétrique** permettent un entraînement aux tracés. Ils offrent la possibilité à l'enseignant de créer ses propres modèles pour la reproduction de figures, par exemple.
  – Le **sous-main** est un « mémo » présenté sous forme de deux fiches que l'enseignant peut photocopier recto verso (avec ou sans agrandissement). L'idéal est de le plastifier après que l'élève a inscrit ses prénom et nom et l'a éventuellement personnalisé. L'élève pourra s'y référer si nécessaire et s'imprégner des différentes informations qui y figurent.

# J1 Jeu du dessin caché

**Prénom** .................................................. **Date** ..................................................

**1** **Relie** en bleu les nombres de 50 à 69.

Tu obtiens .............................. .

**2** **Relie** en rouge les nombres de 80 à 97.

Tu obtiens .............................. .

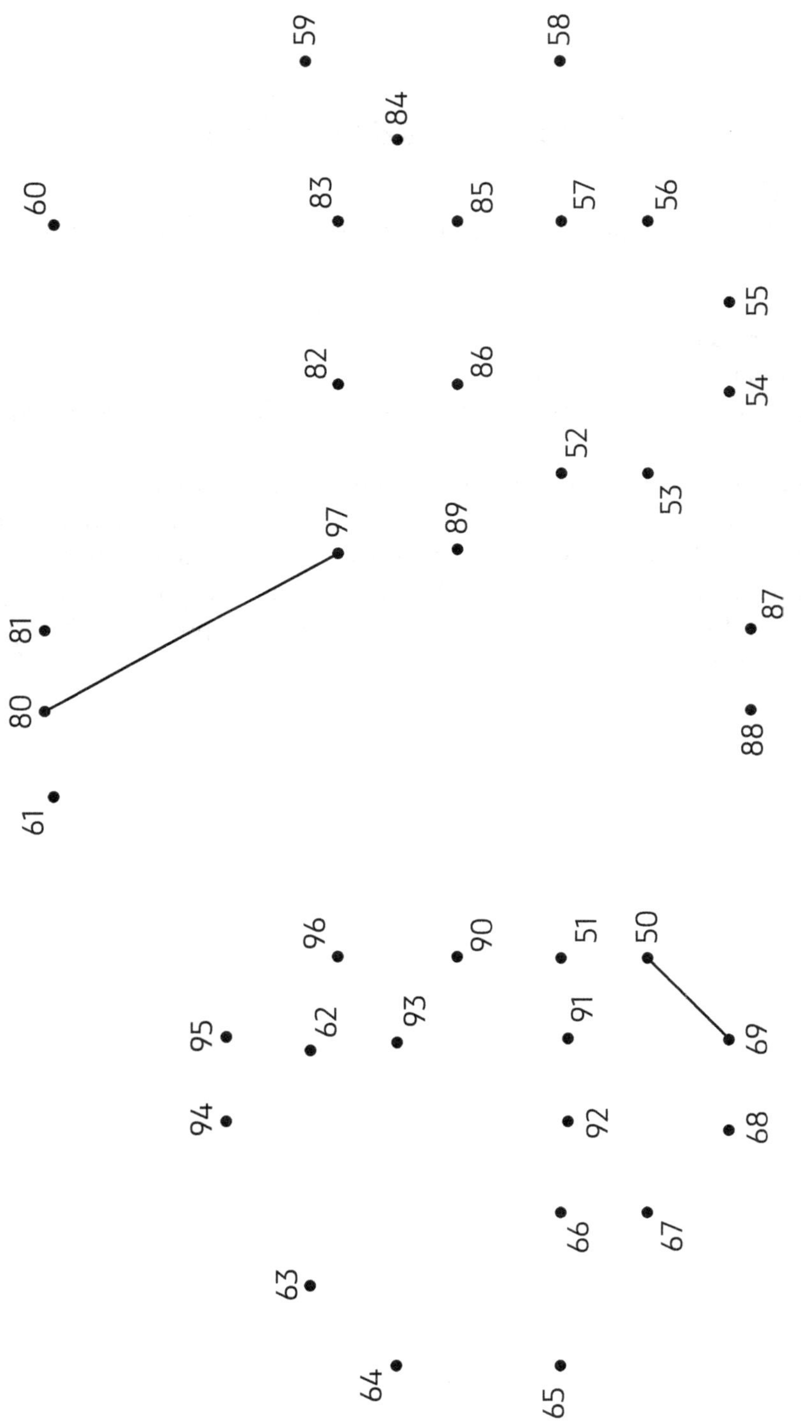

# J2 Jeu du chemin caché

**Prénom** ................................................. **Date** .................................................

**1** **Colorie** en bleu le chemin qui conduit de 100 à 100 en passant uniquement par des cases égales à 100. Tu peux passer d'une case égale à 100 à une autre case égale à 100 si elles ont un côté en commun.

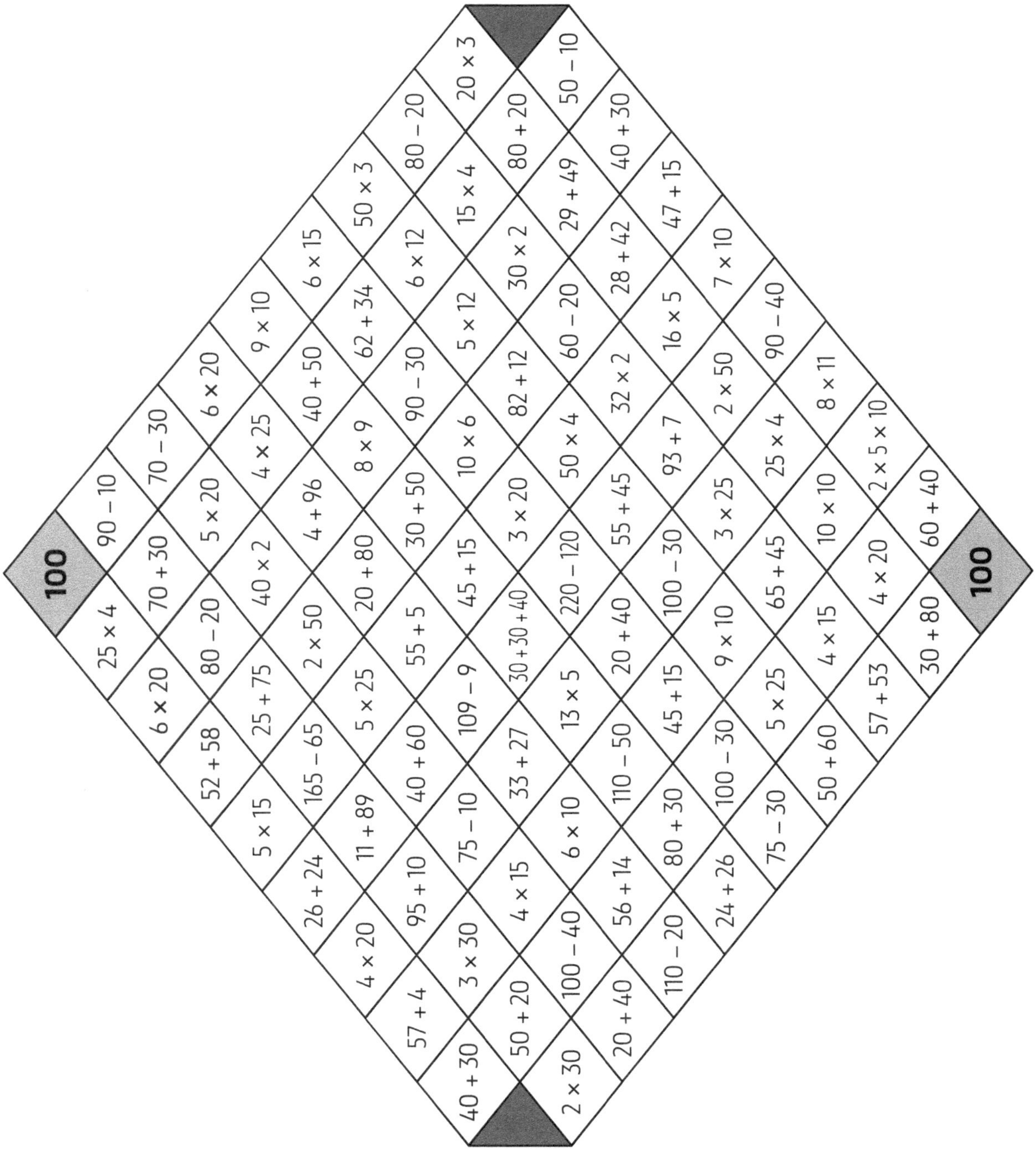

# J3 Jeu des sudokus

**Prénom** ........................................................ **Date** ........................................................

**Règle du jeu**

Chaque ligne,

| | | | |
|---|---|---|---|
| 2 | 1 | 4 | 3 |
| 4 | 3 | 2 | 1 |
| 3 | 4 | 1 | 2 |
| 1 | 2 | 3 | 4 |

chaque colonne,

| | | | |
|---|---|---|---|
| 2 | 1 | 4 | 3 |
| 4 | 3 | 2 | 1 |
| 3 | 4 | 1 | 2 |
| 1 | 2 | 3 | 4 |

chaque carré

| | | | |
|---|---|---|---|
| 2 | 1 | 4 | 3 |
| 4 | 3 | 2 | 1 |
| 3 | 4 | 1 | 2 |
| 1 | 2 | 3 | 4 |

doit contenir les chiffres 1, 2, 3 et 4.

**1** **Complète** ces grilles.

| | | | |
|---|---|---|---|
| 2 | | | |
| | | 4 | |
| | 2 | | 3 |
| 3 | | 2 | |

| | | | |
|---|---|---|---|
| 2 | | 4 | |
| | 3 | | |
| | | | 2 |
| 1 | | | |

| | | | |
|---|---|---|---|
| | 1 | | 4 |
| | | | |
| | | | |
| 2 | | 3 | |

| | | | |
|---|---|---|---|
| 3 | | 1 | |
| | | | |
| | 4 | | 2 |
| | | | |

# J4 Jeu de coloriages magiques

**Prénom** ..................................................... **Date** .....................................................

**1** **Colorie** selon le code.

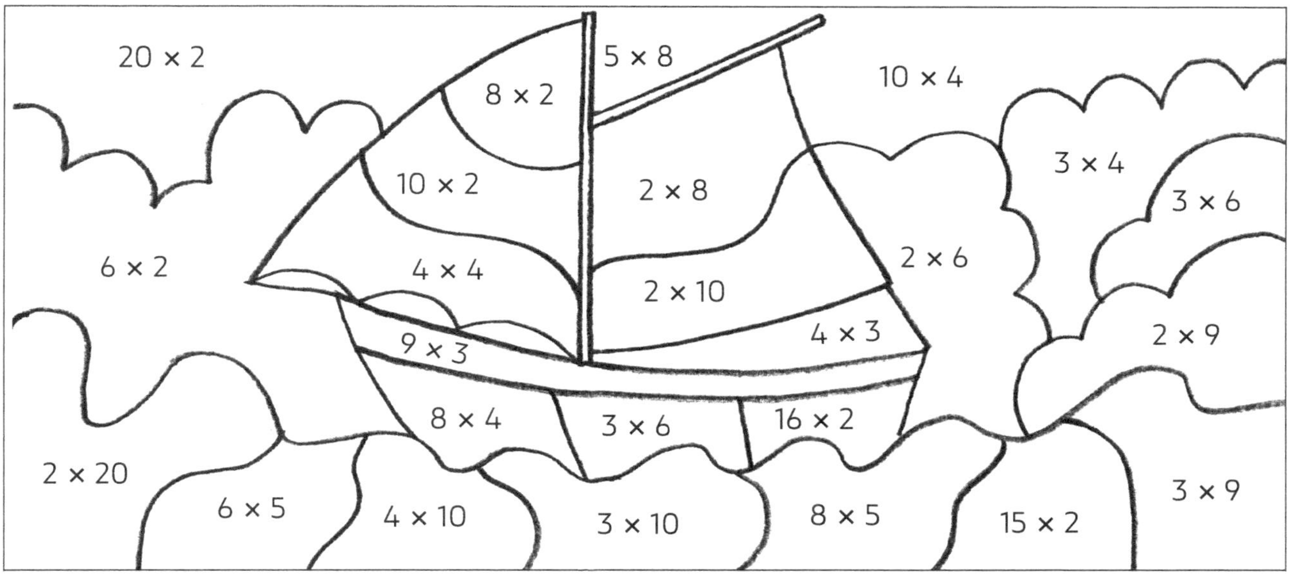


| | | | |
|---|---|---|---|
| **12 :** blanc | **16 :** rouge | **18 :** vert | **20 :** jaune |
| **27 :** marron | **30 :** bleu clair | **32 :** orange | **40 :** bleu foncé |

**2** **Colorie** selon le code.

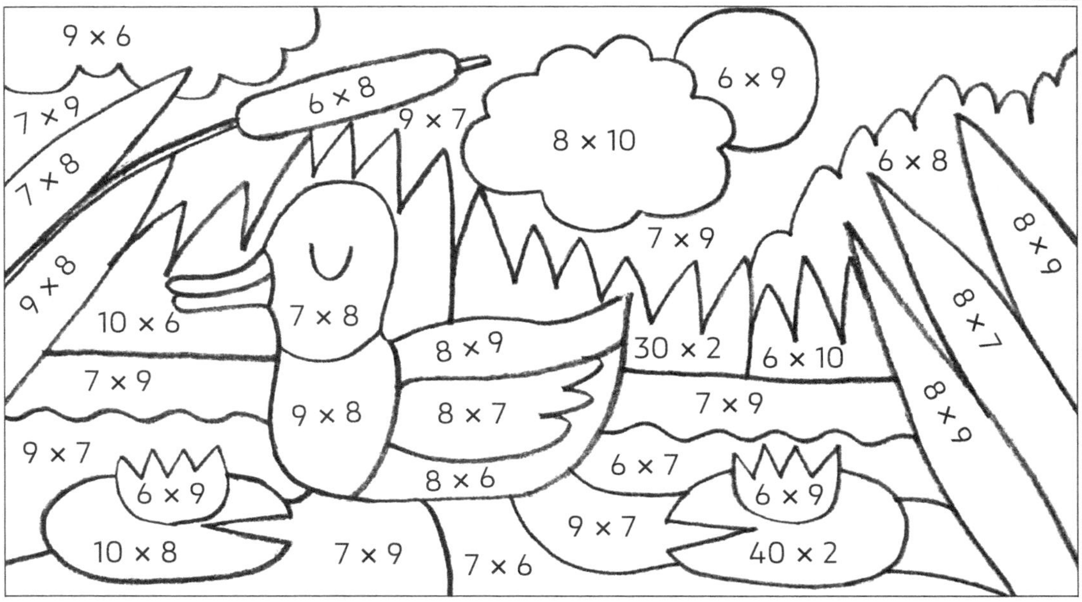


| | | | |
|---|---|---|---|
| **42 :** bleu clair | **48 :** marron | **54 :** blanc | **56 :** vert clair |
| **60 :** noir | **63 :** bleu foncé | **72 :** jaune | **80 :** vert foncé |

# J5 Jeu des énigmes (1)

**Prénom** .................................................. **Date** ..................................................

**1** **Trouve** la valeur de chaque symbole.

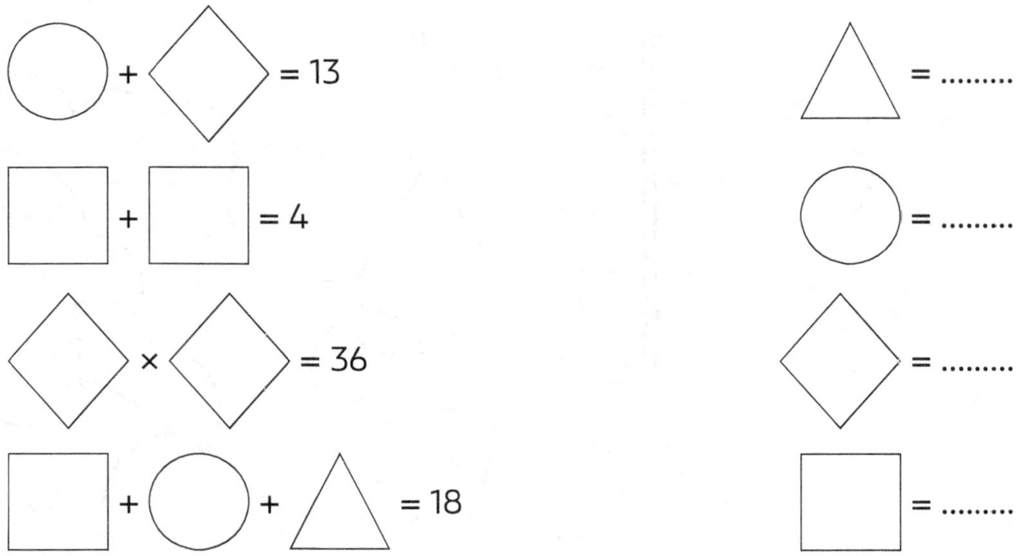


**2** **Place** chacun de ces nombres dans un cercle.
Le total de chaque triangle doit être égal à 25.

| | | | | |
|---|---|---|---|---|
| 7 | 5 | 8 | 6 | 2 |

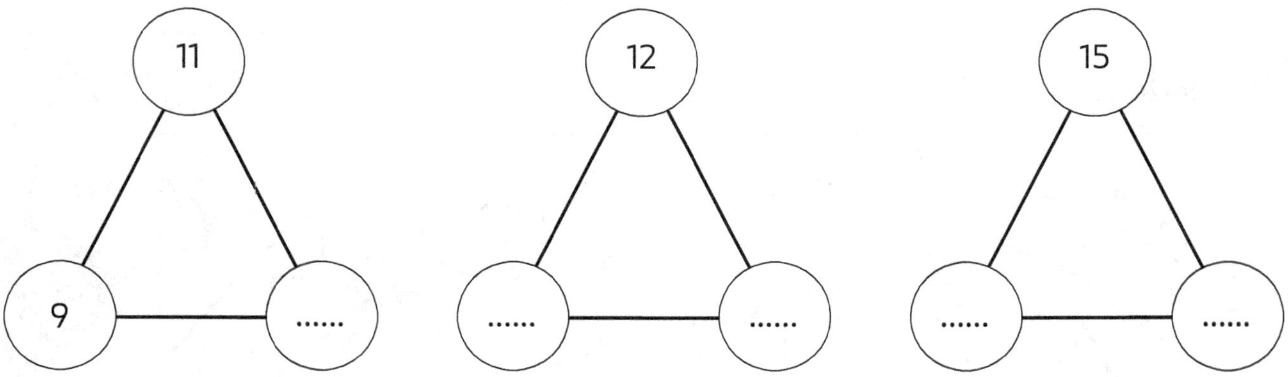


**3** Lucile a déplacé 3 jetons pour passer de la forme A à la forme B.
**Écris** les numéros des jetons dans la forme B.

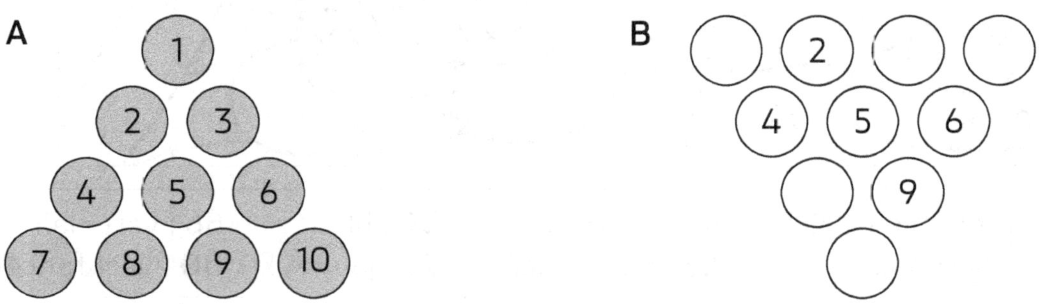

# J6 Jeu des énigmes (2)

**Prénom** .................................................. **Date** ..................................................

**1** Pour réaliser cette construction de 3 cubes de côté, il faut 8 cubes.

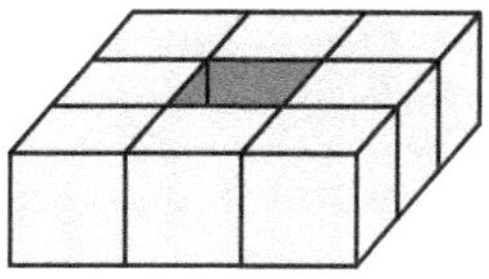

Combien faut-il de cubes pour réaliser cette nouvelle construction de 4 cubes de côté ?

..........................................................................................

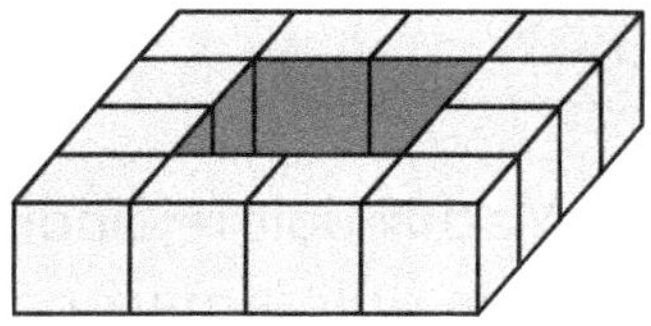

Combien faut-il de cubes pour réaliser une construction :

– de 6 cubes de côté ? ..........................................................

– de 10 cubes de côté ? ........................................................

**2** Quatre oiseaux se posent sur un arbre.
L'oiseau bleu est plus haut que le rouge.
L'oiseau bleu est plus bas que l'oiseau vert
et l'oiseau jaune.
L'oiseau vert n'est pas le plus haut.

**Colorie** les oiseaux sur l'arbre.

**3** **Place** les nombres de 1 à 8 dans les cercles
de telle sorte que la somme de trois nombres alignés
soit toujours égale à 13.

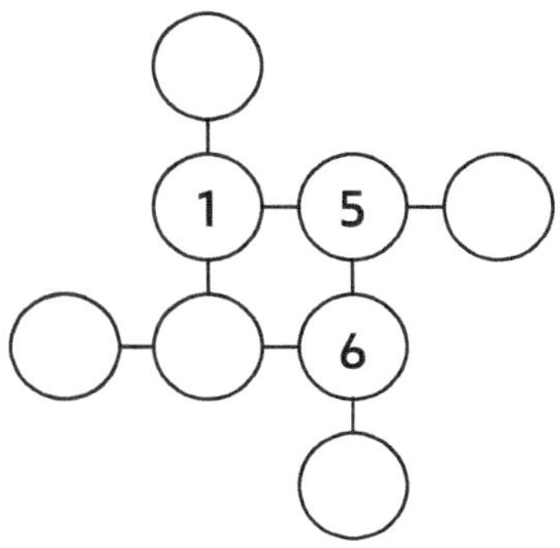

# J7 Jeu des énigmes (3)

**Prénom** .................................................... **Date** ....................................................

**1** **Dessine** 12 jetons sur ce damier afin d'obtenir 6 alignements de 4 jetons.

Tu dois placer un jeton par case.

| | | | |
|---|---|---|---|
| | | | |
| | | | |
| | | | |

**2** Mathix doit rejoindre sa maison.
Il ne doit jamais passer deux fois au même endroit ni revenir au point de départ.

**Trace** en bleu le chemin qui lui permet de marquer le plus de points.

**Trace** en rouge le chemin qui lui permet de marquer le moins de points.

■ : 1 point    ○ : 2 points

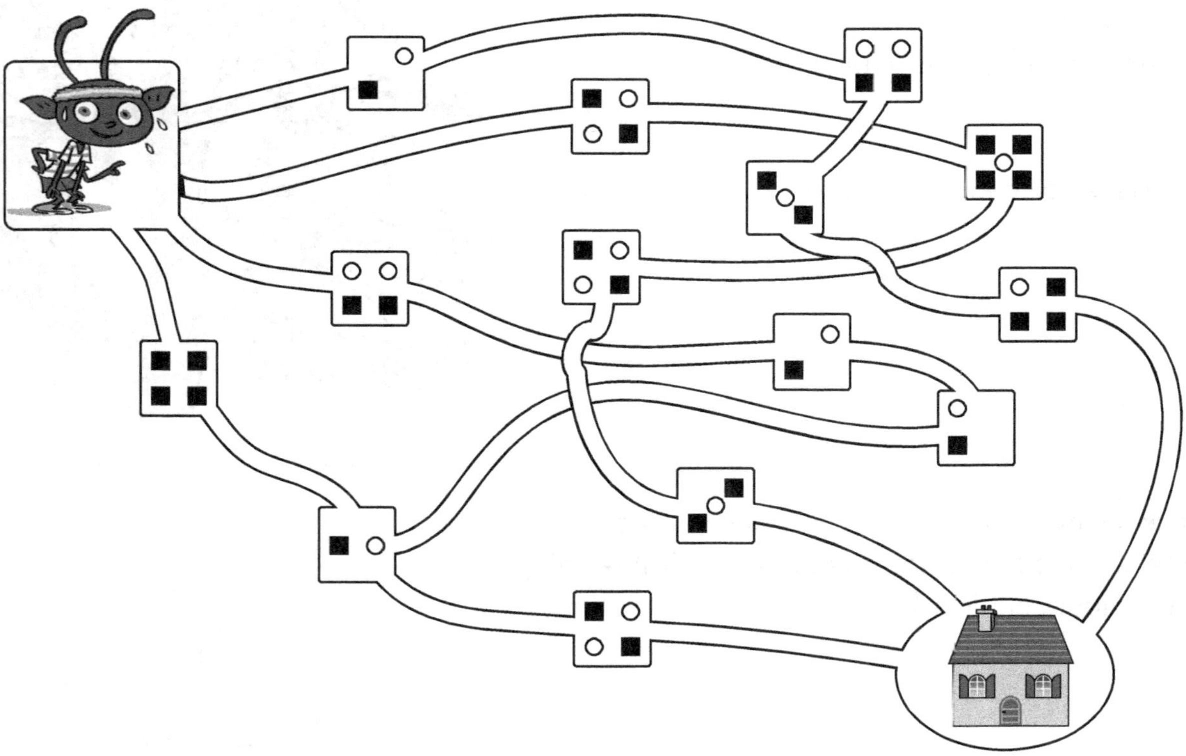

# J8 Jeu de logique (1)

**Prénom** .................................................. **Date** ..................................................

**1** Un enfant a posé 7 cartes l'une après l'autre sur la table.
**Écris** les lettres des cartes dans l'ordre où l'enfant les a posées.

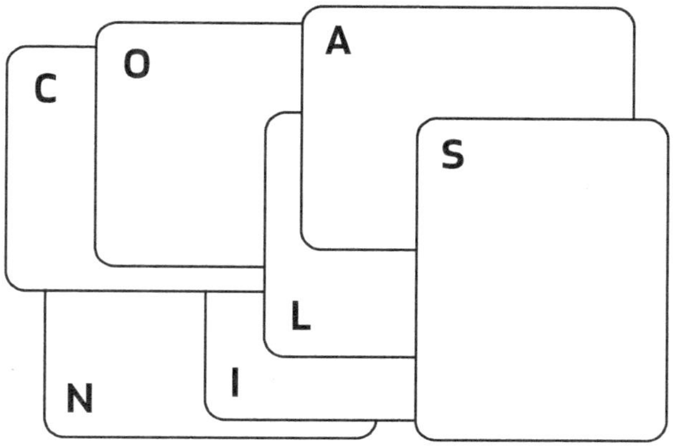


| 1re carte | 2e carte | 3e carte | 4e carte | 5e carte | 6e carte | 7e carte |
|---|---|---|---|---|---|---|
| ............ | ............ | ............ | ............ | ............ | ............ | ............ |

**2** **Colorie** les bananes en jaune, les poires en vert et les oranges en orange.

| La banane est devant, la poire au fond. | L'orange est au fond, la poire devant. | L'orange est devant, la banane au fond. |
|---|---|---|
| 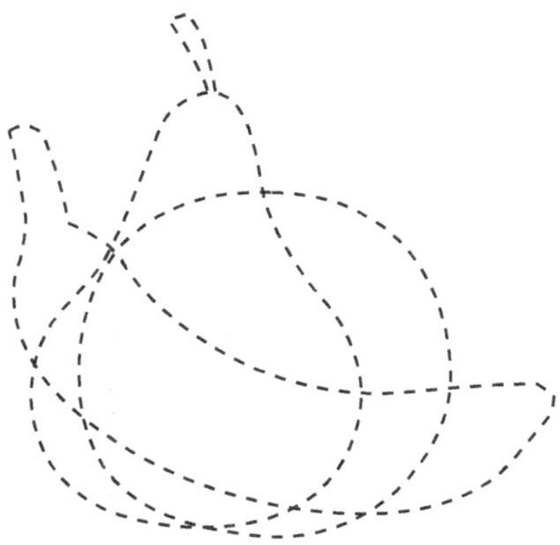 | 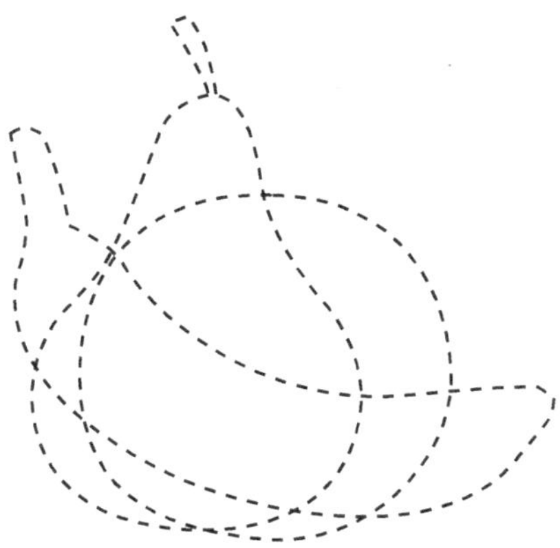 | 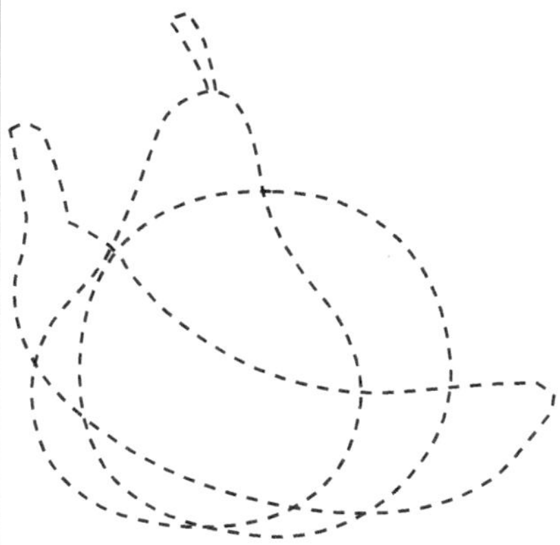 |

# J9 Jeu de logique (2)

**Prénom** .................................................... **Date** ....................................................

**1** Chaque lot de perles vaut 10 points.
Quelle est la valeur de chaque perle ?

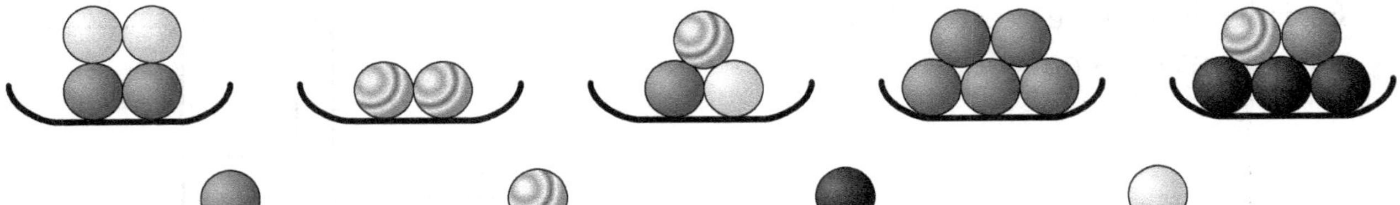

...... point(s) ...... point(s) ...... point(s) ...... point(s)

**2** **Trace** une droite de manière à partager ce rectangle en 15 morceaux.

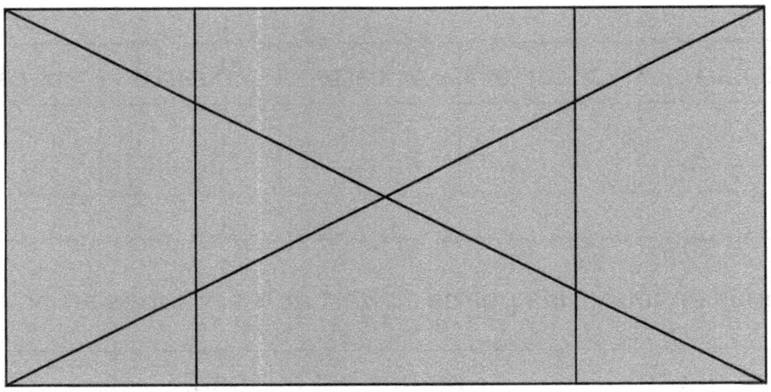

**3** Six amis sont assis à la même table. Paolo est assis en face de Maxime.
Djamel est assis à côté de Jérémy mais pas en face de Benjamin.
Lucas est assis à la place restante.

**Écris** l'initiale de chacun à la place qu'il occupe.

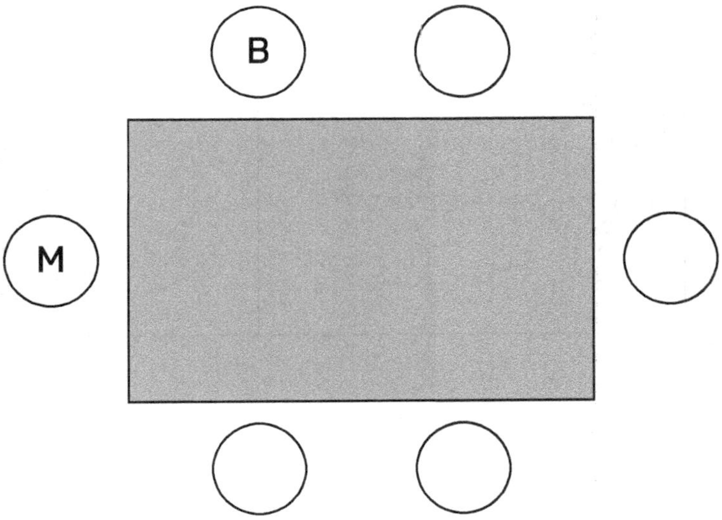

# J10 Jeu de logique (3)

**Prénom** .................................................... **Date** ....................................................

**1** **Trouve** un chemin qui permet de passer par chacune de ces portes sans jamais passer deux fois par la même.

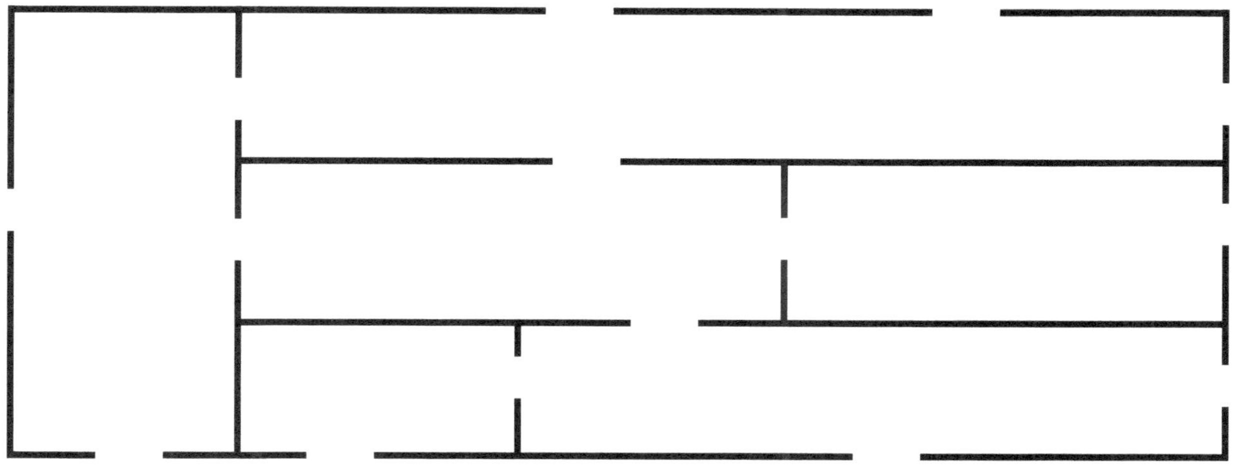

**2** Quelle est la valeur de chaque symbole ?

☹ + 8 = ❅ ✪ – 8 = ❅

⌘ – 4 = ❅ ✪ + ⌘ + ✈ + ☹ = 100

❅ = 16 ☹ = ...... ✪ = .......... ⌘ = ...... ✈ = ..........

**3** Quelle est la masse de ces deux objets : ● et ▮ ?

● → ..............   ▮ → ..............

# M1 La grosse horloge

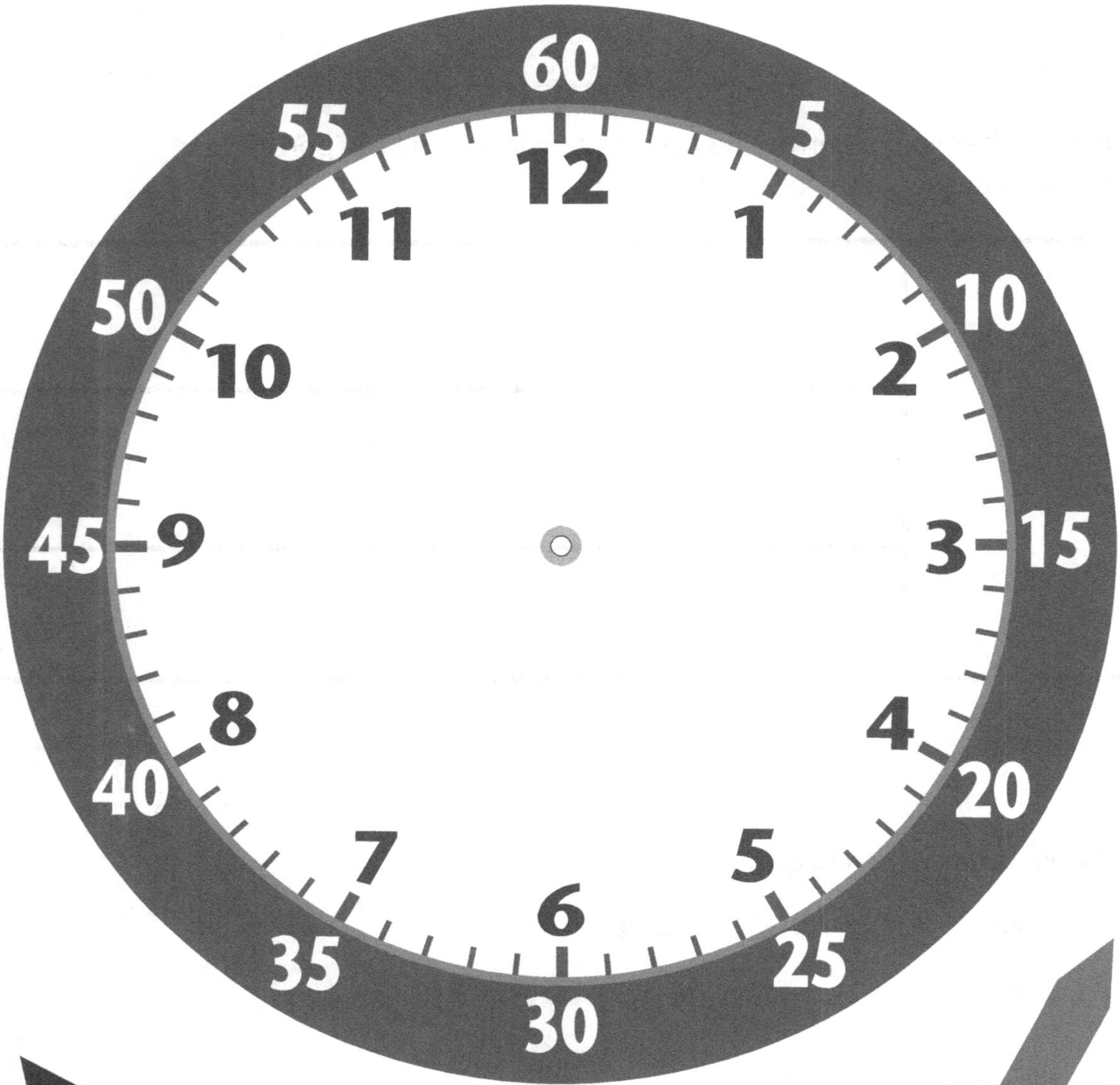


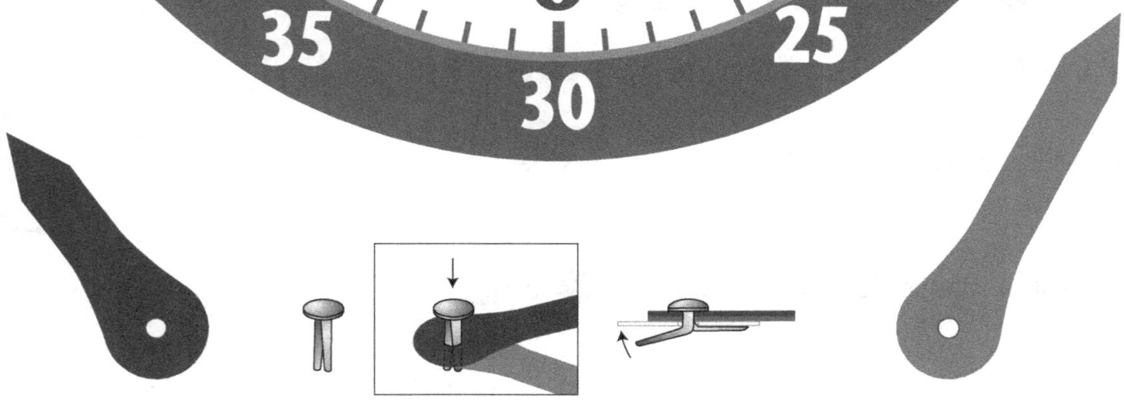

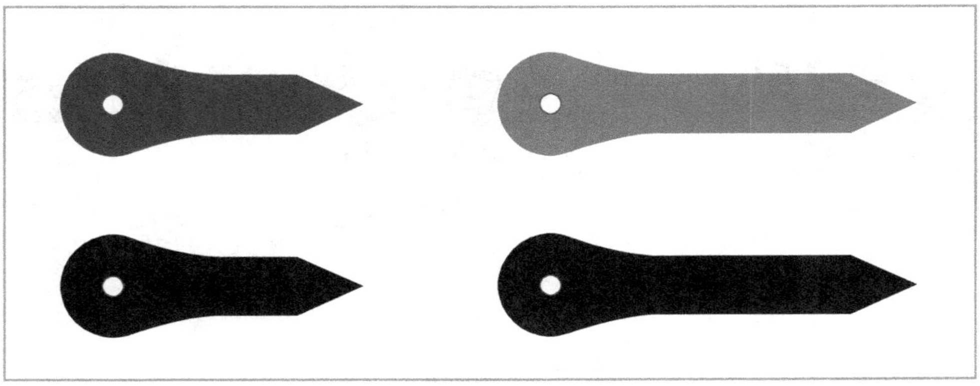

# M2 Tables de multiplication

| Table de 2 | Table de 3 | Table de 4 |
|---|---|---|
| 0 × 2 = 0 | 0 × 3 = 0 | 0 × 4 = 0 |
| 1 × 2 = 2 | 1 × 3 = 3 | 1 × 4 = 4 |
| 2 × 2 = 4 | 2 × 3 = 6 | 2 × 4 = 8 |
| 3 × 2 = 6 | 3 × 3 = 9 | 3 × 4 = 12 |
| 4 × 2 = 8 | 4 × 3 = 12 | 4 × 4 = 16 |
| 5 × 2 = 10 | 5 × 3 = 15 | 5 × 4 = 20 |
| 6 × 2 = 12 | 6 × 3 = 18 | 6 × 4 = 24 |
| 7 × 2 = 14 | 7 × 3 = 21 | 7 × 4 = 28 |
| 8 × 2 = 16 | 8 × 3 = 24 | 8 × 4 = 32 |
| 9 × 2 = 18 | 9 × 3 = 27 | 9 × 4 = 36 |

| Table de 5 | Table de 6 | Table de 7 |
|---|---|---|
| 0 × 5 = 0 | 0 × 6 = 0 | 0 × 7 = 0 |
| 1 × 5 = 5 | 1 × 6 = 6 | 1 × 7 = 7 |
| 2 × 5 = 10 | 2 × 6 = 12 | 2 × 7 = 14 |
| 3 × 5 = 15 | 3 × 6 = 18 | 3 × 7 = 21 |
| 4 × 5 = 20 | 4 × 6 = 24 | 4 × 7 = 28 |
| 5 × 5 = 25 | 5 × 6 = 30 | 5 × 7 = 35 |
| 6 × 5 = 30 | 6 × 6 = 36 | 6 × 7 = 42 |
| 7 × 5 = 35 | 7 × 6 = 42 | 7 × 7 = 49 |
| 8 × 5 = 40 | 8 × 6 = 48 | 8 × 7 = 56 |
| 9 × 5 = 45 | 9 × 6 = 54 | 9 × 7 = 63 |

| Table de 8 | Table de 9 | Table de 10 |
|---|---|---|
| 0 × 8 = 0 | 0 × 9 = 0 | 0 × 10 = 0 |
| 1 × 8 = 8 | 1 × 9 = 9 | 1 × 10 = 10 |
| 2 × 8 = 16 | 2 × 9 = 18 | 2 × 10 = 20 |
| 3 × 8 = 24 | 3 × 9 = 27 | 3 × 10 = 30 |
| 4 × 8 = 32 | 4 × 9 = 36 | 4 × 10 = 40 |
| 5 × 8 = 40 | 5 × 9 = 45 | 5 × 10 = 50 |
| 6 × 8 = 48 | 6 × 9 = 54 | 6 × 10 = 60 |
| 7 × 8 = 56 | 7 × 9 = 63 | 7 × 10 = 70 |
| 8 × 8 = 64 | 8 × 9 = 72 | 8 × 10 = 80 |
| 9 × 8 = 72 | 9 × 9 = 81 | 9 × 10 = 90 |

# M3 Le calendrier

## 2048

| Janvier | Février | Mars | Avril | Mai | Juin | Juillet | Août | Septembre | Octobre | Novembre | Décembre |
|---|---|---|---|---|---|---|---|---|---|---|---|
| Mercredi 1 | Samedi 1 | Dimanche 1 | Mercredi 1 | Vendredi 1 | Lundi 1 | Mercredi 1 | Samedi 1 | Mardi 1 | Jeudi 1 | Dimanche 1 | Mardi 1 |
| Jeudi 2 | Dimanche 2 | Lundi 2 | Jeudi 2 | Samedi 2 | Mardi 2 | Jeudi 2 | Dimanche 2 | Mercredi 2 | Vendredi 2 | Lundi 2 | Mercredi 2 |
| Vendredi 3 | Lundi 3 | Mardi 3 | Vendredi 3 | Dimanche 3 | Mercredi 3 | Vendredi 3 | Lundi 3 | Jeudi 3 | Samedi 3 | Mardi 3 | Jeudi 3 |
| Samedi 4 | Mardi 4 | Mercredi 4 | Samedi 4 | Lundi 4 | Jeudi 4 | Samedi 4 | Mardi 4 | Vendredi 4 | Dimanche 4 | Mercredi 4 | Vendredi 4 |
| Dimanche 5 | Mercredi 5 | Jeudi 5 | Dimanche 5 | Mardi 5 | Vendredi 5 | Dimanche 5 | Mercredi 5 | Samedi 5 | Lundi 5 | Jeudi 5 | Samedi 5 |
| Lundi 6 | Jeudi 6 | Vendredi 6 | Lundi 6 | Mercredi 6 | Samedi 6 | Lundi 6 | Jeudi 6 | Dimanche 6 | Mardi 6 | Vendredi 6 | Dimanche 6 |
| Mardi 7 | Vendredi 7 | Samedi 7 | Mardi 7 | Jeudi 7 | Dimanche 7 | Mardi 7 | Vendredi 7 | Lundi 7 | Mercredi 7 | Samedi 7 | Lundi 7 |
| Mercredi 8 | Samedi 8 | Dimanche 8 | Mercredi 8 | Vendredi 8 | Lundi 8 | Mercredi 8 | Samedi 8 | Mardi 8 | Jeudi 8 | Dimanche 8 | Mardi 8 |
| Jeudi 9 | Dimanche 9 | Lundi 9 | Jeudi 9 | Samedi 9 | Mardi 9 | Jeudi 9 | Dimanche 9 | Mercredi 9 | Vendredi 9 | Lundi 9 | Mercredi 9 |
| Vendredi 10 | Lundi 10 | Mardi 10 | Vendredi 10 | Dimanche 10 | Mercredi 10 | Vendredi 10 | Lundi 10 | Jeudi 10 | Samedi 10 | Mardi 10 | Jeudi 10 |
| Samedi 11 | Mardi 11 | Mercredi 11 | Samedi 11 | Lundi 11 | Jeudi 11 | Samedi 11 | Mardi 11 | Vendredi 11 | Dimanche 11 | Mercredi 11 | Vendredi 11 |
| Dimanche 12 | Mercredi 12 | Jeudi 12 | Dimanche 12 | Mardi 12 | Vendredi 12 | Dimanche 12 | Mercredi 12 | Samedi 12 | Lundi 12 | Jeudi 12 | Samedi 12 |
| Lundi 13 | Jeudi 13 | Vendredi 13 | Lundi 13 | Mercredi 13 | Samedi 13 | Lundi 13 | Jeudi 13 | Dimanche 13 | Mardi 13 | Vendredi 13 | Dimanche 13 |
| Mardi 14 | Vendredi 14 | Samedi 14 | Mardi 14 | Jeudi 14 | Dimanche 14 | Mardi 14 | Vendredi 14 | Lundi 14 | Mercredi 14 | Samedi 14 | Lundi 14 |
| Mercredi 15 | Samedi 15 | Dimanche 15 | Mercredi 15 | Vendredi 15 | Lundi 15 | Mercredi 15 | Samedi 15 | Mardi 15 | Jeudi 15 | Dimanche 15 | Mardi 15 |
| Jeudi 16 | Dimanche 16 | Lundi 16 | Jeudi 16 | Samedi 16 | Mardi 16 | Jeudi 16 | Dimanche 16 | Mercredi 16 | Vendredi 16 | Lundi 16 | Mercredi 16 |
| Vendredi 17 | Lundi 17 | Mardi 17 | Vendredi 17 | Dimanche 17 | Mercredi 17 | Vendredi 17 | Lundi 17 | Jeudi 17 | Samedi 17 | Mardi 17 | Jeudi 17 |
| Samedi 18 | Mardi 18 | Mercredi 18 | Samedi 18 | Lundi 18 | Jeudi 18 | Samedi 18 | Mardi 18 | Vendredi 18 | Dimanche 18 | Mercredi 18 | Vendredi 18 |
| Dimanche 19 | Mercredi 19 | Jeudi 19 | Dimanche 19 | Mardi 19 | Vendredi 19 | Dimanche 19 | Mercredi 19 | Samedi 19 | Lundi 19 | Jeudi 19 | Samedi 19 |
| Lundi 20 | Jeudi 20 | Vendredi 20 | Lundi 20 | Mercredi 20 | Samedi 20 | Lundi 20 | Jeudi 20 | Dimanche 20 | Mardi 20 | Vendredi 20 | Dimanche 20 |
| Mardi 21 | Vendredi 21 | Samedi 21 | Mardi 21 | Jeudi 21 | Dimanche 21 | Mardi 21 | Vendredi 21 | Lundi 21 | Mercredi 21 | Samedi 21 | Lundi 21 |
| Mercredi 22 | Samedi 22 | Dimanche 22 | Mercredi 22 | Vendredi 22 | Lundi 22 | Mercredi 22 | Samedi 22 | Mardi 22 | Jeudi 22 | Dimanche 22 | Mardi 22 |
| Jeudi 23 | Dimanche 23 | Lundi 23 | Jeudi 23 | Samedi 23 | Mardi 23 | Jeudi 23 | Dimanche 23 | Mercredi 23 | Vendredi 23 | Lundi 23 | Mercredi 23 |
| Vendredi 24 | Lundi 24 | Mardi 24 | Vendredi 24 | Dimanche 24 | Mercredi 24 | Vendredi 24 | Lundi 24 | Jeudi 24 | Samedi 24 | Mardi 24 | Jeudi 24 |
| Samedi 25 | Mardi 25 | Mercredi 25 | Samedi 25 | Lundi 25 | Jeudi 25 | Samedi 25 | Mardi 25 | Vendredi 25 | Dimanche 25 | Mercredi 25 | Vendredi 25 |
| Dimanche 26 | Mercredi 26 | Jeudi 26 | Dimanche 26 | Mardi 26 | Vendredi 26 | Dimanche 26 | Mercredi 26 | Samedi 26 | Lundi 26 | Jeudi 26 | Samedi 26 |
| Lundi 27 | Jeudi 27 | Vendredi 27 | Lundi 27 | Mercredi 27 | Samedi 27 | Lundi 27 | Jeudi 27 | Dimanche 27 | Mardi 27 | Vendredi 27 | Dimanche 27 |
| Mardi 28 | Vendredi 28 | Samedi 28 | Mardi 28 | Jeudi 28 | Dimanche 28 | Mardi 28 | Vendredi 28 | Lundi 28 | Mercredi 28 | Samedi 28 | Lundi 28 |
| Mercredi 29 | Samedi 29 | Dimanche 29 | Mercredi 29 | Vendredi 29 | Lundi 29 | Mercredi 29 | Samedi 29 | Mardi 29 | Jeudi 29 | Dimanche 29 | Mardi 29 |
| Jeudi 30 | | Lundi 30 | Jeudi 30 | Samedi 30 | Mardi 30 | Jeudi 30 | Dimanche 30 | Mercredi 30 | Vendredi 30 | Lundi 30 | Mercredi 30 |
| Vendredi 31 | | Mardi 31 | | Dimanche 31 | | Vendredi 31 | Lundi 31 | | Samedi 31 | | Jeudi 31 |

# M4 Papier pointé et papier quadrillé centimétrique carré

Manuel ou Fichier CE2

# M5 Patron du cube

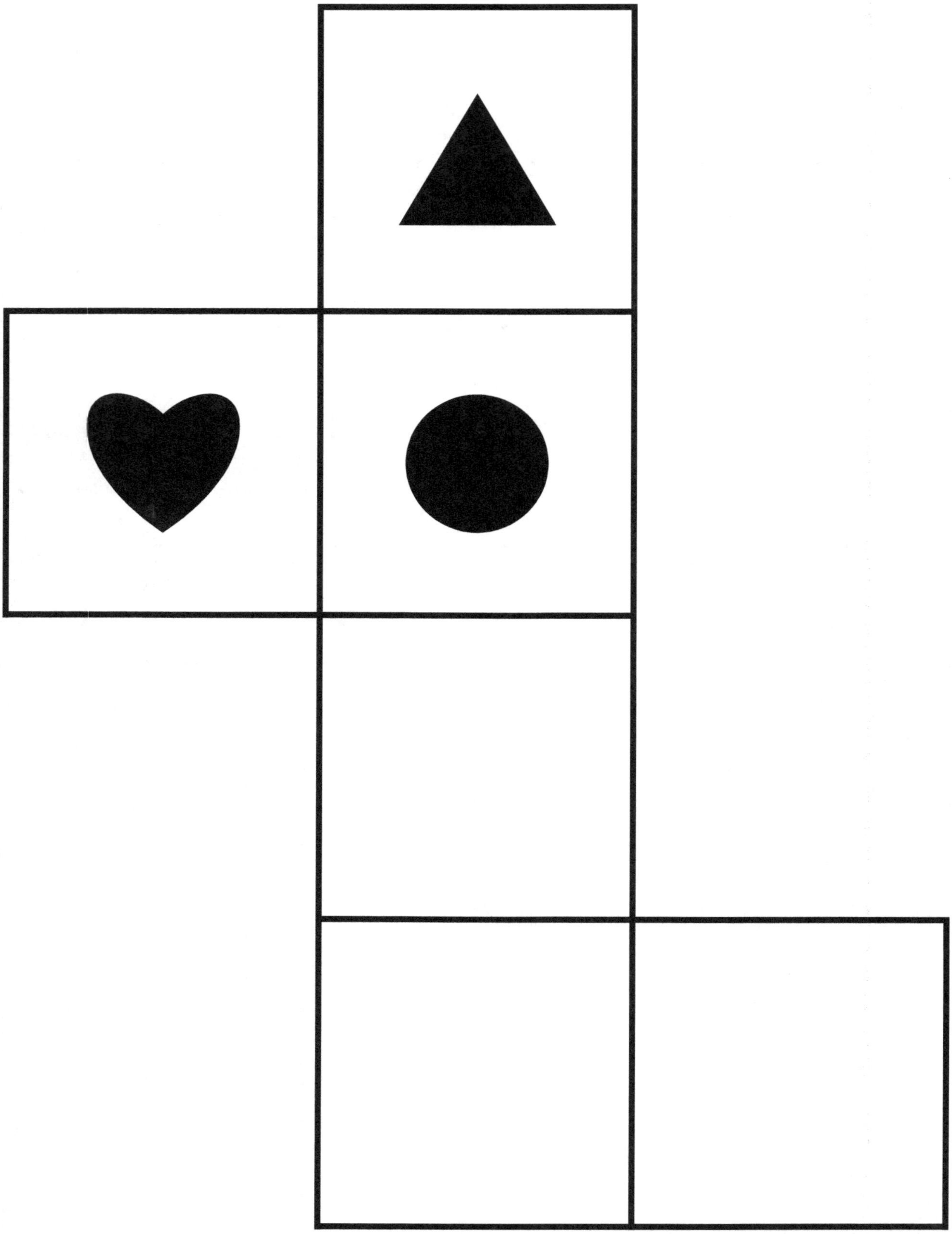

# M6 Les petites horloges

# M7 Aide-mémo sous-main (1)



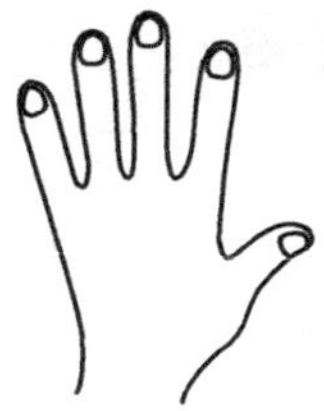


## Je connais les tables de multiplication

| | | | | | | | | | |
|---|---|---|---|---|---|---|---|---|---|
| 5 × 1 | 5 | 6 × 1 | 6 | 7 × 1 | 7 | 8 × 1 | 8 | 9 × 1 | 9 |
| 5 × 2 | 10 | 6 × 2 | 12 | 7 × 2 | 14 | 8 × 2 | 16 | 9 × 2 | 18 |
| 5 × 3 | 15 | 6 × 3 | 18 | 7 × 3 | 21 | 8 × 3 | 24 | 9 × 3 | 27 |
| 5 × 4 | 20 | 6 × 4 | 24 | 7 × 4 | 28 | 8 × 4 | 32 | 9 × 4 | 36 |
| 5 × 5 | 25 | 6 × 5 | 30 | 7 × 5 | 35 | 8 × 5 | 40 | 9 × 5 | 45 |
| 5 × 6 | 30 | 6 × 6 | 36 | 7 × 6 | 42 | 8 × 6 | 48 | 9 × 6 | 54 |
| 5 × 7 | 35 | 6 × 7 | 42 | 7 × 7 | 49 | 8 × 7 | 56 | 9 × 7 | 63 |
| 5 × 8 | 40 | 6 × 8 | 48 | 7 × 8 | 56 | 8 × 8 | 64 | 9 × 8 | 72 |
| 5 × 9 | 45 | 6 × 9 | 54 | 7 × 9 | 63 | 8 × 9 | 72 | 9 × 9 | 81 |
| 5 × 10 | 50 | 6 × 10 | 60 | 7 × 10 | 70 | 8 × 10 | 80 | 9 × 10 | 90 |

## J'écris les nombres

| | |
|---|---|
| 10 | dix |
| 20 | vingt |
| 30 | trente |
| 40 | quarante |
| 50 | cinquante |
| 60 | soixante |
| 70 | soixante-dix |
| 80 | quatre-vingts |
| 90 | quatre-vingt-dix |
| 100 | cent |
| 1 000 | mille |

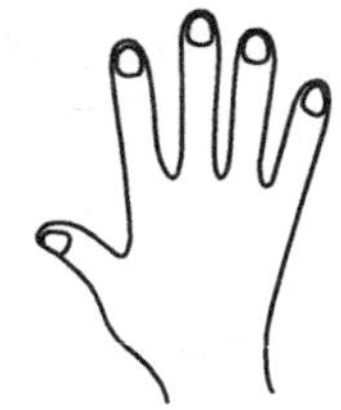


## Je sais lire l'heure

*Heure du matin*
8 h 15 min ou
8 heures et quart

*Heure du soir*
20 h 15 min

*Heure du matin*
6 h 45 min ou
7 heures moins le quart

*Heure du soir*
18 h 45 min

*Heure du matin*
8 h 55 min ou
9 heures moins 5 min

*Heure du soir*
20 h 55 min

## Je connais les mois de l'année

| janvier | février | mars | avril | mai | juin | juillet | août | septembre | octobre | novembre | décembre |
|---|---|---|---|---|---|---|---|---|---|---|---|
| 01 | 02 | 03 | 04 | 05 | 06 | 07 | 08 | 09 | 10 | 11 | 12 |
| 31 jours | 28 ou 29 jours | 31 jours | 30 jours | 31 jours | 30 jours | 31 jours | 31 jours | 30 jours | 31 jours | 30 jours | 31 jours |

# M8 Aide-mémo sous-main (2)

## Je connais les propriétés des figures planes

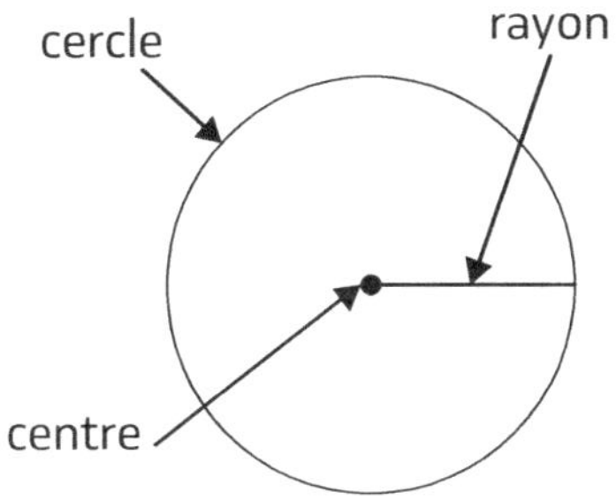


Tous les points sont à égale distance du centre.

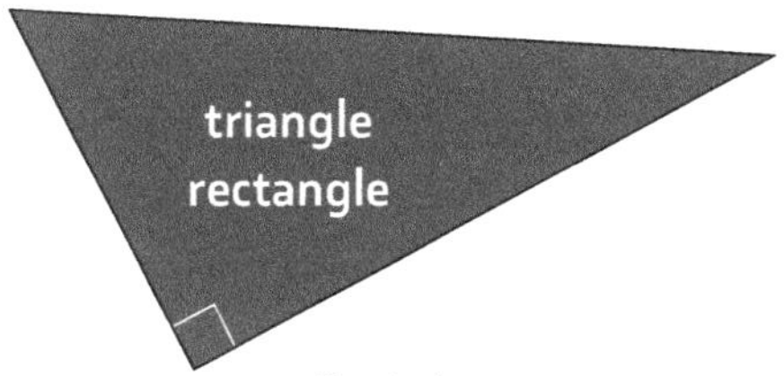


3 côtés, 1 angle droit.

4 angles droits, côtés opposés de même longueur.

4 angles droits, 4 côtés de même longueur.

## Je vérifie un angle droit

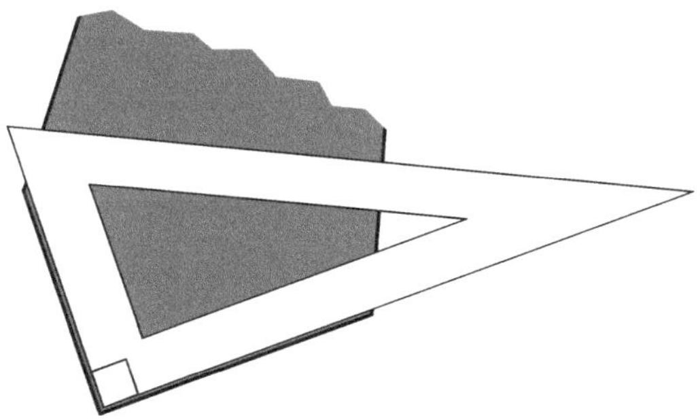

## Je reconnais un axe de symétrie

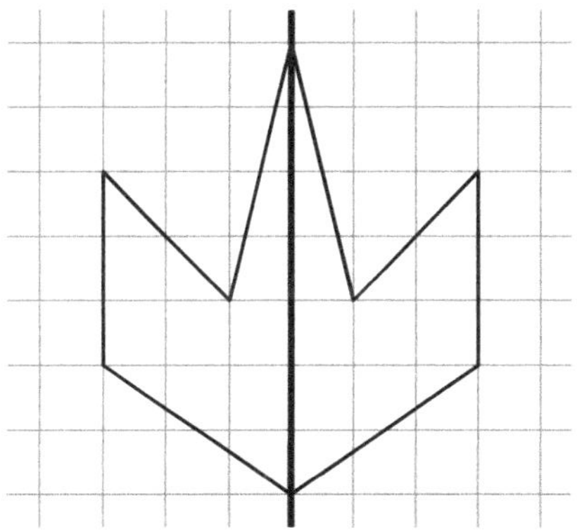

## Je décris un pavé droit, un cube

Ces solides ont 6 faces, 8 sommets, 12 arêtes.

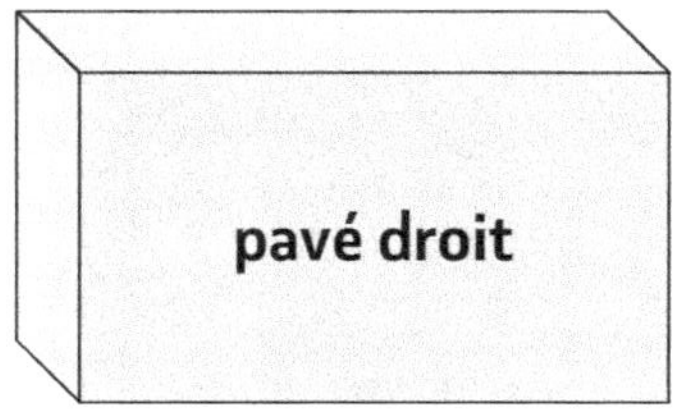


Les faces du pavé droit sont des rectangles ou des carrés.

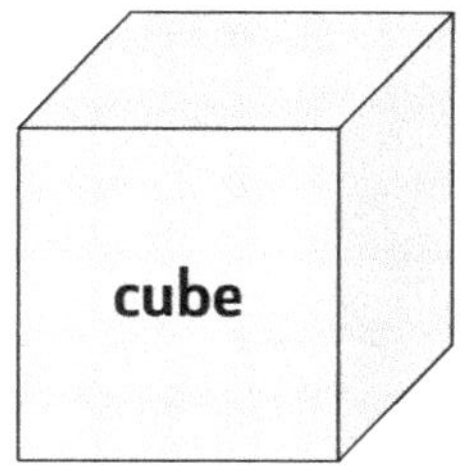


Toutes les faces d'un cube sont des carrés.

## Je mesure un segment

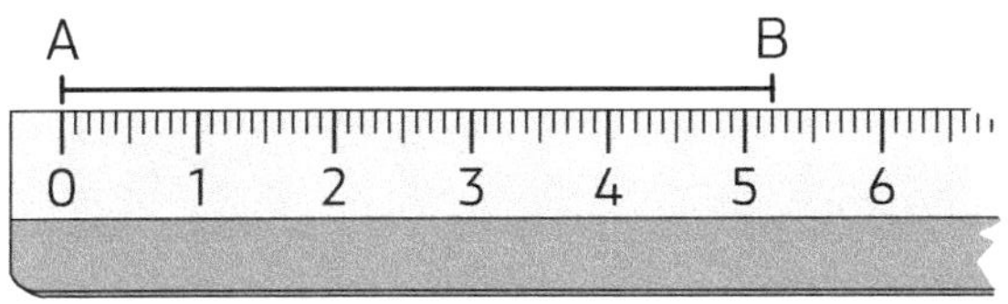


## Je connais les unités de mesure

| Unités de longueur | Unités de masse | Unités de temps |
|---|---|---|
| 1 km = 1 000 m | 1 kg = 1 000 g | 1 jour = 24 h |
| 1 m = 100 cm | **Unités de contenance** | 1 h = 60 min |
| 1 cm = 10 mm | 1 L = 100 cL | 1 min = 60 s |

Achevé d'imprimer en juillet 2020 en France par la Nouvelle Imprimerie Laballery
Dépôt légal : Juillet 2020 - Collection n° 85 - Édition n° 01 - N° d'impression : 007245
88/2621/8